无印良品

無印良品の人の育て方

"いいサラリーマン"は、会社を滅ぼす

Tadamitsu
Matsui

[日]松井忠三————著　吕灵芝————译

新星出版社　NEW STAR PRESS

育才法则

解密无印良品 2

目　录

Contents

前言

序章　无印良品的离职率为何这么低

"让人成长的公司"才是"好公司"_002 / "故意制造"逆境的理由 _007 / 培育"生在无印，长在无印"的员工 _012 / 为什么现在要以"终身聘用 + 实力主义"为目标 _017

Chapter One

用"不间断的柔性调动"培养人

"这个"决定了八成的人才培养 _024 / "不间断的调动能够培养人"的五大理由 _028 / "透明的组织"是这样诞生的 _034 / 创造柔性职场的"基础"_036 / 公平公开地选择"后继者"——人才委员会 _041 / 每半年调整一次后继者名单的"五级考核表"_046 / 在评价时"排除上司的个人感情"_051 / 可能只是"现在处于低潮期"_056 / "培养"机制——人才培养委员会 _059 / 开展"有意义的跨行业交流会"_063 / 能否培养"世界性的人才"_067

Chapter Two

将年轻员工培养成"中流砥柱"的机制

用身体去理解"现实"与"理想"的鸿沟 _070 / 为何入职三年就能担任"店长" _074 / "下属管理"究竟是什么？ _078 / "任何人"都能具备领导力 _082 / 新员工必定会遇到的壁垒 _086 / 培养年轻员工的秘诀——若即若离 _090 / 让新员工在"培养人"的过程中成长 _095 / 只有遭遇不及格的时刻才是走向"真正职业生涯"的开端 _106

Chapter Three

强化自己"想办法解决问题"这一能力的方法

越是疼爱的孩子，就越要让他吃苦 _110 / 是否具有"一个人想办法解决问题"的经验 _115 / 海外短期研修从制订计划的阶段开始"全权交给本人" _128 / 从外部明确"自己公司的长处和短处" _133 / 绝对"不逃避"问题 _142

Chapter Four

"团队合作"不能创造，而要培养

无印良品里有"团队"，没有"派系" _148 / 最强的团队不能"创造"，而要"培养" _152 / "没有"理想的领导者形象 _156 / 领导者的资质——朝令夕改也毫不犹豫 _160 / 积极性来自"成果" _164 / 如何应对"有问题的下属" _167 / 是否混淆了"妥协"与"决断" _174 / 全体成员都要共享团队目标 _177 / 新官上任要"坦率" _181

Chapter Five

激发积极性的"交流"法

是否正确运用了"夸奖"与"训斥"？_186 / 真心想夸奖时"不要直言不讳"_189 / "挖掘失误的背景"是领导者的工作 _192 / "下属的反驳"有八成是正确的 _195 / 对借口要"追究到底"_198 / 正确认识到人的缺点是"改不了"的 _202 / 激励"没有冲劲的下属"_207 / 一百次讨论不如一次聚会 _211

结语

前言

人只能在"炼狱"中成长

经常有人问我:"为什么无印良品的员工离职率这么低?"

确实,公司员工的工龄每年都在升高。

二〇〇一年由于经营状况恶化,员工大量离职,导致了人手不足的困境。然而到了今天,无印良品却已经上了"想在这个品牌公司里做兼职"的排行榜第二名("二〇一三年兼职人气品牌排行榜"),是一家十分稳定的公司了。

无印良品为何能成为员工希望留下来任职的公司?我认为主要原因有三个。

①有很多人因为喜欢无印良品这个品牌而加入

我感觉,无印良品有许多员工怀有的不是"爱社精神",而是"爱品牌精神"。想必是因为他们自己也很喜欢穿简约而实用的无印良品,所以就对自己的工作产生了自豪感。

②依靠内部采用机制让慢慢培养起来的人成为正式员工

关于内部采用机制,在后文会进行详细说明,简单来说,就是从店铺的兼职人员中选取有能力的人聘用为正式员工的制度。通过内部采用转正的员工,无疑是"生在无印,长在无印"的人,他们的脑中已经完全渗透了无印良品的哲学和理念。

③公司一直全力营造"有成就感"的职场氛围

无印良品的目标是终身聘用和实力主义。

尽管这仿佛与"终身聘用制已经终结"的时代潮流相悖,但若不保证终身聘用,就无法让员工安心工作。

此外,"如何创造成就感"还会联系到"如何培育人",这就是本书的主题。前作(《无印良品成功机制》)中特别讲述了无印良品指南等机制的创建,在本书中则会公开无印良品独特的人事制度和员工培育方法。

无印良品并不进行人才培育,而是进行"人的培育",而且整个公司都有着"培育人"的共识,其力度自然不可小视。

我一直认为,**员工不是资源,而是资本。**

若写成"人才",会给人一种仅止于材料的错觉。一旦将员工视作资源,便会出现企业为了赚取利润而恣意压榨员工,将其消耗殆尽后便用新人取而代之的情况。

可是,若把员工当成资本,他们便成了开创事业的必要源泉。必须悉心培养,精心呵护。

员工并不是社长的所有物,理所当然地,下属也不是上司的私有财产。但有很多人都怀有这样的错觉,所以他们会让员工不断加班,无视下属的心情安排不合理的工作。

无印良品过去也曾经存在那样的现象。不过我认为，现在的无印良品正在逐步摆脱那种氛围，因此员工的稳定率也提高了。

同时，人的培养需要的是"炼狱体验"。

只有逆境才最能促进人的成长。

这样说或许稍显粗鄙，但不仅是我，相信有许多经历过逆境的领导者都抱有同样的想法。

反过来说，温暾水的状态无法让员工得到成长。

或许他们能够成长为对公司有利的"好白领"，能成长为"调整"一下自己的工作、专心"维持"现状、擅长看别人"脸色"的员工。那么，这样的员工能否让公司变得更强呢？答案很明显。

至于能否让员工变得更强，也是同样的道理。温暾水的环境使他们没有必要去考虑创新，自然也无法获得发生问题时坚定决心加以突破的能力。

所以无印良品会特意制造促进员工成长的困境。

其中一个代表性的例子，就是调动（将在第一章详细介绍）。

无印良品的调动与一般企业的调动大不相同。一言以蔽之，就是大胆而积极的换岗。将资深员工投放到其毫无经验的部门，这种事情在公司里已经是家常便饭。因为要从零开始挑战新的工作，资深员工也不得不像新人一样付出汗水去学习。我认为，这样的经历能够促进人的成长。

很多企业都进行过这样的尝试，但都不够持久。而让这种方法成功的秘诀，正是培养人的关键所在。

最重要的是，人的培养同时也是对自己的培养。如果无法进行成功的培养，那么问题很可能存在于自己，而非对方身上。

我认为，本书不仅对经营者和管理人员，甚至对只有一个后辈或下属的人也有所帮助。因为人的培育并不局限于职场，在家庭、学校以及各种场合都是十分必要的。

只有为人的培养而烦恼的时刻，才能得到自身成长的机会。希望本书能够为读者们自身的成长提供助力。

松井忠三

序章

无印良品的离职率为何这么低

"让人成长的公司"才是"好公司"

"成为好公司的条件是什么?"

被问到这个问题时,其中一个回答便是"**员工不辞职的公司**"。

当然,我所指的并非强行挽留员工,不让他们辞职,而是一个能让员工乐意继续干下去的公司。建设一个员工不辞职的公司,难道不是经营者最大的理想吗?

员工不辞职的公司,也可以称之为"让人有成就感的公司"。我们现在以及今后,都会为了这个目标而不断努力。

所谓成就感,不仅仅是由金钱堆砌出来的。

我认为,那应该是每天工作中得到好评的自豪,是感觉到自身的成长,得到成果后的感动……这些更加切实的感情。

或许读者们会认为我在说漂亮话,只是,如果真的能够打造出实现那种成就感的公司,那么高业绩和公司发展也必定会随之实现。

我在前作《无印良品成功机制》中,曾经讲述过本公司实现

V字恢复的时期。

当公司处在V字最底端时，员工无精打采，公司到处充斥着紧张的气氛。即便在制定各种机制，使公司出现恢复征兆后，还是有很多人抱有不满情绪。当时我听到最多的一句话就是："我很喜欢无印良品，但是很讨厌良品计划。"

换句话说，就是喜欢无印良品这个品牌，却不喜欢公司的体制。虽说改革必定伴随阵痛，但我还是受到了很大的打击。

无论哪个企业，都会遇到风浪起伏，既有好的一面，也有坏的一面，不存在能够100%让人满意的企业。

如今挑起无印良品大梁的，大部分都是那些经历了风浪的员工。尽管在低谷时有不少员工离开，但还是有许多员工选择了留下来重振无印良品。

如今这些三十多岁、四十多岁的员工，为何在二〇〇一年前后的低迷时期没有离开，而是选择了继续留在这里工作呢？虽然理由各不相同，但我认为，最大的原因应该是想跟现在的伙伴继续工作下去，或者认为在这个公司能够发挥自己的独特个性。正因为这样，他们才最终选择了跟无印良品共同成长的道路。

我一直致力于营造一个能让员工实现自我价值的公司环境，为此，员工们也做出了努力。大家都在不断磨炼自己，怀着无论遇到任何困难都绝不放弃的强韧意志，与同事协同合作，最终获得成果。

我感觉到，现在无印良品的员工比以往任何一个时期都要强大。

尽管用数字并不足以衡量，但我还是想给出最近的离职率作为参考。

无印良品本部员工的离职率，最近这五六年都维持在5%以下。大概十年前的某个时期，公司离职率曾经超过10%，但这个比率在逐年下降。根据日本厚生劳动省平成二十四年（二〇一二年）聘用动向调查统计结果，批发业、零售业的平均离职率是14.4%，与之相比，无印良品的离职率可谓非常低。

至于学生打工和兼职一类员工的离职率，在十年前高达30%~40%，这五六年间也已降至20%左右。

离职率的变化

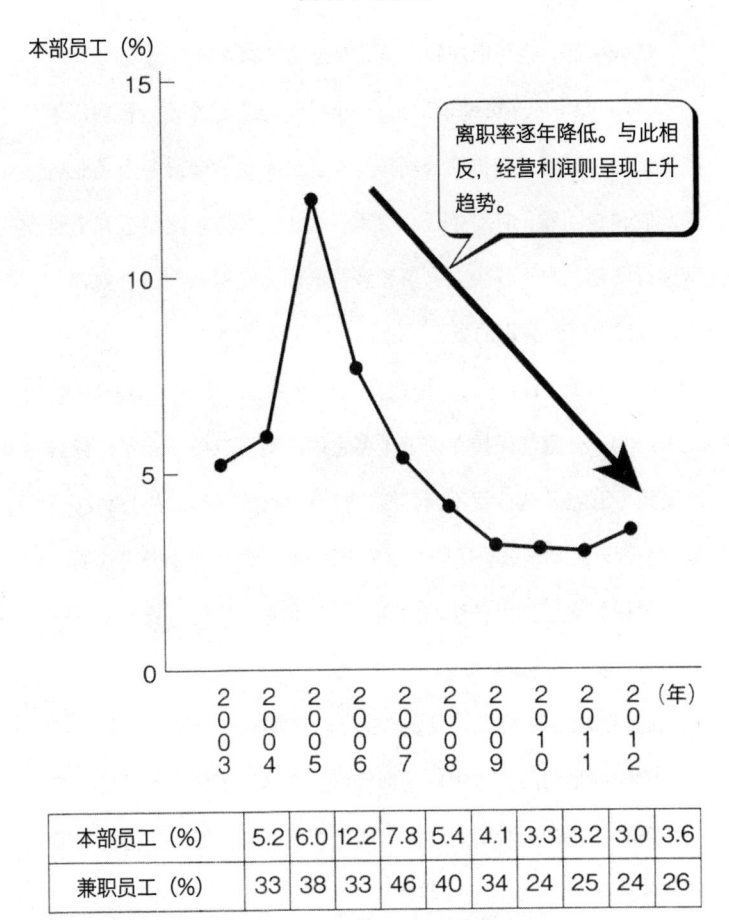

本部员工（%）

> 离职率逐年降低。与此相反，经营利润则呈现上升趋势。

	2003	2004	2005	2006	2007	2008	2009	2010	2011	2012
本部员工（%）	5.2	6.0	12.2	7.8	5.4	4.1	3.3	3.2	3.0	3.6
兼职员工（%）	33	38	33	46	40	34	24	25	24	26

开始致力营造"有成就感"的职场环境后，离职率就逐渐减少了。

离职率低，也可以理解为员工对公司的满意度高。

"Great Place to Work® Institute Japan"这个调查机构每年都会统计"最有工作价值公司排行"。这个机构会给各个企业员工发放调查问卷，针对信任、尊重、公正、骄傲、团结这五个要素进行调查。由于各企业人事和经营部门无法接触到调查内容，因此能够统计到真正的员工评价。

良品计划二〇一二年排在第二十五名，二〇一三年排在第二十一名，一直都保持在前三十名之内，到了二〇一四年，竟然跃至第十五名。这让我不禁感慨，打造"有成就感"的公司这一目标是否已经初现成果了呢？对我来说，这个结果是十分可喜的。

虽说如此，如果各位感到现在的工作毫无价值，我也不打算说"请到无印良品来"。

因为即使不那样做，只要改变自己"内心的机制（态度）"，应该就能从眼前的工作中感受到价值。本书除了介绍无印良品的人才培养，同时也希望能够探讨如何才能成长，如何让自己的工作具有价值。

"故意制造"逆境的理由

"调动不合心意,因此没有了干劲。""突然接到海外派遣或被调动到意想不到的部门,心里充满不安和不满。"——想必有许多职员都有过类似的经历。

我也一样,大学毕业后虽然进入了西友,却在四十岁那年被调动到了当时规模还很小的无印良品。那样的调动,实际上可以理解为左迁。

不仅是我自己,我还见过很多人在升职斗争中败北,或是工作上出现差错,最终被左迁。

一旦被左迁,通常会出现两种情况:

一种是大受打击,随即在新天地里拼命工作证明自己。

一种是永远埋怨周围的环境,渐渐堕落。

我有一种感觉,就是学历越高的人,越容易变成后者。他们似乎都很容易一蹶不振,最终离开原本的组织,可是到了新职场依旧难改低迷状态,从此陷入恶性循环。

由于我目睹了很多那样的遗憾，在调动到无印良品之后，便下定决心"全力完成交给自己的所有任务"。几年后，总公司问我想不想回西友，当时很多与我一同调动过来的人都选择了回去，而我却选择了留在无印良品。

要如何才能推动自己成长呢？

有人会去考取资格证书，或是到商业学院深造，但在那些地方学到的知识和技能并不能让自己成长多少，因为其中缺乏实地体验。

正如考取机动车驾照，虽然在驾校能够学到很多理论知识和基本驾驶技能，但实际要等拿到驾照之后一个人开车上路才能实现真正上手。最近多了一种模拟装置可以体验"驾车"感觉，但是真正开到路上，险些酿成交通事故的瞬间得到的经验比那有用百倍。

这么说也许难登大雅之堂，但我还是要指出：**"置身逆境"才能得到最好的效果。**

如今能够体验逆境的场合越来越少了。几乎人人都能考上大学，而且很多学校都在实施避免过度竞争的教育方式。即使初到社会，也有越来越多的企业以"现在的年轻人越来越脆弱"为理由，尽量避免教育失败的员工。

这样一来，一旦遭遇重大的失败或意外，企业就会溃不成军。今后，企业间的竞争和国际贸易将会愈演愈烈，经受不住打击的人才不可能跟得上时代的脚步，而愈挫愈强的人才无论在任何时代任何环境中都能存活下来。可是如今这个时代，若不自己主动寻觅，是很难找到历练舞台的。

因此，无印良品会时不时地进行特别大胆的调动。

我们曾经将销售部门和管理部门的高层互相调动。那种时候会毫不留情，就算有人提出"现场会陷入混乱"，本部也充耳不闻。

此外，新员工首先会被派遣到店铺去，经过半年左右，又会被调动到其他店铺。对新人来说，好不容易适应了工作环境时又要离开，心里或许会充满不安。

甚至连派遣到国外，也会以"一个月后你到中国去吧"这种

方式，进行突然通知。 随后派遣对象就要慌忙开始学习外语，同时也要赶紧在派遣地点寻找住处，诸如此类。尽管无印良品店铺里销售的商品给人一种柔和的印象，公司内部的环境却意外地严苛。

多数员工都会在这样的过程中把自己磨炼得越来越坚韧。这样一来，无论遇到任何场面都能带着一种"总会有办法"的心情，**让自己火力全开地投入工作。**

根据招聘工作研究所"二〇一〇年职员调查"结果，回答最近的调动"符合自身意愿"的人仅占三成，那就意味着有七成职员都在并不符合自身意愿的环境中工作。

想必许多本书读者目前也工作在并不符合自身意愿的岗位上吧。不过这是一种好现象。请务必不要寻求顺心如意的工作环境，而要让自己适应现在的工作岗位，并努力做出成果。相反，若有读者认为现在的工作环境十分顺心，就需要提高警惕了。因为那样的环境会让自己渐渐懈怠，失去成长的动力。

若读者们感觉自己最近越来越缺乏挑战精神,我建议各位将自己换到一个陌生的环境中去。既可以主动提出调动,也可以重新开发新的交易对象,将其当成一次挑战。若一味满足于拥有的资源,而不去主动开拓,人只会越来越落后。

培育"生在无印，长在无印"的员工

在无印良品，基本上不会出现突然让外部人员进入本部的现象。即便是招聘社会人士，每年也只有两到三人。

虽说如此，毕竟无印良品的离职率还不是零，必须填补离职人员的空缺。每逢这种时候，无印良品都会开启"内部聘用"。

所谓内部聘用，就是将兼职人员吸收为本部员工。而兼职人员指的是在各个店铺工作的学生和其他兼职员工。针对每周能够工作二十八小时以上的人员，无印良品会与其签订兼职人员合同，今后还可以成为合同工和正式员工。换句话说，就是将兼职人员吸收到本部。

内部聘用不看性别、学历，也不看年龄，而是根据每个人的实力做出公正评价。

其实近几年，无印良品内部聘用的人数比校园招聘的人数还要多。

那是因为，"生在无印，长在无印"的兼职人员中出现了越

来越多的优秀人才。

无印良品店铺的所有员工都要接受 MUJIGRAM 的指导。我在前作中介绍过 MUJIGRAM，它与一般的指南不同。因为它并非从上至下的规定，而是根据在现场工作的员工和顾客们的希望总结而成。并且它并不存在制作完成这一概念，而是每月都会更新内容。因此只需隔上几年，其内容就会出现很大的变化。

从服装的折叠、上架，到店内清洁和库存管理，无印良品不存在"凭感觉"进行的工作，所有工作都有明确的目的和意义。MUJIGRAM 的特征就在于，在教授工作方法之前，首先教授工作的目的。

教授"目的"，同时也是通过现场工作来传授无印良品的理念和哲学。通过具体工作来传达无印良品的思想，就能让其理念和哲学浸透到员工心中。我们就是这样来培育"生在无印，长在无印"的人才的。

"虽说如此，原本在店铺工作的人一旦转入本部，不就面临着全然不同的工作吗？"

想必有人会产生这样的疑问。

在无印良品，若非担任过店铺店长的员工，基本上是无法成为本部职员的。并且我们还会通过MUJIGRAM的教育，**让店长不是仅仅成为摆设，而是成为具有经营者能力和自觉的人才。**

除了掌握商品知识，店长们还必须精通与店员的沟通交流、财务管理、库存管理、店铺宣传等全方位业务。此外，发生问题时率先站出来进行解决，制定营业额目标也是店长这个"经营者"的工作。这样一来，他们就能**在店铺中找到身为经营者的感觉。然后才会被吸收到本部。**

例如本部的商品开发，乍一看似乎与店铺毫无关系，实际并非如此。想必曾经每天在店铺直接接触客人的"原店长"才更了解顾客的需求吧。至于人事工作，有了在店铺招聘兼职人员的经验，自然应该具备看人的眼光，也通晓培育人才的方法。

换句话说，通过在店铺工作的经验，他们自然在一定程度上具备了身为无印良品本部职员必须拥有的能力。而从外部招聘的社会人员，则远没有那么容易培养。

首先，**用人数来解决人的问题，这个方法本身就会弱化公司。**

举个例子，营业额增长了10%，员工的工作因此而增多，那就再增加10%的员工吧——似乎很多公司都会产生这样的想法，可是这其中隐藏着很大的风险。

如果一直秉持这样的想法不断增聘员工，在业绩良好时还看不出弊端，一旦业绩恶化，人事费用就会变成沉重的负担。因此不仅是不动产，每个企业还必须警惕人才的过剩投资，谨慎制定扩张路线。

根据我个人的经验，中途聘用的社会人员多数都会在几年后辞职。以前公司财务曾经聘用了几名社会人员，一开始那段时间工作非常顺利，可是没过多久，他们就被猎头公司挖走了。与此同时，别的员工也纷纷辞职，那时正值最重要的结算时期，公司内部顿时陷入了混乱。

我从那段时间的惨痛教训中学到了一个道理，那就是"用金钱挖来的人才最终会被金钱挖走"。然而只要将公司的运营交给熟悉无印良品这个组织的人，就不会产生伤及核心的混乱。为此，就算多花一点时间，培育"生在无印，长在无印"的人也依旧是最佳策略。

为什么现在要以"终身聘用 + 实力主义"为目标

无印良品以终身聘用为目标。或许有些人听到这里，会误以为无印良品"老而僵"。其实确切地说，我们的目标是"创建正确评价员工实力的制度，并以终身聘用为目标，力求为员工提供稳定的生活保障"。

日本泡沫经济崩溃之后，终身聘用制的名声越来越坏，那是因为那种制度一直都与年功序列制捆绑在一起。真正有问题的是无论实力好坏，只要工作年数够长就能升职加薪这种压抑了正当竞争的体制。

我认为，能够让员工安心工作到退休的环境十分重要。若没有这一前提，可能就无法培养出热爱工作、热爱公司的精神。此外，若缺乏了薪酬逐渐上涨的机制，员工也无法从工作中得到成就感。

根据平成二十四年日本劳工政策和培训研究所的调查，支持终身聘用的人占到 87.5%，是历年最高的比例。这就意味着将近九成的职员都希望在现在的企业里一直工作到退休。

在所谓"黑名单企业"[1]备受关注的同时,进入日本九十二家大型企业的社会新人在入职三年后没有任何人辞职,稳定率高达100%,但这些企业的傲人成绩却无人问津。在电力和天然气行业、建造业、航运业等业界中,实际存在着许多白名单企业。

这也就意味着,绝大多数年轻人都没有工作三年就想辞职的想法。事实上,多数人希望自己能在大学毕业后进入的第一家企业里一直干到退休。终身聘用制无论对职员还是聘方都是最佳的选择。可是,年功序列制却必须排除。

放眼国外,几乎没有企业会终身聘用白领员工。国外一般采取职务工资制度。所谓职务工资就是根据"工作内容"来分配工资。因此并不考虑员工的经验和年龄。职员们为了提高工资,都会通过上夜校、考资格证书等手段拼命学习,拼命工作。之所以国外

---

[1] 日本"黑名单企业"并不等同于通常意义上的"血汗工厂",这种企业主要压榨自己的正式员工,大量聘用刚走上社会的新人,强迫其超时工作,剥夺其私生活时间,最终导致员工大量离职,再继续聘用新人。换句话说,即把员工当成"一次性消费品"的企业。(译注,下同)

白领生产力高，或许就是这个原因。

与之相对，日本则是采取职能工资制度。职能工资是根据"工作能力"来分配工资的机制，而日本人一般认为工作年限越长，能力也就越高，这就联系到了年功序列制。

之所以有人评判日本白领的生产力不高，问题就出在这个即使没有能力也能自动加薪的体制。随着泡沫经济的崩溃，这种体制终于暴露了弊端，许多日本企业开始效仿欧美，崇尚以职务工资为基础的成果至上主义。

遗憾的是，渗透到日本的"欧美式成果至上主义"对许多企业来说其实是剧毒。

许多年轻人都认为"这样一来我就能凭实力取胜"，并为之大喜过望。可是与此同时，也有许多老员工因为再也不能自动涨工资而焦虑不安。

那么接下来会发生什么呢？有人为了让上司提高对自己的评价，不再把本事传授给下属，甚至有人刻意压低对自己不喜欢的下属的评价。由于害怕失败，只做一些不痛不痒的工作，这使得很多企业开始从内部渐渐腐烂。

我认为,欧美式的成果至上主义并不适合日本。

因为日本注重团队合作,并不适合采用把旁人视为敌手的成果至上主义。欧美本来就奉行个人主义,因此成果至上主义才能在其中起到作用。

说到底,**流行并不代表"真理"**。单纯因为许多地方都已采用,便不顾一切跟风的企业必定会吃很大的苦头。

老实说,无印良品也曾引进过成果至上主义。

可是,过度崇尚成果至上会让一个企业最重要的"合作""共赢"遭到削弱。而无印良品想要实现的,却是团队合作实现业绩,所有人共同努力的环境。

于是,公司制定了在保证合作性的同时,又能正确评价个体实力的体系。例如在评价内容里加入部门整体评价。针对成绩优异的部门,则根据部门整体成绩来分配奖励基金。此外,针对销售部门,为了能让店铺全体员工共同努力提高顾客评价,公司还在个人目标中加入了提高顾客评价的项目。在小团体活动"WH

运动"（见第 178 页）中，在给人事部门指定了工资明细表网络化的目标后，又积极推进了销售部、系统部合作达成目标的风气。

是终身聘用，却不是年功序列。会评价个人实力，却不崇尚欧美式成果至上主义。这就是无印良品的聘用体制，同时也是打造让人不愿意辞职的公司的方法。我认为，或许这种体制才最适合日本企业。那些迟迟无法摒弃年功序列制的企业，以及无法正确评价员工实力的企业，请务必以此作为参考。

Chapter One

用"不间断的柔性调动"培养人

"这个"决定了八成的人才培养

一般企业的调动大体呈现出以下趋势：

·绝不对储备干部做出毫无关联的调动。例如营业部门的优秀人才就只让他在与营业相关的部门间调动。

·上司把看着不顺眼的下属调走。

·如果下属很优秀，就算他主动提出调动，上司也不会同意。

·把员工调动到人手不足的部门。可是不想放走优秀员工，便把离开后不会产生任何影响的人调过去。

·刚进公司的时候经历过几次部门调动，其后就渐渐地固定在同一个部门。

·给不想要的员工挂个闲职诱使他辞职，因此进行调动。

·人事处罚性质的调动。

而无印良品则会进行这样的调动：

·尊重员工本人的调动意愿。

·多数情况下每三到五年就会进行调动。

·从销售部调动到商品开发部门，从销售部调动到物流管理部门……多数情况下，都会进行毫不相关的部门间的调动。

·不问年龄，让年轻人也能担任重要职务。

·向出现问题的部门投入精英。

·将部长调动到完全陌生的领域中。

·完善调动体制，避免上司个人感情的影响（见第51页）。

·不存在处罚性调动。而且无印良品公司内部本来就不存在闲职。

为什么无印良品会进行这样的调动呢？那是因为**调动决定了八成的人才培养**。一旦实现了适材适所，员工就会快速成长。

以前人们还会重视"一心投身财务工作三十年"这样的经验，但现在已经不尽然。甚至有人开始争论，到底应该成为通才（拥有各种领域知识和能力的人）还是专才（专家）。

我认为应该两者兼备。既是专才，也是通才。可是，知识能力范围大而浅薄的通才是行不通的。**最理想的通才是将两种不同的工作作为本职，并努力提高自己的专业水平。**

只钻研单独领域的知识和能力，这样的专才乍一看似乎很能干，可实际上他只会考虑自己部门的问题，最终变成一个次优主义的员工。

我总是把次优和全优挂在嘴边。

简单来说，只追求部分利益就是次优，考虑总体利益就是全优。无论堆积多少次优，都不会变成全优。当然，若连次优都无法考虑，员工就无法成长，只是所谓的"福"只能通过全优来实现。企业里的部门和团队，必须时刻带着全优的想法展开行动。

而为了考虑全优，一个必要条件就是拥有"多个视角"。

通过岗位调动转移到别的部门，就能得到**从外部审视之前部门的机会。**

例如销售部的员工有可能会产生"因为自己把商品卖出去了，公司才得以生存"的想法。但那只是片面的设想。因为有了商品部，公司才有商品可卖，而制造商品又必须由负责确保品质的品管部门发挥作用。

这样的观点虽然理所当然，可是一旦在单一部门工作时间过长，也很容易将其忽略。那样一来，无论再怎么对员工耳提面命"要拥有全优观念"也没有用。最有效的解决方法，就是通过调动来改变员工所处的环境。

无印良品有一个基本观念，就是让所有进入公司的员工可以一直工作到退休。为了培育"生在无印，长在无印"的员工，那样的政策是不可或缺的。

当然，每个员工都有能力之差。可是在前一个部门表现不佳的员工，或许在别的部门就能大放光彩。作为一个企业，绝不能断绝了那样的可能性。并且尽可能发掘员工的所有可能性，也是企业的职责所在。

只要让调动发挥其最大作用，就能让所有员工得到成长，也能让他们产生为公司长久工作的想法。

说到底，那不是对员工和企业都十分有益的事情吗？

"不间断的调动能够培养人"的五大理由

让我们就"调动＝获得新视角的机会"再进行一番思考吧。

无印良品的工作调动有一个重要特征,就是调动的间隔很短,每三到五年就会进行一次调动。

我认为,三到五年这个时间,正好是员工掌握了所有工作,获得了一定成果,找到了自己独特的工作方法,开始发挥个性的时期。在这个时期被调到完全陌生的部门,就不得不从零开始重新学习工作方法。

这对员工来说是坏事吗?

答案是否定的。不仅不是坏事,还会促进员工的进一步成长。不间断的调动对每一个职员都裨益良多。

①切实的职业发展

比起在单一领域不断积累经验,多样化的体验更能促进切实的职业发展。我认为,比起考取专业资格证书或去听各种讲座而言,想必工作调动更能让人获得职业发展的机会。通过调动在各种不同的部门进行工作实践，可以保证员工得到更高的专业能力。

例如销售部门，现在也已经不能满足于一门心思卖货了，还需要掌握商品陈列方法、接待客人的方法、商品包装方法等多种知识和技能。如果从销售部门调动到宣传促销室，还能掌握战略性营销的方法。或者调动到物流这一完全不同领域的部门，或许也能从"该如何优化本公司的物流，才能让顾客更满意，并减少店铺工作呢"这一视角进行改善。

不消说，比起只能待在同一个部门的员工，经历过各种部门的员工会拥有更强的工作能力。

②保持挑战精神

为了不让自己的成长停顿，最好的方法就是时刻挑战新事物。

人一旦在相同的环境里待久了，就会不可避免地产生习惯，磨灭了挑战精神，进而转为守势。那样一来，就算上司苦口婆心激励他"要锐意涉险"，员工也迟迟不会展开行动。

通过工作调动进入新的环境,自然就能得到挑战新事物的机会。应该说,不得不硬着头皮去挑战。这样一来,就能一直保持新鲜。

而且此前积累下来的经验也并非毫无用处。将此前的所有经验与新领域的挑战结合起来,应该能转化为十分惊人的潜力。

③拓展更广阔的人脉

在同样的部门待的时间太长,很容易导致员工只跟同部门的伙伴来往。那样他们就会一直谈论同样的话题,一直做同样的工作,从而无法产生任何发展潜力。

如果调动到其他部门,就能与新部门的人展开新的交往,再继续保持跟以前部门同事的关系,就能够增加员工在公司内部的交流,促进团结和团队合作。

如果能构筑起横向关系网,就能形成十分广阔的消息网络。如果跟其他部门的信息交换活跃起来,工作就会更加流畅顺利。

④深入理解他人的立场

每个人从小就会听父母教育:要站在别人的立场上想问题。

尽管如此,"考虑别人的心情"这句话也只是说起来轻巧,毕竟每个人的立场和成长环境都不相同,真正要明白他人的想法其实很难。

通过调动进入新的部门,就能体验到与以往不同的立场和环境。只要自己亲身体验过,自然就能够理解他人的立场了。

打个比方,销售部和商品部追求的目标是完全不一样的。很多企业经常会出现这样的情况:销售部认为"是商品部没有做出畅销商品",而商品部则认为"我们做了这么好的东西,销售部却没有好好卖"。

此时不应该去追究谁对谁错。只要明白彼此的立场和环境都不同,商品部可能就会想到"我要做销售部想卖的商品",而销售部可能也会想到"难得做了这么好的商品,不如试着改变销售方法吧"。

要明白他人的想法,就要"站在他人的立场上",也就是亲身体验对方的辛苦，这是最有效的。

⑤开阔视野

开阔视野最有效的办法就是多体验。调动能够带来连续不断的新发现，也能够得到很多令人瞠目结舌的体验，比如以前部门中的常识在别的部门里竟成了缺乏常识的表现。

一旦视野开阔了，就更容易接受他人的意见。只要明白了对事物的看法并非单一，而是多种多样，就能够理解他人的意见。

此外，开阔视野让人能够拥有多种选择，针对一件事也能做出更全面的考虑。判断事物的材料越多，就越能准确而迅速地做出判断。

那么，想必还有很多读者误以为调动全凭公司决定，员工自己并没有决定权吧。

确实，员工就算主动提交了调动申请，公司也不一定会接受。但我认为即便如此，只要自己真的想做某项工作，最重要的还是要不断表明那个想法。

此外，员工还可以自主创造出与调动几乎相同的状况。

例如可以主动与其他部门的人员进行交流。如果能得到其他部门的信息，就能灵活运用在自己的工作中。或是参加跨行业交流会，跟其他行业的人士保持交流，也能形成一定的良性刺激。

不能抱有"事不关己，高高挂起"的态度，而应该**把所有的事都当成"自己的事"来考虑**。

"如果我是销售部的课长""如果我是负责商品开发的人"，仅仅是想象一下自己被调动，也能产生很大的效果。

甚至可以继续拓展那个设想，"如果我是经营者""如果我是部长"，将自己假想为社长或部长，效果更加显著。

只要训练自己从别的视角看问题，想必就能得到跟调动同样的成效。

"透明的组织"是这样诞生的

不采用普通调动，而是进行不间断的柔性调动。这对组织本身也益处良多。这里所说的"组织"并不仅指"企业"，同时也可以对应"部门"和"团队"。

当我们说到培育人时，例如对上司来说，由于必须在短时间内培养一名下属，必定存在一定困难。可是反过来说，**用十年时间慢慢培养起来的下属，却不一定能够成为战斗力**。如果员工只是长时间从事着不适合自己的工作，无论对其本人还是对周围的同事都可以称得上不幸。必须在短时间内判断员工是否能够在该部门活跃起来，这对他本身也是有好处的。

最重要的是，不间断的柔性调动能够创造通风透明的组织。因为那样可以让所有部门实现信息共享，就算发生问题也能毫无阻碍地传达到上头。

无印良品的员工经常积极地与其他部门进行沟通。只要与自己曾经待过的部门保持联系，一旦遇到"这个方案该如何跟进？"

的问题就能马上得到确认。其结果就是，员工不再只考虑自己部门和团队的利益，而是开始会考虑其他团队的立场。只要强化了横向关系，原本纵向关系的排他性氛围就会消失，从而提升人们的团结意识。只要平时一直保持与其他部门的联系，召开全体会议时就能够实现积极讨论。由于好消息和坏消息都是公开的，也就不会存在隐瞒错误和问题的情况。

一旦出现对某个特定的交易对象给予优惠，或让跟自己关系好的上司给予特别照顾的现象，企业就会陷入衰退。如果组织通风透明，就不会出现那样的现象。

若能够为其他团队的成就而欣喜，随时准备协助工作，组织就会越来越强。正是因为只考虑自己部门和团队的利益，故意隐瞒信息，才会让组织的空气凝滞。如果只顾着考虑自己团队的利益，那么团队成员就会只遵照团队领导的指示工作。

遵从领导指示固然重要，但不经考虑的盲信是危险的。我认为，很多企业就是因为这样而陷入派系斗争，最终从内部衰弱下去的。

而切断这些过于亲密的关系，调动也是一种极好的方法。

创造柔性职场的"基础"

有人会批判公务员每两到三年调动一次的政策。

由于负责人很快就被调走,责任的归属就会混乱不清,而且对工作也很难产生责任感……批判者指出了这样的弊端。

然而,这原本是因为在同一部门工作时间过长,容易跟与之有交易往来的民间企业产生粘连关系,才制定了短时间调动的政策。这个考虑是正确的,而且只要善加管理,就能让组织实现透明化。

二〇〇〇年那段时间很流行"岗位轮换"一词,越来越多的企业开始每隔两三年就让员工调动到各个不同的部门。可是,能够让那种制度扎根的企业应该很少。因为进行短时间调动的企业和接受短时间调动的人工作效率都猛然变低,现场一片混乱。好不容易掌握了工作技能,又要调动到别处去,因此迟迟不能学到专业知识,也不能提高专业技能。

要克服那个弊端,实现战略性的调动,就不能仅仅是把人移走,

而有必要打造能够实行柔性调动的"基础"。

岗位轮换之所以效果不佳，或许是因为以下两点原因。

其一，是实力至上主义还没有充分渗透到企业中。

其二，公司内部没有将基本工作方法加以明文化并进行共享。

换句话说，只要真正贯彻了这两点，就能够避免岗位轮换的弊端。

后者我已经做过介绍，那就是无印良品店铺使用的MUJIGRAM和本部使用的业务规范书这两本指南。厚达数千页的指南记录了非常详细的工作方法，让每个员工不管调动到哪个部门，都能在当天掌握自己的工作。也就是说，所有部门的业务都被写进了指南中。

在这里，我再对两本指南进行简单的介绍，让读者看清它们与"不间断的柔性调动"之间的关联。

首先，只要将两本指南阅读一遍，就能比较快地掌握"独立工作"能力。因此，就算有人突然离开了部门，也能够顺利进行工作，不会导致现场混乱。交接也更为顺畅。

其次,由于有了MUJIGRAM和业务规范书,就避免了"把工作交与特定的人"。一旦将某项工作托付给某个人,就很可能出现那个人独占工作的现象。那样一来,一旦那个人离开,就会使工作现场所有人都陷入不知所措的状态。

我认为所有业务都能收录在指南中,同时也认为应该让所有员工共享工作方法。**应该"把人安排到特定的工作中"。**

若没有类似于MUJIGRAM和业务规范书那样能让全体员工共享的指南,就很难进行不间断的调动。

进一步说,全员共享的指南对希望女性能够长期任职的企业更是不可或缺的。无印良品最长可以请两年的育儿假。而结束育儿假期回到工作岗位的女性员工之所以能够马上融入现场展开工作,正是因为有了MUJIGRAM和业务规范书这样的指南。回到工作岗位后,如果遇到一点小问题都要询问周围的同事,难免会让人感到泄气。而且周围的同事也不得不中断自己的工作进行回答,更会加重双方的负担。

然而在无印良品,只需翻一翻指南就能解决问题。而且,在员工开始育儿假期之后，指南也能够防止工作出现混乱。确定了这样的机制后，已经晋升的女性员工也能够放心地请育儿假。并且有的女性员工在回到工作岗位之后也实现了晋升。也就是说，工作指南在培养"生在无印，长在无印"的员工这一过程中起到了重大作用。

想必有人会质疑，将业务"标准化"会让员工难以提升自己的专业能力。还有人认为工作指南会使员工丧失进取心、个性和创造力。

可是，MUJIGRAM 和业务规范书是不断更新的，其内容始终跟随时代的潮流。这就使员工必须时时刻刻审视自己的日常工作，由此便能激发出进取心和创造力。

实际上指南只是一个基础，每个员工都是在那个基础之上对其加以应用，并完成日常工作的。有了工作指南，无论什么员工都能迅速上升到一定的阶段，再往后，就要靠员工个人的能力实现提升了。

传统演艺界有个专门词汇叫"型"，那个"型"规定了所有基础技艺。而**不具备型的人则被唤作"无型"**。因为没有基础就无法应用。无论被调动到哪个部门，只要学好基础，就能加以应用。

只要能够灵活应用，就能够提升自己的专业能力。正因为有了标准化的业务，才能最终实现专业能力的提高。

公平公开地选择"后继者"——人才委员会

人才培养对每个企业来说都是最为重要的战略课题。

多数企业都会以人事部为中心进行人才培养,但那并非最具战略性的人事管理。实现战略性人事管理的方法有两个。

一是由企业高层亲自主持;二是人事部领导与会长和社长等高层进行紧密联络,根据企业的发展方向和意向制定人事制度。

由于仅靠人事部门很难实现战略性的人事管理,无印良品还创建了"人才委员会"和"人才培养委员会"这样的组织。

无印良品的人才培养主要分为以下三层。

首先是利用MUJIGRAM和业务规范书进行的"指南培养"。

其次是通过"人才委员会"这个组织来实现适材适所的员工配置。

最后便是制订人才培养计划的组织——"人才培养委员会"。

有了这三个层次,就能营造让"生在无印,长在无印"的员工一直工作到退休的环境。其中,"指南培养"已经在前作中做过说明，如有兴趣可以找来一读。

在这里，我首先介绍一下处在"第二层"的人才委员会。

人才委员会，简单来说就是培育经营者的机制。

之所以创建这个组织，是为了表明无印良品不从外部招徕人才进入高层，而要在公司内部培养经营者的决心。

成为经营者，也可以说是"生在无印，长在无印"的员工们的最高目标。

如果让外部招聘人员突然进入公司坐上管理者的位子，底下的员工可能会士气低落。许多经营者声称，那是因为"我们公司没有足够优秀的员工"。但我认为，问题并非出在员工身上，而在于公司的高层没有培养出能够胜任管理工作的人。

他们是否真的注重过让员工在现场得到锻炼，积攒实力，逐渐成长呢？

在日本的一般企业，能够爬上管理层甚至社长职位的多数都是名校出身、一生都在"精英路线"上发展的人。那么，良品计划现任社长金井政明[1]是否如此呢?

他高中毕业后就进入了长野的西友STORE，在商品部担任采购人员。当无印良品准备向甲信越[2]一带发展时，他从西友来到了无印良品。他最初在无印良品的家庭用品课崭露头角，在我就任社长时已经是公司常务。后来，他还与我一道巡视了全国店铺，与现场构筑起信任关系，即使在升任社长后依旧贯彻着现场主义。

无印良品的"实力至上主义"并非一句虚言。就算只是在店铺里兼职的员工，只要具备实力，就有可能成为将来的经营者。这个大门是对所有人敞开的。

在人才委员会，包括会长、社长、董事和部长在内的执行委员都会聚在一起讨论经营者和继承者的准备状况。让谁成为储备干部，该如何对储备干部进行培育，这是委员会的目的所在。

---

1 金井政明二〇一五年升任良品计划会长，松崎晓继任社长。

2 指日本中部的山梨县、长野县、新潟县。

无印良品人才培养的"三个层次"

人才培养委员会

"提升专业能力"

用全公司的智慧构筑机制和思维

人才委员会

"培育核心"

从全公司的培养视角上进行
适材适所的岗位配置

由业务规范书进行的培养

MUJIGRAM

本部业务规范书

制订员工"培养"和"研修"计划的组织。本书作者曾担任委员长。

为扎实培养经营者(继承者)进行人才配置研究的组织。

这个组织构成的"目的"在于——站在全公司立场上进行公司最重要的"人才"培养,并提高公司员工的生产力和成就感。

人事管理最重要的是公平和透明。

作为直属上司，难以避免地会倾向于大力推荐自己的下属。

然后其他成员就会提出诸如"不尽然，他还差了点火候"这种客观的意见。在这样的讨论过程中，所有人的意见就会渐渐汇总起来。

因为这是所有人都认同的评价，在某个员工成为干部时，就不会出现"凭什么他能当部长"这样的质疑。

因此，被某个上司看好的下属不一定就能晋升。现在似乎还存在根据毕业院校分帮结派的学阀风气横行的企业，可是无印良品有了人才委员会的讨论，就能避免那样的小团体出现。

这是实现真正的实力至上主义，公平公开地选择后继者的机制。

我认为，现在的日本企业之所以缺乏活力，不够公平公开也是其中一个原因。就算努力工作，既得利益者也会把所有利益都据为己有，活在这个有背景者得天下的世道，当然提不起干劲来。

不能口头消费正义，只有真正行动起来，周围的人才会信任你，跟着你走。

每半年调整一次后继者名单的"五级考核表"

人才委员会在选择储备干部时使用的道具之一,就是"五级考核表"。

这是参考 GE(通用电气公司)培养储备干部的工具而制成的表格。GE 跟无印良品一样,都是并非由创业者家族持续出任公司高层的公司。我凭直觉意识到,在每隔几年就更换高层的企业,五级考核表是培育后继者的最佳工具。此后,摸索具有无印良品特色的五级考核表使用方法的日子就开始了。

这个五级考核表正如其名,分成五个等级。

Ⅰ 关键人才库,未来的领导者。
Ⅱ 优秀人才。
Ⅲ 上升人才,下一代人选。
Ⅳ 中坚人才,表现稳定的员工。
Ⅴ 低迷,需要改善或轮换。

候选对象是课长级别以上的人才，分别归类到这五个等级内。

等级Ⅰ"关键人才库"里面列举的都是马上就能成为领导的具有实力的人才。假设公司专务突然遭遇事故无法继续担任职务，就从等级Ⅰ中选择员工成为候补。

只是这个等级中并非一直都有候补人选。某些时期也会出现等级Ⅰ空缺的现象。那种时候公司就会培养等级Ⅱ和等级Ⅲ的人才，使其进入等级Ⅰ名单中。

我认为最理想的状态就是10%~15%的员工进入等级Ⅰ。

等级Ⅱ"优秀人才"中收录了工作能力很高，作为部长发挥了很大实力，可是要进入等级Ⅰ成为公司高层还尚有欠缺的人才。

等级Ⅲ"上升人才"中列举的人都是将来的领导储备、有希望进入等级Ⅰ的人，并且几乎都是课长级员工。虽然还很年轻，可是作为课长表现出了极高的潜力，只要顺利培养就能成为部长或部门主管，甚至有希望成为董事。

等级Ⅳ"中坚人才"。一言以蔽之，就是能够完成工作的人才。对象主要是能够扎实履行职务的人。中坚人才对公司也是十分重要的。

等级 V "低迷"。这个等级的对象是暂时没有发挥出领导能力或工作能力的员工。等级 I 到 IV 都算合格人才，一旦进入等级 V 这个名单，就被认为存在问题。若只是一次两次还可以被谅解，若一直处在等级 V，那么我们就不得不认定这名员工并不具有领导者的资质。

以前处在等级 V 的员工还有不少，最近则几乎没有了。

人才委员会每年召集两次，时间一般在定期调动的两个月前。**之所以要每半年组织一次，是因为随着社会的变化，公司的需求也在时刻变化，与此同时，员工的需求也在时刻变化着。每半年进行一次审核，就能时刻准备好能够迎合公司需求和个人需求的后继人员。**

这个人才委员会最终追求的效果，就是"让每一名新员工直到退休前都能得到最合适的工作经验"。良品计划的高层虽然像长跑接力一样常换常新，但有了这个全体管理层共同讨论调动的环境，就能始终贯彻考虑到公司总体利益的调动。

可是，五级考核表并不能成为人事评价的强制力量和判断依据。

这只是列举储备干部，制定培养方针的基本工具，**与评价制度没有直接联系**。因此，等级Ⅰ和Ⅴ的员工并不会出现薪水差距，也不会向员工本人透露他所处的等级。

此外，无印良品还从未出现过一旦进入某个等级，就一直停留在其中没有任何变化的情况。因为每半年就会进行一次审核，变动是必然的。

曾经被归类到Ⅴ的员工如果在调动后的部门发挥了更好的实力，甚至有可能进入等级Ⅰ到Ⅲ。与此相反，原本在等级Ⅰ到Ⅲ的候选人调动后没有做出预期的成果，也有可能变动到等级Ⅳ和Ⅴ。当然，选择储备人员的方法已经明文化，不会出现上司出于个人感情力捧某个员工或昙花一现的人才受到过度评价的现象。

一旦原来的上司被调走，继任的上司对储备人才的评价自然会出现改变，因此长期持续观察是很重要的。

实现适材适所的"五级考核表"

潜 力

	优秀	合格
表现 优秀	I 关键人才库 未来的领导者 10%~15%	II 优秀人才 10%~15%
表现 合格	III 上升人才 下一代人选 10%~15%	IV 中坚人才 表现稳定的员工 50%~70%
	V 低迷 需要改善或轮换 10%	

即使高层轮换,也能确保符合全公司需求和个人需求的"后继者"。

在评价时"排除上司的个人感情"

每个人都有好恶,这种感情是无法彻底排除掉的。

比如在欧洲,由于与邻国直接相连,经常会发生一些利益冲突。因此国际交往的前提全部建立在不能彻底信任邻国的基础上。从这个观点来看,日本以外的国家似乎**都把"人与人无法完全相互理解"这一认识当成交流的起点**。

不仅是国与国之间,邻居之间也会发生矛盾,婆媳关系永远无法靠道理来解决。因此,组织和团队的运作必须建立在不可能让所有人都和平共处的前提下。

以前无印良品的一名优秀店长曾经把店里所有员工一口气都辞退了。越是工作能力优秀的人,就越容易施行恐怖政治,把不顺从自己的人毫不犹豫地踢走。

那么,带着一帮对自己言听计从的人运营店铺,真的会顺利吗?那样确实能够在短期内得到好业绩。只是后来加入的人由于与店长及其幕僚性格不合,必定很快就会离开。结果店铺就无法留住人才，业绩渐渐恶化。

不仅仅是店铺，这在任何企业的任何部门和团队都适用。

若不创建排除个人感情的机制，人们必定会根据自己的好恶来做出判断。

与其他企业一样，无印良品也是由直属上司来对下属做出评价。

一般情况下，都会存在给自己不喜欢的员工做出不公正评价的上司，这可能是每个公司都无法避免的。可是，那种时候该怎么办呢？

最重要的是，要等评价不好的下属调动到其他部门后再做判断。到了别的上司手下，那名员工或许能够积极发挥自己的能力。要是无论调动到什么部门，员工的评价都一直不高，这种时候才会真正开始审视"那名员工的能力"问题。

相反，有的上司还可能会一直给自己喜欢的下属做出极高评价。这有可能是那名上司"护短"。遇到这种情况，也要等员工调动到别的部门后，再来判断他是否真的具备如此高的工作能力。

不管怎么说，都必须尽量避免盲信单独一个部门和单独一个上司的评价。那样有可能毁了一个"其实很有能力的人才"，同样也有可能让一个并没有足够能力的人走上晋升道路。

此外，很多上司都有各自"宽松或严格的评价标准"。有的上司会把全体下属评价为 A 或 B，而有的上司则只会做出 B 或 C 的评价。

在无印良品，员工评价的最终调整由"G5（部长）评审会"来进行。这个评审会跟人才委员会一样，由全体管理者与评审对象进行面谈，**确认上司对其给出的评价，如有标准偏差就让上司进行修正**。这个评审会也是每半年举行一次，经过反复提醒之后，上司们的评价标准也渐渐出现了正态分布的趋势。

换句话说，**给出评价的一方也需要加以训练**。

若不进行这样的训练，上司就会一直根据个人好恶对下属做出评价。一旦放任下去，公司就迟迟无法调整评价标准。我认为，无法调整评价标准的公司势必无法强大起来，最终将难以为继。

此外，在使用上述五级考核表选择后继者时，还会使用"职业性格潜力报告"和"个人资料"这些工具。

所谓职业性格潜力报告，其实就是性格判断。

主要分为领导力、人际关系、问题处理与决策能力、自我管理与时间管理这四个大类，其下还细分了外向还是多疑、灵活还是慎重等类型。测试采用一问一答的形式，由此分析测试对象的潜在性格。

无印良品在每名员工入职二到三年时进行这个测试，但是只进行一次。因为我们认为，**每个人的基本性格是无法通过教育来改变的**。就算十年后、十五年后再进行一次同样的测试，结果也不会有什么变化，因此只进行一次。

虽说如此，我们却并不会把职业性格测试当成判断一切的标准。

若出现"这个员工不善社交,还是把他安排到后勤职务吧"这样的做法十分危险。虽然了解员工性格十分重要,但人的表现会因为各种因缘际会而发生变化。因此,上司的评价和工作经历才是我们用来参考的更重要的指标。

个人资料则类似简历,记录了内部履职经验及评价、行动评价等员工在公司内的所有经历。

公司利用这两种工具和上司的评价,从多方面评判一个人才。这样一来,上司就不能让自己喜欢的下属优先晋升,也无法阻拦自己不喜欢的下属的晋升之路。

同时,这也适用于部门和团队。

就算提出"要公平审视所有下属",既然人非圣贤,就不可避免地会混入个人感情。与其努力提高上司的觉悟,还不如创建一个能够进行客观评判的机制,更能够保证每一名员工得到公正的评价。

可能只是"现在处于低潮期"

有一个著名的法则叫"2∶6∶2法则"[1]，在部门和团队级别上，也必定存在属于"2"的那部分人。并且，想必也有很多企业为如何培养最底层的"2"而伤透了脑筋。

可是，就算一口咬定那些员工"做不好工作"而将其排除，也无法解决根本问题。

而调动同样能够在一定程度上解决这个问题。

在无印良品，评价较低的员工会被调动到别的部门。

因为这有可能并不是员工本身的能力问题，而是与直属上司无法协调，导致发挥不出真正实力。

例如有一个上司比较神经质，对下属的要求十分详尽、严格。要是那样的上司底下有个自由独立的下属，必定会产生对立。那样一来，上司可能会压低对下属的评价，打上C或D的低分。

---

[1] 由"二八定律"演化出的法则，在企业管理方面指员工中业绩优秀、积极性高的约占20%，业绩普通、表现合格的占60%，业绩差、无积极性的占20%。

如果一直对那样的上司和下属放任不理,那即便下属能力优秀,也只能不断得到低评价。若不把那名下属调动到能够给予公正评价的上司那里,他就会一蹶不振。而事实上,真的有人**在调动后马上发挥出了值得称赞的实力**。

尽管调动基本能够解决问题,但也存在无论怎么调动,无论工作多少年,评价都一直很低的员工。

遇到那种情况,我们只能判断为员工本身的问题,然后采取降薪的措施。若是在管理职位上的员工,则予以降职。

也就是说,就算晋升为课长,也有可能被降为普通员工。若非如此,就谈不上是使有能力的员工能够得到相应评价的机制。

毕竟人生只有一次,或许有时候可以考虑无印良品以外的"新道路"。因为并非所有员工都能适应无印良品的方针,或许他们到了别的业界和别的企业,就能发挥自己的实力。当然,如果真的想在无印良品一直工作下去,我们也会提供合适的环境。

但请不要误会,最终得出降职结论需要花很多年时间。因为调动之后至少要经过一年才能正确评价员工的工作表现,绝不会轻易给员工贴上"能力低下"的标签。

在部门和团队里,调动也可以成为解决问题的其中一种方法。

在某个团队没有发挥实力的人,说不定到另一个团队就能获得成果。我认为,发现每个人最适合的工作岗位是身为领导者的职责之一。

就算不适合成为领导者的员工,对公司也是十分重要的。因为他们肩负着支撑公司生存的"城墙"使命。虽然他们不会像某个领域的领导者那样在天守阁[1]里活跃,但却能稳稳地支撑企业的骨架。

这些员工的上司一般会考虑:是让他留在当前部门继续向上发展,还是调动到更适合本人性格和能力的部门去。有时也会利用业务规范书进行培训,或安排员工参加研修课程。

无印良品就是通过这些途径,在公司内部进行人才培养的。

---

1 日本战国时期城堡中的塔楼式建筑,是城主的所在地,也是城主权力的象征。

"培养"机制——人才培养委员会

现在让我来介绍无印良品人才培养的第三层——"人才培养委员会"吧。

人才培养委员会正如其名,是制订员工"培养"计划的组织。我在其中担任委员长。

许多企业经常出现培养计划几年不更新的现象。想必还有不少企业就连新员工培训也不更改教材,一直进行同样的研修课程。那有可能是因为他们不够看重研修的重要性和优先程度。

可是,**新员工研修是最重要的教育机会。**

如果你是一名即将入职的员工,那请你这样认为:即将在公司接受的研修,是今后社会生活的最为重要的第一步。

如果站在培训新员工的立场,那么就应该认为:新员工是企业的未来,是最需要重视的财富。

随着时代的变化,每年的新员工都会呈现不一样的倾向,消费者的需求也会不断改变。**理所当然地,就应该根据那些需求的**

变化而改变教育内容。 除了新员工研修，部门研修和面向中坚员工的研修也同样如此。那些研修必须配合企业的经营策略进行改动，也就必然地需要与人事联合起来。

人才培养委员会每月召开两次会议。每次都会有半数部门参与，各个部门的部长要在会上发表自己部门的人才培养方案，然后还要进行培养中期汇报。

人才培养的研修计划基本上都由部长来制定。

为了让部长保持亲自培养下属的意识，委员会绝不会做出"请你用这样的研修计划进行人才培养"之类的指示。必须由每个领导者看清本部门面临的课题，并独自思考对策。

我们偶尔也会从外部聘请讲师进行授课，但大多数时候都是由部长或公司内部的员工来进行。此外，**研修计划的教材基本上也是由讲师自己准备。**

不过从零开始编制教材的工作量太大，我们会请人才招聘公司等机构**按照无印良品的要求**制作教材。比如针对入职一到两年的员工制作的经营建议书,针对资深员工制作的"了解经营数字"以及讲解贸易方法的书籍,各种教材应有尽有。

当然也可以用市面上出售的教材进行培训,但那些教材与公司的目标并不一定完全一致。要培养生在公司,长在公司的员工,制作与公司方向性一致的教材更有成效。

例如服装部门以前曾经聘请外部讲师来教授纤维和面料的知识,也会组织工厂参观等为期一年的培训项目。通过这些项目,让员工学到作为一名服装部门人员必须掌握的全部知识。

日用杂货部门则采用观察教育法。到无印良品顾客的家庭中,实地观察他们的生活场景,给今后的商品开发作为参考。

曾经有一名员工在参观顾客浴室时发现:"很多家庭使用的洗发水和沐浴露瓶子都是圆形的,而且形状大小各不相同。""置物架都是直角的,所以用方形瓶子是不是更好整理呢?"以及"如果容器是透明的,就能一眼看出里面装了什么。"——于是,通过实地观察，无印良品就推出了透明的替换装容器[1]。

食品部门施行的是与一流厨师搭档进行商品开发的计划。

在与厨师一起制作意面酱和咖喱时，员工们会思考将其转化为商品的方法。

诸如此类，关键在实施**与实践紧密相连的研修计划**。若非如此，则称不上对员工的教育。并且这样一来，接受教育的一方也会意识到这样的培训能够在工作中派上用场，就会更积极地参加。

如果你觉得"我这个部门的下属很难培养""我这个团队的下属工作能力低下"，那有可能是教育环节出了问题。

只通过日常工作进行教育固然有限，可是进行与现场情况不相符的教育就是浪费时间。在员工教育这方面，其实应该进行一番更彻底的思考。

1　日本市面上销售的许多日用品、化妆品和护肤品都分为本体和替换装，可参考中国瓶装洗衣液和相应的替换装。

开展"有意义的跨行业交流会"

"内向的逻辑"是"衰退的逻辑"。

为防止员工和下属成为"井底之蛙",就必须让他们看到外面的世界。当然,对自己也是同样的道理。

因此,人才委员会开始请来伊藤园公司[1]、佳能电子等各种企业的人,到无印良品召开演讲和讨论会。既有经营者级别的人物来进行演讲,也有部长级别的人物来发表讲话。

例如布尔本公司[2]的吉田康社长来无印良品进行演讲时,连我自己都获益匪浅。

"不结盟,自力更生。"

"最讨厌集中和选择,对一切报以关心。"

"去往目的地要迂回前进,绕上一两次远路。"

---

[1] 日本首家销售瓶装绿茶饮料的公司。

[2] 日本大型零食企业。

这些话让我和员工们时而深有共鸣，时而感慨不已。

让这样的跨行业交流会继续深化下去，就发展成了跨行业交流研讨会。

一般情况下，跨行业交流会都是开个派对，谈笑几个小时，然后各自解散的形式。就算交换了名片，今后也很难有机会在工作上进行联系，再者，遇到掌握着有用信息的人的概率也非常低。

因此，我们就想构筑一个不仅止于萍水相逢的交流会，以形成**在交流会结束之后也能彼此交换有用信息的关系**。

跨行业交流研讨会每次持续两天一晚，分三次举行，合计六天。虽说是研讨会，但经常会在酒店住一个晚上，因此感觉更像集训。

由于是跨行业的交流，不仅是无印良品，还有十七八个不同企业的员工会来参加。迄今为止参加过的公司有佳能电子、国誉公司[1]、

---

1 主要经营文具、办公家具。

Shimala 集团[1]、成城石井公司[2]、柳濑公司[3]等，横跨各个行业，并不只有零售业。

每次参加人数在三十人左右。每次的主题都各不相同，有时会进行企业研究，讨论经营和财务方面的话题；有时也会请讲师来教授市场营销方面的知识；还曾经召开过战略规划的研讨会。

此外，还有在研讨会召开之前都秘而不宣的活动，那就是请参加研讨会的企业领头人发表演讲。演讲结束后，大家还会在一起开晚餐会，每逢此时，演讲者都会遭到参加者接二连三的提问。一般员工可能很少有机会能跟企业高层直接对话，因此这对他们似乎是个很好的刺激。

想必有很多企业会请著名咨询师、在电视节目中十分活跃的

---

1 主要经营服装综合类产品。

2 主要经营高端超市。

3 伊藤忠商事旗下，主要经营进口汽车和二手车销售的企业。

人物甚至政治家来进行演讲吧。可是,那样能马上在工作中派上用场吗?并不尽然。经营者自身的谈话全是根据自己的经验说出来的,那才是真正的智慧宝库。埋头苦学固然能够积累知识,可是在商界,智慧比知识更派得上用场。

与其一个人参加跨行业交流会,我认为以部门或团队为单位进行交流更能形成长期的往来关系。在无印良品,有部分员工遇到问题时会去跟跨行业交流会上结识的其他企业的员工讨教。

借用他人的智慧,这可能也是商界一个非常重要的诀窍。

能否培养"世界性的人才"

人才培养委员会有一个动员全公司力量进行的举措,那就是海外研修。

无印良品一九九一年在伦敦开了第一家海外店铺。其后,又陆续在欧洲、亚洲、北美等地开店。

从一开始,公司就把从未有过海外工作经验的课长级员工送到国外,让他们在当地从零开始摸索。其后又进一步推进这个举措,从二〇一一年开始,我们展开了把所有课长级员工全部送到国外进行短期研修的计划。

详情在第三章会进行说明,总之,这与一般企业进行的海外研修完全不同。

大部分企业的海外研修,似乎都是让入职不久的员工和储备干部到国外工作几个月到一年时间。听说雅马哈发动机公司会让员工孤身一人前往发展中国家进行市场调查,但一般来说,企业都会派几个人到同一个地方去。

研修内容一般也都是语言学习、当地生活习惯的学习或者市场调查之类，倾向于让员工不再对"海外"这个词心生恐惧。通常研修计划和住宿等方面都会由企业为员工准备好。

无印良品则不会替员工准备研修计划，连住宿问题基本上都是"你自己去找好哦"的态度。当然也不会把好几个员工派到同一个地方，而是把他们孤身一人派遣到异地，让他们进行**类似于武士修行的研修**。

研修期间，本部基本上不会跟进员工的情况。

俗话说"慈母多败儿"，这么做就是为了让员工培养独自生存的能力。让他们自己动脑子思考，掌握"想办法解决问题的能力"。这就是研修的目的。

目前为止，派出去的员工都平安回到国内，并且经过重重历练越来越坚韧了。

只在国内对员工反复讲述全球化，肯定无法带来任何实际感受。最终还是要将其送到海外，让他亲身去体验那种感觉。这就是所谓的百闻不如一见。

Chapter Two

将年轻员工培养成"中流砥柱"的机制

用身体去理解"现实"与"理想"的鸿沟

现在,入职不到三年就辞职的年轻人已经成了日本的社会问题。

人们都说"最近那样的年轻人突然变多了",实际上早在十五年前,就存在"三分之一的人都会在三年内辞职(特指大学毕业生)"这样的现实。因此,这其实是长期存在于日本社会的严重问题。

每个企业都会耗费大量经费与时间培养新员工。

入职三年正好是总算能够独当一面的时期。好不容易培养起来的员工就这样离开公司,因此对企业来说,入职三年内的早期离职无疑是莫大的损失。

我们该如何面对这个问题呢?

首先必须搞清楚"为什么年轻人要早期离职"。

原因肯定是多种多样的,但其中一个最主要的原因,就是体会到了理想和现实的差距,也就是所谓的"现实冲击"。

每个新社会人都会怀抱理想和希望进入公司。可是现实中的公司却是在乍一看充满矛盾的情况下运作的。此外，就算有想做的工作，公司也不可能轻易实现员工的愿望。

面对如此残酷的现实，员工就会开始思考"这跟我想象的世界不一样""应该有更适合自己的工作"。

无印良品一旦决定了内部录用后，会先让尚未毕业的内定人员在店铺兼职。当然那也是正经的工作，公司会支付时薪。

只要干上一两个月兼职，就能大致了解工作内容。

就算他们本来就是无印良品的粉丝，经常光顾店铺，可是一旦真正进入店铺工作，就会发现自己心中的印象和现实完全不同。站着工作本身就很辛苦，更别说还要做体力活儿：将到货商品送进仓库，或者把商品从仓库运到店铺。而且在商品数量较多的店铺，记住所有商品也是一件苦差事。甚至有可能遭到顾客毫无理由的抱怨。

通过那样的体验，就能**一点一点认清现实**。

与此同时，还能与派遣到店铺的本部职员交谈，从中了解公司内部的情况。像这样，在事先体验了现场情况，又了解了公司现实的前提下，学生也能逐渐坚定自己的选择。其中也有在这个阶段就提出离开的学生，不过能够在入职之前就确定自己不适合这个公司，对本人也有好处。

然后，等他们正式成为公司新员工，还必须让其准确理解公司的运营哲学、概念和价值观（为此，无印良品就准备了MUJIGRAM和业务规范书）。

例如各位读者在刚进入各自的公司时，也被分配过打扫卫生、倒茶、检查复印纸张的工作吧？因为那些都是与业务毫不相关的杂务，或许有人曾经想过"好麻烦啊"。

而公司则必须教育新员工思考"为什么要做那些""到底有什么用"。正因为缺少了这个环节，才会使他们不认真对待杂务。

然而，并不能只让新人去思考这些问题。

例如在入职前的培训中，会教授如何着装。

可是，若连自己的上司都不注意着装，就会让新员工误以为"其实不用这么讲究嘛"。**如果新职员做事偷懒，多半是因为他的上司也偷懒。**

新人会时刻关注上司和前辈的行动。我认为，负责培养新人的人，也要随时确认自己是否起到了模范作用。

本章主要介绍无印良品"培育新员工的方法"，同时思考如何将新员工培养成强韧的中流砥柱。

入职头三年决定了新人是否能够成长为"生在无印，长在无印"的员工。

要趁热打铁。若没有找对"打铁"的方法，不仅无法培养员工，还会让员工过早凋零。新员工能否顺利成长，关键在于负责培养的一方。

为何入职三年就能担任"店长"

我经常听到这样一句话,越来越多年轻的白领不希望晋升。

晋升到管理层之后,薪水涨幅不大,责任却变重了。不希望自己的工作压力越来越大,照顾下属好像很辛苦——他们或许会有这样的想法。可是,"**维持现状**"**其实是最危险的选择**。

今后就算经济形势有可能改善,也绝不会回到泡沫经济崩溃之前的盛况。"全球化"在所有领域急速推进,相信有很多企业都会将重心转移到国际贸易。对希望把资源投向海外的企业来说,肯定都想尽量压低人事费用。因此,每年都会有更多企业鼓励提前退休,将不处在管理层的资深员工尽早排除出去,用更低的薪水招聘新人填补他们的空缺。

换句话说,如果不求晋升,一直持续同样的工作,随时都会遭遇第一个被舍弃的风险。

无印良品的职场晋升之路从派往全国店铺担任店长开始。所有新员工在入职几年后都会被派往店铺成为店长。

新员工加入公司时可能怀有"想开发商品""想被派遣到海外""想做宣传工作"等各种各样的意愿，但他们首先会被作为店铺员工分配到各个店铺，然后让他们争取在三年之内当上店长。这就是无印良品的培养路线。

除无印良品以外，有很多经营餐饮和零售业的企业也会将新员工先安排到店铺去，让他们获得担任店长的经验。因为在这种行业里，店铺是整个经营的最前线，想必企业的目的就在于让他们亲身体验现场的情况吧。

无印良品也持有这样的想法，那就是"不亲身经历过现场的艰辛，听取顾客的声音，即使进入本部也无所作为"。可是这并不是全部。我们同时也希望**通过担任店长的经历，培养员工作为领导者的视角**。

店长作为一店之首，必须承担全部责任。

订购商品摆到店铺里销售，这只是他们工作中非常小的一部分。培养店员、制订营业额目标并思考销售计划、发生问题及时进行处理，这些都是店长的职责。可谓是一国一城之主。

即使员工作为社会人经验还不多,也必须肩负责任站在管理岗位上。这会给员工带来非常大的压力,同时也能成为新员工的炼狱体验。只要坚持到了最后,员工作为社会人就能得到迅速成长。

这并不仅限于企业这个范畴,即使在团队之中,只要所有人都能以领导者的视角展开工作,就能让进展更加顺利。为了实现这一目标,尽早让员工获得相应经验是富有成效的方法。

如果从店铺运营的角度来考虑,让入职十年左右的中坚力量担任店长或许更为安全。因为他们更不容易引发重大问题,也具备让经营更为顺利的能力。让新员工先进入本部负责一些辅助性工作,这样也使本部能够随时关注他们的进展。

可是,那样并不能有效培养新员工。

我认为,工作是在失败中积累经验的过程。如果企业和团队从一开始就准备好了不容易失败的环境,新人就会迟迟无法成长。

就连失败时该向什么人求教这样的思考也是作为社会人的一种极其重要的锻炼。因为"想办法解决问题"的能力就是这样培养起来的。

作为新员工,一开始不会做事,什么都不懂,这是必然的。如果负责教育新员工的一方不能秉着这样的理念容忍其失败,就无法培养任何人才。对培养者一方来说,长远的目光最为重要。

确实,将新员工突然扔到残酷的环境中未免有些严苛。

无印良品也设计了这样一条道路,**让员工从一名普通店员开始,逐渐适应环境后再担任店长**。虽说要让员工得到炼狱体验,但如果不先打好基础,只会使其过早凋零。

此外,针对接收新员工到店铺工作的店长,我们还会进行"接收研修",向其具体说明"新人进店之后,你要在这段时间内教会他做这些事情"。通过**认真做好"接收方的准备工作"**,来给新员工构筑一个"基础"平台。

在那样的环境中,目睹周围的上司和前辈充满活力地工作,新人也就不会逃避晋升。我认为,年轻人是选择维持现状还是积极进取,最终还是要看周围环境对他们的影响。

"下属管理"究竟是什么？

入职一年半，这在很多企业都还是新人阶段。大多数人这个时期还在给前辈打杂，或是进行一些辅助性工作。

在无印良品，派遣到店铺一年半之后，就会开始"管理基础研修"，也就是说，新人在这个时期就要开始接受成为店长的培训。

基础研修主要以经营建议书这本教材和MUJIGRAM为中心展开。

经营建议书是讲述"何谓经营管理"的教材，内容主要涉及店长该如何培养店员，以及店长本身该如何磨炼自己的领导力。

我认为，这本教材的内容并不仅限于无印良品的店长，对所有企业的所有领导者都能够适用。**领导者并不仅指经营者和高管人员，只要有一个下属，一个后辈，就能被称为领导者。**

一旦成为店长或领导者，就容易过分关注销售额目标等简单易懂的数字。但那并不是真正的领导者该做的事情。身为一个领导者，需要兼顾培养下属的"用人方面"和保证业务顺畅的"工作方面"。

因此无印良品构筑了用经营建议书培养"用人方面",用MUJIGRAM培养"工作方面"的框架。

尤其是用人方面,培养下属是一项艰难而重要的工作。因为领导者必须切实理解自己的下属今后希望向哪个方向发展,然后对其进行引导,通过工作帮助下属成长起来。

经营建议书中具体讲到了应该如何培养下属。在这里向大家介绍一下该书"第三章 下属培养"的"1.培养计划"的一部分。

下属培养(3)分配能够促进成长的工作

与下属就培养目标达成共识后,便对其分配具体的工作。

为了促进成长,分配对本人来说稍微超出其能力范围的工作最有成效。但有一点非常重要,不能从一开始就分配困难的工作,要逐渐增加难度。

在这个过程中,下属能够积累成功体验,通过获得成就感来切实感受自己的成长。

【第1级】在目前的工作中寻求问题解决

首先,以克服目前工作中的难题为目标。为了让下属能够完全掌握目前的工作，需要让其充分体验。

【第2级】分配多种类型的工作

在下属能够独立完成工作后，就开始增加工作种类，让其负责多种工作。这样能够弱化工作的单调重复感，使下属学会有效、有计划、有顺序地安排工作。

【第3级】扩大下属独立判断、决定的范畴

给下属分配从计划到最后检查都由自己独立完成的、需要肩负责任的工作。此时可以安排稍微超出本人能力范围的工作。在这样的工作中，下属能够拓展视野，提升视角，培养正确的工作态度和人际交往方式，促进其价值观和伦理观的成长。

世上并不存在仅凭一句"你去培养下属和后辈"的命令就能完成任务的人。就算对他们说"你要理解下属"，员工们也不知道该怎样理解，要理解什么。

因此，经营建议书就具体解释了要如何把握下属，以及在此基础上如何展开教育。

这样一来，就算是头一次翻开经营建议书的新员工，也能马上展开行动。

此外，经营建议书有个最重要的特征，就是收集了现场的声音制作而成。在教材制作工程中，我们采访了在无印良品店铺有过相关经验的"店长前辈"，将他们曾经的烦恼和学习到的经验记录在了教材中。

如上所述，研修的教材基本都由自己准备，关键在于使内容符合公司本身的情况。再进一步说，我认为负责主持研修的**讲师也要基本上由本公司职员担任，这样才能获得更大成效。**

许多新人店长都会像自己的店长前辈一样碰到很多难题，彼时只需翻开教材就知道该如何解决。同时，如果负责主持研修的讲师能通过亲身体验，用自己的话语（公司的话语）来讲解，那受训者理解的程度是断然不同的。

无印良品的研修所使用的教材，与其说是一本死板的书，倒不如称之为"成为店长的道路指针"更为恰当。

"任何人"都能具备领导力

经营建议书中详细讲述的经营基础，一般是入职十年以上的中坚员工才能学到的知识。然而我们却把这些知识教给了入职一年半的新员工。

因为我们认为，领导力是任何时候、任何人都能掌握的。这与成为社会人的年数没有关系。

这并不仅限于无印良品，而可以适用在所有商界人士身上。

或许有人认为，领导力是一种特殊能力，只有被选中的人才能够与之相关联。但这其实不是什么复杂的技巧，就连刚入职不久的员工，只要用心也能掌握。不妨在这里介绍一下经营建议书中讲述的"领导力"。

3. 发挥领导力的前提

要作为一名店长发挥领导力，必须要掌握号召下属、激励下属合作完成工作的基本方法和意愿。所谓的方法和意愿主要可概括为以下三点：

·要求自己"身先士卒"的态度和表现。

·针对工作"主动抱有问题意识"的意愿。

·针对团队伙伴主动"关心他人,了解他人""激励伙伴""提供协助"。

如果仅做这样的说明,或许员工们还不知道实际上应该做些什么。

接下来,经营建议书又进行了进一步的说明。

■激励伙伴

对于缺乏意义和好处的事,人是很难调动起积极性的。要想号召伙伴完成工作,必须让他们真正意识到结成团队完成这项工作的意义和好处。此外,还必须结合每一名成员自身所关心的问题,对他说明完成这项工作的意义和好处。

具体的激励方法有以下几种。

①使其产生兴趣

掌握下属的性格特点,用能够使其本人产生兴趣的方法安排工作,下达指令。

②明确目标

让团队成员将团队目标转化为个人目标,使工作变成"自己的事"。

③及时反馈

通过反馈行动和工作的结果,正确评价自身,并展望接下来的行动。

④让下属体验成功

成功体验能够转化为对下一次挑战的积极性。为了激发出强烈的成就感,最有效的方法是给下属制定稍微超出自身能力的目标。

⑤赏罚分明

一般来说,赞赏比惩罚更有效果。

⑥制造竞争

用竞争意识来鼓舞斗志。

⑦其他

例如强制执行或安排合作。

不知各位读者感觉如何?上面的内容并不算独特罕见,可是,只要是曾经当过领导者的人,想必都会对此产生共鸣。

不过,这并不意味着一当上店长就能完成经营建议书里提到的所有内容。因为从书本上学到的知识和通过实践获得的智慧完全是两码事。要完全吸收教材里的内容,并确立员工自身的领导力,大约需要两年时间。因为没有实践,知识永远不会变成自己的东西。

新员工必定会遇到的壁垒

在无印良品,员工入职三年左右,就开始陆续担任店长职务。

一旦成为店长,就必须作为店铺的最高领导者,与其他兼职人员和学生共同完成工作,其中还包括比自己年长,比自己工作经验丰富的店员。反观自己,却还没有达到能够熟练完成所有工作的状态。

在这种情况下,该如何发挥自己的领导能力,维持现场运作呢?

这对新员工来说,是最大的炼狱体验。

而实际上,每个新人店长都会遇到同样的困难。

"店员不听话""该如何教育比自己年长的人""跟店员像朋友一样相处,结果职场的气氛开始懈怠了"……对于这样的烦恼,根本不存在"这样做就能解决"的特效药。

只能靠本人绞尽脑汁,想办法加以解决。

有关沟通交流的问题,应该是所有新职员共同的烦恼。

在学生时代,交流的主要对象是同龄朋友。因为是相对狭窄的交流圈子，学生们可能不会感到有什么困难。可是走进社会之后，就要跟各种年龄层的人进行交流，完成工作。因此每个人都要掌握符合对方年龄和立场的交流方式，否则就无法成事。

我认为，无论哪个企业在对新员工展开研修培训时，都会教授交流的基本方法。但最重要的是通过实践来积累经验。

在这个意义上，如上所述，要在成为新店长之前，作为普通员工负责一些辅助性工作来积累经验。因为无法理解"对方"，就无法进行交流。

在这个前提之下，最重要的是**在现场进行尝试和经历失败。在理解对方立场的基础上反复实践——如果不这样做，就无法掌握交流能力。**

虽说如此，每个人在经过一定训练后都能进行顺利的交流。

经营建议书中收录了前辈店长为了创造好的职场氛围，该如何与员工进行交流的一些建议。

· 主动打招呼。

·进行对话,把握状况。
·单独对话。
·传达"谢意"。
·平等对待。
等等。

这些并非特殊技能,而是小时候在学校就能学到的东西。要与他人敞开心扉进行交流,最重要的是注意一些日常的小对话。

如果一个人在工作中忽略了日常交流,突然摆出一副上司面孔让下属做这个,做那个,必定不会有人听从。

然而,只要掌握了做人的基本,无论跟什么年龄层的人都能实现交流,一旦遇到问题也能及早解决。

一切的基本都在于人际交往。只要能跨过交流这个巨大的壁垒,新职员就会得到很大的收获。为此,必须尽量让新人得到更多与别人打交道的机会。

或许有很多人读完这一段后,觉得"这种事我早就知道了"。

可是,真正能做到的人又有多少呢?

说不定有不少人在不知不觉间已经忽略了这个重点。

培养年轻员工的秘诀——若即若离

假设有一名营销新人由于迟迟无法拿到订单而烦恼。

仔细一问,原来是通过电话营销一直无法得到面谈机会。为了解除这名下属的烦恼,各位会怎么做呢?

是扔给他一句"自己想办法"然后置之不理呢?还是认真教育他"你总结的营销对象还不够精练。我们公司的商品要在这样的地方才能卖出去"呢?因为无印良品的特色在于一切业务标准化,因此无印良品应该是后者。

可是,解答也仅止于建议潜在客户名单,再往后,就要员工本人想办法解决了。

第一句话要说什么,对方才不会马上挂掉电话,然后该如何进行说明,才能让对方产生面谈的意愿。这些诀窍只有靠自己在实践中不断进行尝试,不断遭遇挫折才能真正掌握。

MUJIGRAM也把"欢迎光临""谢谢惠顾"这种最基本的礼仪和接电话时的应答方式收入了指南中。

可是，在接待客人时该如何抓住时机跟客人展开对话，这在指南里却没有提到。因为根据实际情况随时可能出现变化，必须自己思考怎么解决。这种"若即若离"的态度，或许就能称作无印风格的人才培养。

在无印良品，除了刚刚入职进行的新人研修，还有入职之后的"跟进研修"。这样的研修分别在入职三个月后、六个月后的特定时期进行。

入职后被派遣到店铺的新人一般用三个月时间就能大概了解工作，渐渐看清周围的状况。

这个跟进研修，就是在新人看清周围的状况后，渐渐开始产生烦恼、遇到问题的时期进行的。

大家聚在一起，分享自己在店铺中遇到的疑问和难题，再共同商量该如何解决。本来以为只有自己在烦恼的事情，分享过后就会发现其实大家都在为此烦恼不已。当员工意识到"原来不只是自己"之后，就能安心不少。

在跟进研修中，人事部的负责人会充当讲师，在一定程度上告诉新人"你们肯定有这样的烦恼吧。某年某个前辈是这样做的"。可是，到底能否将学到的知识应用在实践中，还要看新人自己。

新人在研修中都找到了各自的答案，并带着那些答案回到店铺。

入职六个月后，有的新人还会调动到其他店铺，随后，在那里又会遇到各种不同的烦恼。于是大家又聚在一起共同商讨，在讲述自身想法的同时，能够渐渐明确自己所面对的问题，或是找到解决问题的途径。

我认为，建立这样的跟进体制，应该能够帮助新员工度过那个不安的时期。

当然，上司和前辈在日常工作中的跟进也很重要。

无印良品的新员工似乎也经常会向派遣店铺的店长讨教问题。

每当此时，店长都会认真听取员工的烦恼。但是，因为店长都已经彻底融入了无印风格，并不会手把手地教育新人该如何去做。

若是与工作相关的烦恼,店长们可能会说"不如你看看MUJIGRAM吧"。若是"兼职员工一直记不住工作流程"这样的烦恼,那店长则会反问"你平时是怎么教的?""那你觉得该怎么样才能让他记住呢?"激励员工本人自己去思考。

如果直接说出答案,就剥夺了员工自己思考的机会。如果我们直接给出答案,最后得到的只有"针对那个问题的解决对策"。

相反,如果让员工本人经过思考得出答案,就能获得思考能力、判断能力和责任感等方面的经验。因此,在新人遇到问题时可以提供建议,但究竟该如何行动这一决断,还必须交给他本人进行。

确实,对负责教育的一方来说,一次性说出全部答案其实会更加轻松。因为一旦有所保留,下属因此而出错,届时还要由自己来跟进解决。尽管如此,让下属靠自己的力量想办法解决问题,这才是上司的职责。

而且上司还必须注意一点。若想用若即若离的微妙距离感实现"培养",关键在于老员工和领导者"理所当然地去做理所当然的事情"。在此基础上进行"若即若离"的培养,不仅能让下属更快独立,从结果上说,也能让上司更加轻松。

让新员工在"培养人"的过程中成长

尽管在上司眼里还是新人,可是只要入职两年,无论是谁都会得到下一批新人作为自己的后辈,也能获得教育别人的机会。

这种时候,如果上司只扔给新人一句话:"你带一下今年的新人吧。"那无论负责教育的一方还是接受教育的一方都有可能陷入混乱。教育的内容有可能不够全面,也有可能把自己记错的内容教给后辈。这不仅会让接受教育的人感到困惑,负责教育的前辈也会丧失自信。

该教什么,按照什么顺序教。

只要上司决定了这些,那些成为前辈的新人们也就能够充满自信、富有节奏地承担起教育新员工的任务了。

而且只要拥有自信,就能得到后辈的信赖,由此能够产生作为前辈的自觉性,促进员工成长。

在无印良品,一旦成为新人店长,就要站在指导店铺全体店员的立场上。

虽然还是一名经验尚浅的社会人，但只要是无印的员工，就必须经历这一步。他们不仅要掌管店铺经营，还要通过工作促进下属成长，这也是作为领导者的一项重要职责。

为什么要让还属于新员工的这些人去教育别人呢？

那是因为，**教育他人最能促进自身的成长。**

教育别人的时候，如果教育者本身不能深入理解自己要教授的内容，就无法成功进行教育。平时自己漫不经心做的工作是最难教给别人的，容易产生"咦，我平时都是怎么做来着？"的疑惑。想必还会出现遇到一个意料之外的提问，连自己都不知道该如何回答的情况吧。通过对他人的教育，可以帮助自己重新审视工作，分清自己究竟理解了什么，还没有理解什么。

并且，还要绞尽脑汁想出最容易让学生理解的说明方法。

有人能够举一反三，有的人却必须从头到尾全部教一遍。如果不根据每个学生的特性改变教育方法，对方必定很难理解。

有时可能在反复教授同一内容的过程中，一不小心就容易烦躁地提高音量，结果跟学生的关系闹僵，甚至会影响工作。相反，迟迟记不住工作流程的人终于能够独当一面时,作为老师也一定会感到欣喜。

只有经历了这些或苦涩或快乐的体验,才能渐渐学会如何与人交流。

指导店员使用的是MUJIGRAM。因为MUJIGRAM是集中了所有工作方法的指南书,只要有了这个,哪怕是新人店长也能教育下属。

此外,**店长另一项重要的工作就是评价店员的工作情况**。这也绝不会转手交给资深员工进行评判,而是让新人店长独立完成。

只是,若不在做出评价时尽量排除个人好恶,现场就会变得一团糟。

为此,店长们会使用"升级表"。升级表是详细列出了"该评价店员哪些方面"的具体项目的评价表格。

例如,是否按照店铺安排的轮班时间准时上下班、着装是否符合标准、是否能够在任何时候都面带微笑看着顾客的眼睛打招呼,这些工作中的基本态度也被列入评价范围。此外还有负责收银和接电话时的应对是否合乎标准、商品上架是否遵照MUJIGRAM的规定进行,这些与业务相关的项目也包含其中,顺应店员的成长程度进行指导和评价。

具体评价方法是,没有做到就画"×",如果做到了,则按照完成程度分别记入"○"或"◎"。

有了这张升级表,就算是头一回站在教导者立场上的人,也能做出准确的评价。同时,只要掌握了这张表格里的内容,也就知道该在什么方面对下属进行培养了。

除此之外,"让店员确立目标"这一高层次的工作也都交由新人店长来完成。

连自己的目标都不知道如何达成,还要让别人确立目标,想必是难上加难。可是,一味埋头苦干并不能让自己的能力更上一层楼。

于是乎,就要根据经营建议书和升级表来指导下属确立自己的目标。

首先,上司要考虑店员的培养方向。接下来再听取店员本人的意愿,使方向性和目标趋于一致。大体就分为这两个步骤。

这个时候,要先参考升级表,确认店员本人比较擅长哪些部分,哪些部分尚有不足。这样一来,就能给员工确立"他已经比较习惯收银工作了,下次让他学习礼品包装工作吧""可以让他参照销量数据考虑商品陈列"这样的目标,也能看清接下来具体该如何操作。

只要构筑起这样的教育机制,无论是谁都能培养下属了。

中国有"三年寻良师"[1]的古训。如果不经深思熟虑就跟随一位蹩脚的先生,不仅无法学成,还会染上奇怪的习惯,导致无法挽回的错误。因此,一开始选老师这个步骤是非常重要的。

在无印良品,为了让所有人都能成为"良师",特意准备了

---

1 译者才疏学浅,中文里面找不到这个典故,日文资料中也仅显示这句话是"武道修行"的古训,全文为"学艺三年不如寻师三年"。各种版本略有文字上的不同,大意相近,并且异口同声地说这句话来自中国,却全部没有给出典故出处。

MUJIGRAM 和升级表这样的工具。

将一个人培养成良师固然重要,但那要耗费好几年时间。反倒是制定使所有人都能像良师一样实施教育的机制,才能够更好地防止现场产生混乱。

"新店长"之声①:云雀丘巴可店长 铃木里深

(入职前体验了四个月的兼职工作,于二〇〇九年进入公司。后被分配到静冈店铺,半年后调动到岐阜店铺。其后又调动到名古屋、滋贺的店铺,于二〇一三年来到云雀丘巴可分店。入职两年半后就任店长。)

我跟其他同期入职的员工相比,属于调动比较多的,最开始那段时期要花很长时间才能适应新的店铺。因此我总是在思考,要如何才能跟店铺里的员工熟悉起来。不过随着调动的次数变多,我渐渐习惯了那种状态,很快便只需一个月时间,就能把新店铺当成"自己的店铺"了。

被分配到第一家店铺时,我只学了一些工作的基础,因此决心努力让自己"能跟店里的兼职人员做同样的工作"。就在这个时候,店长突然把卖场的一块区域整个分给了我,这件事让我印象深刻。

当时店长对我说："这半年时间这里就交给你随意安排，请你找出自己独特的销售方法。"根据陈列方法的不同，有的东西会卖得很快，有的则根本卖不出去。就算是畅销商品，也会因为颜色不同出现不一样的营业额。每种颜色都认认真真地摆一个上去，或是只选几种好卖的颜色摆好几个上去，客人的反应都完全不同。那是我人生中头一次体会到做生意的乐趣。

就这样过了两年半，我被任命为店长。当时我感到肩头的责任突然变重了。

当店员的时候，即使遇到销量不好，也只会说："唉，销量不太好呢。"可是一旦成为店长，就会不由自主地认为"销量不好是我的责任"。由于公司系统上能看到所有店铺的营业额，发现自己的店铺成绩不理想时，心中还会涌起"不甘心"的感觉，自然而然地就让我更有责任感了。现在我店里有一个后辈在担任代理店长，有一回他问我："成为店长后会有什么变化吗？"可是我却无法用语言来表达，只好跟他说："整个视野都会变得不一样，但是那要真正成为店长之后才能体会到，所以希望你早点当上店长哦。"

◆入职之后视野开阔了不少

我对无印良品的创造理念很有共鸣，因此想加入这个公司。在面试时也说过"我想进入商品部"。

最开始在店铺工作时，我只把这当成"进入商品部的一个台阶"，可是实际工作一段时间后，我渐渐喜欢上了销售商品的感觉。商品畅销时的喜悦，只是稍微改变一下摆放就能影响销量的震惊，我很高兴自己能够实际体验到这些。

可是在入职第三年，我曾经频频说出类似"我要辞职，我要辞职"这样的话来（笑）。

我大学时读的是建筑系。身边的朋友要么进入研究生院进修，要么开始了建筑行业的工作。因为我非常喜欢设计和创作，在听那些工作于建筑行业的朋友们说话时……曾经一不小心在上司面前说漏嘴，说"想辞职"。

就在那时，我听说马上要开办"Found MUJI"（在全世界搜寻能够在生活中长期使用的"好东西"进行展示，或将其改造成更适应现代生活的形式进行公布的活动，在东京·青山有一家店铺）店铺了，正在公司内部公开招募店员。

我本来就很喜欢那种无名的创作。Found MUJI 正符合了我的兴趣，是一个将全世界被埋没的好东西找出来进行展示的平台。所以我很想挑战这个工作，便告诉上司我要参加招募。上司对我说："这样你就没法辞职了，真的没问题吗？""那我不辞职了。"就这样，我改变了自己的心意，直到今天都在继续努力，没有辞职。

虽说如此，我今后可能会想到海外的店铺去体验一番，或是发展下对宣传方面的兴趣。入职之前，我完全没想到自己的工作视野会变得如此开阔,但入职之后,我真的展望到了更大的世界。这种什么事情都有机会去做,任何人都能得到"机会"的环境,应该就是无印良品的魅力所在。

"新店长"之声②:拉拉花园春日部店店长 田中今日子

(二〇〇九年入职。被分配到北千住的店铺,先后调动到关东圈内的柏、水户、有乐町、深谷等店铺。最后在水户首次出任代理店长,在深谷就任店长。现在已经到了第二家店铺担任店长。)

我初入职被分配到Lumine北千住分店时还不太习惯自己的工作,每天都非常忙碌,没办法静下心来请教店长和前辈。当时真的是被工作追着跑的状态。

入职后先在本部接受了新员工研修,学到一些基础工作方法之后被分配到店铺工作,但我还是在作为一名员工磨炼自己的领导能力时一开始就遭遇了挫折。

店铺里的店员多数都比我年长,可是在他们看来,我却是"正式员工"。但我当时还有很多不明白的事情,也有很多工作无法独自完成,因此为如何与其他店员相处伤透了脑筋。甚至还因为工作上的错误被店员训斥过。

那时公司本部正好展开了针对新人的跟进研修(参见第91页),

我就找讲师求教去了。老师对我说："所谓领导能力，并不是拉着一个什么人向前走，而是给周围的人带来好的影响。"我当时感到恍然大悟，至今还记得老师的那句话。

我原本并非那种天生具有领导力的性格，因此那句话让我豁然开朗。

从那以后，我就再也没有一股脑地下达命令，或强行拉着下属工作。因为我发现，只是倾听对方的话，了解他现在的困扰，这样就是十分出色的领导力了。当然店长也听了我的问题，他并没有教我"这样做比较好"，而是在一问一答间仿佛让我自己开始思考了。可能就是因为有了这样的经历，我才能像那样既不强求也不急躁地跟店员进行交流吧。

◆只要敢于尝试总会有办法

当初入职时，我的最终目标并不是成为店铺的店员或店长，不过我本身就很喜欢无印良品的商品，心中自然怀有"每天都能接触到自己喜欢并经常使用的东西"这种意识，从来不会对工作感到厌倦。

虽说如此，刚入职那段时间我却一直忙于记住工作方法，根本无法在现场优哉游哉地一直享受"啊，在这里工作真幸福啊"的感觉。反倒觉得：工作这种东西，真是让我的每一天都着急忙慌地度过啊……因此，如果不给自己一些激励，如果不暂时停下来确认自己所在的位置，就很容易随波逐流。

我认为自己没有真正产生过"还是辞职吧"这样的想法。可是，原本就不擅长当领导者的我却经常烦恼："这份工作真的适合我吗？""换成别的工作我会不会更容易掌握呢？"

　　可是最后我终于发现，"只要敢于尝试，就没有做不到的事情"。这不应该用单纯的适合不适合来判断。

　　于是我转念一想，如果认为这份工作不适合自己，那别的工作肯定也不适合自己了，总之先努力向前走，等实在走不下去了再想办法吧，就这样，我一直坚持到了现在。

　　我这个人很认生。可是一直这么认生下去，就做不好这个工作。自然而然地，我开始更加认真地听别人说话，也更加谨慎地思考自己的话语。现在我已经再也不会认生了，这是我成为社会人，进入无印良品后发生的最大改变。

只有遭遇不及格的时刻才是走向"真正职业生涯"的开端

刚入职的三年,是作为一名社会人的职业生涯的起点。

在那三年间,新人的能力会受到评判,估算今后的发展空间。那么,在新人时期被贴上"不及格"标签的人,难道就不能东山再起了吗?

我认为,只有在遭遇不及格之后的工作态度,才能构筑真正的职业生涯。

在无印良品担任过店长的员工,并非每个人都能顺利经营店铺。成为店长之前的新人还看不出什么差别,但是成为店长之后,就会开始出现差距。

有的员工无法跟店员搞好关系,使得店铺的气氛十分糟糕,也有的人在不得不同时进行多项业务的时候突然陷入恐慌。公司会根据情况把他们调动到别的店铺进行观察,但是有的员工在调动之后依旧没有改善。

当然,公司也建立了针对店长的跟进体制。区域经理和区块店长（将每个区域分成几个区块，每个区块都有一名总管所有店铺的店长）会成为新人店长的上司，同时也是他们讨教问题的对象。只是，就算有了这些经理和店长的帮助，也会有一直无法重新振作的员工。

可是，员工的能力并不会因此而被下定论。

他们有可能是大器晚成，要成为领导者还为时尚早，也有可能只是对经营这方面不太擅长。

然而，这些迟迟无法成长的员工在回到本部之后，又经常会发挥出很惊人的实力。

社会人的人生很漫长，因此没必要因为一次失败而认定一切都完了。未来还有无数重新振作的机会。比起从未遭遇挫折、一直享受成功的人，反倒是**经历过失败后改变了生活方式和工作态度的人，更有可能成长为坚韧不拔的社会人**。同时，那样的人最后成为经营者的例子也不在少数。我可以断言，相比从未尝过失败滋味的人，那些曾经失败的人在商界具有更强悍的实力。

你永远无法预料到一个人会因为什么样的契机开始成长。

各位读者的公司里可能也存在跟同期员工差距甚大，为自己的未来发展而烦恼的新人。如果你正好是那种新人的上司，请记住一定要用长远的目光看待下属。

如果你是正在烦恼的那个新人，也请你不要认为"现在的公司不适合自己"而轻易产生辞职的念头。就算辞职到了新的公司，现在遭遇的挫折可能依旧会对你产生影响。

在一个公司遭遇的失败，只有在同一个公司才能挽回。千万不能亲手舍弃自己东山再起的机会。

不过，有一点十分重要，那就是尝试去理解他人的态度。

不能考虑他人的人，无论做什么都不会成功。工作不是一个人独立完成的，除了同一个部门的团队，还要跟其他部门、交易对象合作推进。

无论交流能力是好是坏，只要一直保持试图理解他人的态度，就能无数次东山再起。只有经历过失败，才能比别人更深入地考虑到对方的立场，也不会对自己过度自信。

Chapter Three

强化自己"想办法解决问题"这一能力的方法

越是疼爱的孩子,就越要让他吃苦

不敢把工作交给下属。我的下属都不可靠。

想必有很多上司都怀有这样的不满。

电视剧里经常会出现这样的上司——他们会对下属说:"你照着自己的想法去做,我来负责任。"但那也仅限于电视剧里。

上司的工作也包括"把工作交给下属"。让工作毫无障碍地顺利完成固然重要,但引导下属独当一面也是非常重要的课题。

上司随心所欲地操纵下属是行不通的,必须要让下属能够独立掌握工作,为此,就要考验到上司的"托付能力"。请各位上司回忆一下,你之所以能够成长到这个地步,不也正是因为一直有人在后面给你提供支援吗?

二〇一一年十二月,公司把一名三十多岁的课长任命为泰国办事处(MUJI Retail <Thailand> Co., Ltd)的社长。

他在那个月末赶赴泰国,元旦也是在那里度过的。任命下达后不到一个月时间，他就决定了单身赴任，让家人后期再来团聚。如此短的时间，他可能没办法做多少事前准备，甚至连英语都练不好。

无印良品从二〇〇六年开始进入泰国，到现在已经开了十家店铺。在此之前我们一直跟泰国百货店进行授权销售模式的合作，二〇一一年决定与那家百货商店合资建立公司，并将他提拔为社长。

在此之前，我们一直是将中国制造的商品运往日本，再从日本出口到泰国，因此泰国无印良品的价格是日本原价的 2 倍到 2.5 倍。当地人很少能够负担这样的高价。

于是，为了降低进货成本，他建立起了从中国和越南工厂直接将商品运送到泰国的系统。结果将近三分之二的商品价格降低了 20%，营业额一下就上去了。不仅如此，还大大缩减了商品从工厂到达店铺的时间。

这样的改善只有亲自到当地去，亲自发现问题并研究对策才能实现。如果仅仅听从日本本部的指示，想必无法做出如此大胆的应对。

在无印良品，经常会出现突然让**员工独自一人到尚未建立办事处的地区出差**的情况。就算是从未出过国的员工，也在被派遣的行列。

当然，由于我们在海外开店的节奏非常快，就算想派遣拥有出国经验的员工也找不到人手。可是，**正因为我们相信，没有海外经验的员工也能在异国独自开拓一片天地，才会放心把他们送出去。**

如果把有在国外任职经验的人士换到新的地区，就会变成把工作交给那名特定的"员工"。这样一来，只能让那名员工积累更多在海外工作的经验，别的员工却学不到任何东西。要想"把人安排到工作中"，最佳选择就是派遣经验为零的人。

突然被派遣到海外，就能促使员工理解对方的立场。

在当地接连遭受文化冲击之后，员工就会明白日本的常识并不是世界的常识。每个国家的语言不同，饮食、生活习惯和工作方法也截然不同。

跟语言和常识都完全不相同的人该如何进行交流。通过这样的炼狱体验，员工就会产生为对方考虑的意识。单方面的交流是不可能成立的。比起将自己的想法传达给对方，尝试去接受对方的想法更为重要。这种意识在员工回到日本后也能起到很大作用。

本章介绍无印良品海外赴任和海外研修的方法。

"托付"并没有人们想象中的那样简单。为了减少风险，同时派好几名员工到同一个地方，让他们工作时有讨论的对象，这样会更安全。

可是这样一来，他们就得不到"自己进行判断"的能力。只有在一个人绞尽脑汁解决问题的过程中得到磨炼，员工才能迅速成长。

无印良品之所以要刻意将员工送到严苛的环境中，就是因为炼狱体验最能促进人的成长，也最能提高人的能力。从我自身的经验来看，年轻时吃过苦头的人，也是能力最强的人。

如果各位读者的公司能够提供到海外赴任的机会，就请你毫不犹豫地接受挑战。就算不那么做，只要感觉自己停止了成长，最好还是将自己置身于炼狱体验中。**因为人们总是只擅长于溺爱自己，却无论长到多少岁，都无法对自己严格要求。**

是否具有"一个人想办法解决问题"的经验

以前,公司曾派遣一名资深员工到中国香港负责当地业务。

因为他不会英语,公司便给他安排了会讲日语的当地员工,但这并没有带来什么好结果。会讲日语的当地员工俨然成了他的秘书,跟当地人的所有交流都是通过那名员工来进行的。

由于资深员工自己并不直接参与对话,导致他一直与当地人存在隔阂。无法直接交流,就无法理解对方的心情,也无法体会到当地的历史、文化背景和生活习惯的独特之处。

虽说如此,英语很棒的人却不一定在工作上十分优秀。公司也曾派遣擅长英语的人到国外去,虽然那样能够与当地人进行交流,却有可能无法获得预期的成果。

我认为,其实不会说外语也无所谓。可是,在赴任之后必须想办法与当地人沟通想法,这种沟通能力才是最重要的。

无印良品建立了在前往海外前,能够接受英语或汉语课程培训的体制。可是,在那些课程中能学到的只有一些基本对话。如果不真正去使用那种语言,是永远没办法学会的,所以不管记住多少例句都远远不够。

例如当地店员在某项工作做到一半时突然说:"下班时间到了,我要回去。"在店员未结束工作却要回家的情况下(这种事真的发生过),该如何向他解释,并请他留下呢?这在语言课程里是学不到的,必须想尽办法连说带比画让对方明白自己的意思。如果语言不通,用画画来说明也可以。

员工绞尽脑汁努力进行交流,自然而然地就能慢慢学会当地的语言,甚至很快就能跟当地店员开玩笑闲聊了。

交流能力的高低取决于能否了解对方。

虽然同一国家、同一年龄层或同一性别的人会呈现某种集体倾向,但其中每个人之间的差别还是很大的,因此必须细心研究交流对象。

为了了解对方,必须从平时就开始锻炼自己体会对方的想法、特点、习惯和喜好。

比如上面提到的工作途中突然说要回家的人，如果是重视家庭生活的性格，那么可以在尊重对方想法的基础上，与其交涉"能否再多留十分钟"。而如果对方的想法是"我只在店铺规定的时间内工作"，那么可以考虑调整对他的指导方法，保证他在规定的时间内能够完成工作。

像这样，**针对一个问题有多种解决办法可以选择的人，就可以判断为交流能力较强**。

能够当着很多人的面说话，那是表现能力较强，跟交流能力又略有不同。所谓交流能力，就是"深入理解对方"的能力，它所要求的是能够互相交换彼此想法的能力。这种能力不是一朝一夕就能掌握的。可是，只要具备了这样的交流能力，就能够在任何地方立足。因此，这才是世界性人才必备的能力。

被派遣到海外赴任或研修的员工中，也有折戟而回的人。

其中固然包括无法与当地人进行良好交流的人，但最主要的是，**没有冒险决心的人必然会碰壁**。

例如日本的物流十分优秀，只要不发生恶劣天气这种意外情况，就能够准时将货物送达目的地。可是在海外，无缘无故拖延好几天是十分正常的。

如果碰到那样的情况，不断请示日本本部"商品还没送到，该怎么办"的话，现场可能会越发混乱。员工必须亲自到当地工厂说服他们尽快出货，或者用其他商品填补空缺，根据不同情况想出不同的解决方法。如果是没有自信亲自做出判断、不敢冒险的人，到最后也只能弄得一团糟。

那种类型的员工很难再派遣到海外去，今后可能只会给他安排日本国内的工作。不过，这当然不意味着仅仅一次失败就终结了那名员工的前途。就算不擅长与人交流，依旧能做很多工作。他们可以在其他部门重新挑战。

由于突然被独自扔到一个谁都不认识自己地方，员工必然会感到强烈的不安和孤独。

特别是为了建立新据点而到海外赴任的员工，必须从在当地创办法人开始。或是在当地寻找值得信任的顾问和税务会计等专业人员，或是找先行进入那个区域的日本企业讨教，总之必须自己想办法摸索着前进。

而且店铺开张后，还必须在当地招聘店员进行教育。

经常有人说工作要持有"经营者的视角"。无印良品的海外赴任工作不仅需要视角，甚至要实际作为一名经营者体验整个过程。无须明言，那种体验无论在任何商业场合都适用。如果员工退休后打算再开展什么事业，那些经验也必定能够派上用场。

就算不经历海外赴任，也能在某种程度上掌握"想办法解决问题的能力"。

比如挑战大型项目，或者投身自己一直回避的工作，**只要选择了困难的道路，就能培养出想办法解决问题的能力**。反之，如果一直逃避困难，人就会越来越退化。无论身处哪个时代，为了拥有生存下去的实力，就必须磨炼解决问题的能力。

"海外派遣"实例①：销售部东京西区经理 秋田彻

（一九九八年入职，历任区域经理等职务，于二〇〇七年调动到海外事业部。在海外参与过成立法人等诸多工作，曾经独自一人前往北京、雅加达、马尼拉等地建立海外据点。）

我本来就希望到海外工作，因此很早就提出了希望被派遣到海外的请求。二〇〇七年调动到海外事业部后，很快就接到了前往中国北京的内部指示。可是，出发前的准备时间比我想象的还要短。虽然我很希望到海外工作，可是真正接到派遣之后我还是感到了慌乱。而且出发日期竟然近在眼前。当时我的孩子才出生一个月，要跟家人分开生活，着实让我感到有些寂寞。

我在北京的任务是成立法人。当时无印良品还没进入北京，因此要在那里建立一个据点。于是我在没有公司后盾、没有员工也没有驻派人员的情况下只身来到了这个地方。因为这样的状况，我的第一个工作就成了给自己找地方住。在最开始的半年时间里，那个住所也兼任了我的办事处。后来还在当地聘用了九名员工，他们每天都到我租的住处办公。不知不觉间，冰箱里就装满了他们的食物，厨房和起居室也多出了很多他们的东西。那间出租屋慢慢地有了一点合租房的气氛。而且我一点汉语都不会，只能在当地从零开始学习。所幸其中两名中国员工会说日语，于是我每天早上八点到八点半都请他们教我学习汉语，而八点半到九点则由我来教授日语，互相学习彼此的语言。

◆敞开心扉后，他们就亲如家人。

到中国来的人基本分为两个类型。一种是很快习惯了这里的环境，在当地迅速成长的人；另一种则是迟迟无法适应环境，感到些许疲劳的人。我在公司里堪称派遣期间生活愉快的典范，没有感到丝毫痛苦。

当然很多时候不得不经历一些弯路。例如我问员工："听明白了吗？"大家都会很有朝气地说："明白啦！"可是当他们告诉我"工作完成了"，把我叫过去看的时候，我却发现根本没有做好，不禁有些失落。但是中国人普遍都爱面子，遇到这种情况还不能当着别人的面教育他。只能努力忍耐着，对他说："谢谢，既然做完了，不如跟我来一下吧。"再把他带到另一个地方去，然后才能重新跟他讲注意事项，再把方法复述一遍。

要跟中国人建立互相信赖的关系并不容易。可是，一旦能够对彼此敞开心扉，就能获得比日本人之间更加亲密的关系，甚至坚固得让人忍不住认为，对方一定不会背叛自己。

因为最开始我们基本上是在办事处一起生活的，因此我跟员工们自然就形成了跟家人一样的关系。虽然也曾闹过矛盾，但同样成了能够对彼此说心里话的同伴。

在中国建立一号店后，我也无数次向店员们讲述了无印良品的理念。当然，也体验了无数次迟迟无法让对方理解的焦躁感。

如今，当时我教出来的员工还有人在当地的无印良品工作。原来一号店的店长现在是北京的地区经理，而在店里兼职的一名店员如今也升任了东北地区的经理。现在轮到他们在中国传递无印良品的理念了。听到这样的消息，让我不由得深深感叹"当初的辛苦真是没白费啊"。

现在我已经结束了海外赴任，在日本担任区域经理。在海外待了五年，我的视野真的开阔了许多。在海外，如果不积极地向顾客传递无印良品的理念，就无法让他们理解。那么难道在日本就更简单吗？事实并非如此。

我认为，在日本用简单明了的方法向顾客传递无印良品的理念，是提高企业价值的重要举措，而从传递理念这一点上考虑，又让我重新意识到店铺所承担的责任和让每一名店员正确理解无印良品理念的重要性。

"海外派遣"实例②：有乐町店长 新井真人

（一九九七年入职后，担任过多家店铺店长。调动到海外事业部后，曾经负责中国台湾、韩国等亚洲地区，以及意大利、法国、欧洲中部地区的当地分社长和法人成立工作。还在中东和近东的迪拜、科威特等地负责过初步开拓工作。）

因为父亲工作的关系,我从两岁到十二岁左右都是在南美度过的,因此比较熟悉拉丁语系的语言。小时候曾经在秘鲁和巴西居住,会说西班牙语和葡萄牙语,这两种语言都跟我后来的派遣地使用的意大利语十分相似。尽管有着这样的基础,我在前往意大利赴任后还是花了很多时间,一边与当地人进行交流,一边学习那里的语言。首次到海外赴任的地点是米兰,由于那四年半的时间里,自己一直都处在只有一个日本人的派遣体制中,我就把从成立公司到店铺开张的所有工作都做了一遍。人事、财务、宣传、促销,这些都必须由我一个人来完成。我进入无印良品本来就希望能够到海外工作,因此自学了美国注册会计师的课程,可是人事和宣传方面我真的一点都不懂。因此便在当地一边与律师、顾问、会计进行交流,一边独自学习。

　　我认为,那些经验在回到日本后也起到了很大作用。成立公司必须具备什么样的部门、每个部门分别承担什么样的职责、该如何进行合作,我渐渐具备了俯瞰整个组织的视角。这就是所谓的经营者的视角吧。可是,由于体制决定了当地只能有一个日本人,我无法跟任何人共享信息,很多事情只有自己才知道。这种状况在很多派遣国都发生过,因此公司后来于欧洲本部伦敦建立了控股公司,改为由那个公司统筹所有的销售公司。

　　从那以后,我会尽量跟伦敦本部共享信息。建立了每周进行一次各个销售公司汇报、共享信息,然后做出判断的体制。这种体制一直沿用至今。

我还学到了另外一个知识，那就是在海外聘用员工时，能否看清一个人的本质往往决定了成败。

欧洲比较盛行个人主义，每个人都能根据自己的想法展开行动。可是，由于个性比较完善，能够靠教育来磨炼的部分就很少。而且拉丁语系国家的法律基本上是保护劳动者的，一旦聘用就很难将其辞退。为此，凡是有望升任管理层的人都要事先进行背景调查，每一名员工也要经过半年的试用期，真正了解其本质后才予以聘用。尽管如此，还是有人会在试用期结束的瞬间变成另一副面孔……不过日本员工虽然能够遵守规矩，却容易过度在意周围人的目光，因此只能说双方都有优点和缺点吧。

◆ MUJIGRAM 让交流更轻松

在当地指导店员时，最值得依赖的还是 MUJIGRAM。

可是，由于各国法律不同，偶尔会出现难以跟进的状况，有时候，当地的一些做法反而更值得参考。于是我便随机应变，这个工作可能用日本的方法更稳妥，那个工作可以参考当地的做法。例如 VMD（Visual Merchandising，视觉营销）这个通过店铺展示进行营销的方法。因为在建立店铺时必须让所有店员都学会这个方法，因此在中国台湾和韩国开店，以及在意大利和法国培训店员时，我都会将日语版的 MUJIGRAM 总结成小册子发给他们。要是没有这种指南，

A店长和B店长的店铺经营方法就会完全不同，最后变成个人店铺，很难体现出无印良品的风格。

在业务方面，我用MUJIGRAM来示范基本流程，然后将业务委托给值得信赖的店员，这样就算我不在了，店铺也能由当地员工来支撑运转。拉丁语系国家非常重视人与人之间的关系，人际网络决定了工作的顺利程度。无关头衔，能够实现人与人之间的往来非常重要。因此我在交接工作时更加重视的并非业务能力，而是给继任者介绍当地的关系网。

"海外派遣"实例③：物流促进负责人 业务管理课长 松延实成

（大学毕业后曾经在土木工程等其他业界工作，于一九九六年加入无印良品。分配到店铺后，历任数家店铺店长，二〇〇九年调动到物流部门。二〇一〇年九月开始，到中国赴任三年。）

我在中国负责物流和系统运营。当时店铺数还不多，但中国幅员辽阔，必须建立一个系统确保商品能够毫无阻碍地送达各个店铺。保管商品，根据需要分成小批配送到店铺。我的工作就是跟负责这一流程的当地物流公司一同建立无印良品的物流技术。不过在最开始的一两个月，我发现按照日本的思考方式来做事根本行不通。

因为日本人和中国人的思维方式完全不同。在日本，人们会把东西整整齐齐地码放进箱子里。可是在中国，人们却会把鞋子胡乱堆到T恤上，而且码放商品时也对不齐方向，导致纸箱无法盖上。即便如此，他们还是会使劲压住箱盖，然后贴上胶条将其固定。由于状况如此，我不得不从将东西整齐码放进箱子里的方法开始教起。环境和常识不同，这也是没办法的事情。

这种时候，如果我说："我们公司就是这样规定的，所以你们要这样做。"他们是不会听的。必须向他们提示好处："这样做更方便，而且掌握了这种技巧的人，就算离开了我们公司，也算是学会了一项技能。"否则他们绝不会产生"不如试试看吧"的想法。

中国人很讲原则，如果我们希望他做的事情与他的利益不一致，那么他就绝不会去做。所以我就采用了首先提示这样做能够给他什么样的好处，然后才问他要不要试试的做法。换句话说，就是不断在寻找日本人和中国人的原则的共通之处。

到了中国以后，我意识到必须做一份让外国人也能理解的指南。虽然中国也在使用MUJIGRAM，但如果单纯地将日文版MUJIGRAM翻译过来，有很多事情是无法让对方彻底理解的。如果向中国店员提议"跟顾客搭话的时候不要大喊大叫，要走到他身边与其交谈"，有人会径直贴到顾客身后，用跟平常一样的音量大声说话。换句话说，日本人的"身边"跟中国人的"身边"是不一样的概念。

因此，为了保证无论哪国人都能清楚理解，必须将描述改为"站在离顾客约 50cm 的地方"，并配上插图或照片进行说明。美国是个多民族国家，说明的时候我们不会使用文字，而是用图形符号进行说明。这也让我思考，MUJIGRAM 到最后是不是要全部改成插图形式呢。

◆就算在陌生的国度也要想办法解决问题

由于不得不一个人掌控物流，我有时也会感到压力很大。因为必须从零开始构筑无印良品在中国的物流系统。我至今仍觉得，这当中虽然有很多辛酸，却也让我得到了很多。

总之，如果不先确定一个"起点"，就无法定下前方的"坐标"。如果让下一个负责人再次从零开始会非常艰难，于是我就想："有点问题也无所谓，总之先定个起点吧。"然后只要后来之人一点点改善就好——如果不抱着这样的决心，绝对不可能从零开始构筑一个据点（起点）。最后我的想法已经变成了"只要动手做总会有办法"。

人无论到什么地方，只要习惯了就好，就算语言不通也总能想到办法。回国后我被分配到了物流部门，大家都说："你变得会听别人说话了呢。"（笑）我认为，自己在此之前只顾着拼命传达自己的想法。现在回到日本，虽然语言相通，反倒一下子把不需要看到的地方也看得清清楚楚，还能得到在中国根本想都不敢想的关照。这种差异让我在刚回日本那段时间甚至感到有点迷茫。

海外短期研修从制订计划的阶段开始"全权交给本人"

无印良品在二〇一一年开始了一项尝试,那就是让课长级员工全部到海外进行研修。

时间是三个月。**到什么国家去,在那里做什么,都由本人来决定。**

当地的住所也让他们自己来找。到底是住酒店还是租公寓,从这里开始就要自己动脑筋思考。

预算是每年二十人,合计四千万日元左右。分配到个人就是两百万日元左右。

员工们似乎都会选择无印良品已经开了店铺的区域,制订跟现在的业务相关联的研修计划。但人才培养委员会并不会让员工在当地的无印良品承担任何工作,甚至允许他们在跟无印良品毫无关系的企业和店铺上班。

有的员工会制订无印良品海外工厂视察和开发新工厂的计划,有个商品开发部的员工还声称"我想开发意面酱",就跑到意大利去吃了整整三个月的意大利面。另一个负责开发健康＆美容商品的员工为了调查欧洲香氛、护肤和有机商品，还成了"空中飞人"在各地飞来飞去。

员工定好计划后要事先汇报给人才培养委员会，但委员会并不会否决。而且也无须事先汇报预算具体的使用方案，仅由每个人在各自的目的地自主控制。就算因为突发事件在中途用完了预算，也不会让员工马上回国，更不会让员工自己承担多出的费用。

这是完全的自愿负责原则。**员工把钱花出去，本部也绝不会过问，这就是无印良品风格的海外研修。**

当课长不在日本时，公司也不会做出委任代理课长的举动。

因此，在海外研修计划开始之前，公司内部出现了许多反对意见，都说"课长离开三个月会让现场陷入混乱"。课长们对不得不扔下工作到海外研修感到不安，下属们也都为"课长不在就没人指导我们工作"而为难。

可是，业务规范书就是为这种时候而准备的。只要所有业务都实现了标准化，无论谁离开几个月，都不会影响工作的顺利进展。

"公司不存在仅由课长负责的业务，下属完全可以在课长出国期间为其分担工作。"在公司做出这样的解释后，员工们总算认同了。并且在完成研修回国之后，课长们看到手头的工作并没有出现丝毫阻滞，似乎都切身体会到了"原来自己离开了也不会影响到工作啊"。

事实上，在课长前往海外研修期间，其下属似乎会通过电子邮件与之交流工作上的问题。不过课长身在远方，必然无法做出十分详细的指示，而且国外也存在时差，讨教问题的下属想必也等不及上司的回复。自然而然地，下属就会开始依靠自己的判断做出行动。

这样一来，海外短期研修不仅对课长本人，而且对其留在国内的下属也是一个很好的磨炼。毕竟下属今后不会一直都是下属，总有一天也会成为独当一面的领导者。因此这种模拟体验可以说是非常有益的。

研修过程中，公司本部基本上不会主动联系课长们，而且也事先说明了无须进行中间汇报。因此，就算他们在国外一点工作都不干，整天游山玩水，本部也不可能发现。这就成了他们自身的问题，要充分利用这次研修还是将其浪费在玩乐中，全都取决于课长本人。

虽说如此，研修结束回国后，他们还是要向人才培养委员会汇报。

我和金井社长每次都会出席，并且每次都对此十分期待。因为我们即将见到的，是在国外成长了许多的课长们。其中甚至还有被晒得皮肤黝黑的员工。

然而，研修的"重头戏"其实是在回国之后。

只有将海外研修的体验应用到日常业务中，才叫真正得到了研修成果。

可是并非只有开发新商品提案、引进海外营销策略这些直接应用在业务中的才叫成果。

时刻保持敏锐的目光，并自己想办法解决问题的意识；发生问题时不逃避,而是勇敢面对的决心;深入理解对方的交流能力……这些才是最棒的成果。

从外部明确"自己公司的长处和短处"

大约在四年前,产业能率大学公布的"不希望到海外工作的新员工占总人数 50%"这一调查结果成了人们竞相谈论的话题。想必现在的情况也与当时相差无几。

虽然人们开始重视年轻人的内向化问题,可是现在即使身在日本也能通过网络获得任何国家的信息,能吃到全世界的美食,生活也足够丰富。我认为,他们内心的真正想法是找不到想去国外的理由而已。

可是,就算本人找不到"理由",将自己置身海外却一定是有"意义"的。

若不亲身去体验一番,就无法真正了解海外的状况。

反过来说,如果不到海外去历练一番,对海外市场的重视程度就会越来越低,搞不好还会产生对外国的"恐惧意识"。

实施海外短期研修的目的之一,就是"让员工的视野不仅局限于日本国内"。在无印良品尤其如此,今后国外的店铺数会与日本相同，甚至会超过日本。在进入那样的时代之前，有必要去除每一个员工不将国外纳入工作视野、变成"抵抗势力"的危险因素。换句话说，就是要让他们认为身在海外是一件"极其普通"的事。

置身海外还有别的益处。

通过海外赴任和研修，员工们也得到了从外部审视自己公司的机会。

虽然无印良品在海外开店的速度逐年上升，但在世界的认知度还不够高。其中，法国便是成功发展店铺的国家之一。或许是因为那个国家本来就很欣赏日本文化，很多人都认为 MUJI 跟日本的禅和茶道拥有同样的精神。再反观中国，顾客们并非"因为是无印良品才选择购买"，而多数都是因为"是日本制造所以选择购买"。

一旦到了那种几乎无人了解无印良品的地方，要想让当地人真正理解无印良品的理念，就必须正视自己对公司的理解程度有多深这个问题。员工们能够将无印良品的理念传达到一个什么程度？为什么商品设计都如此简约？为什么每个店铺的商品摆放都是一样的？

如果当地店员认为"这样摆放更好"而随意改变了店铺的商品陈列，就必须对其说明无印良品的理念。负责说明的人所讲的内容，将会成为无印良品这个品牌今后在这个国家的印象，因此绝不能说出半吊子的话来。这就成了**考验自己理解程度的绝佳机会。**

我经常听说有些人在跟外国人交谈时被问及日本的文化和历史，竟然一个字都回答不上来的事例。因此，不走到外面就无法意识到自己是多么无知。

各位在与交易对象接触时，想必也会意识到自己公司的优缺点吧。爱社精神固然重要，但不做任何思考就全盘接受却是很危险的。只要拥有从外部审视公司的视野，自然就会产生积极改善问题的意识。

无印良品是个可以向一切事物发起挑战的公司，但同时也意味着，**不自己思考、亲身实践的人就会一事无成**。员工通过海外赴任和研修能够深切体会到这一点，这就能够促使他们开始思考今后该如何工作。

各位如果有机会到海外旅行，请务必到当地的无印良品店铺中看一眼。想必在那里都能见到正在孤军奋战的无印良品员工。

如果上去跟他们交谈，或许还能听到员工在海外的体验。与其听我一个人说，倒不如听听员工们的看法，说不定能够让你产生更多共鸣。

"海外短期研修"实例①：WEB 事业部 川名常海

（一九九二年入职。完成店铺工作后，被分配到本部宣传促销室。二〇〇四年调动至 WEB 事业部，历任两个课的课长，拥有二十名下属。）

我参加短期研修的时间是二〇一一年六月到八月底。属于公司第一批研修生。公司史无前例地没有做出任何规定，让我们自己决定去哪里，在当地做什么。不管在当地有没有认识的人，要住酒店还是租房子全部都得自己来决定。我认为设定研修内容的水准和范围这件事很好玩，但还是感觉到"全部都由自己做主"确实有点难度。

自己真正想做的究竟是什么？在不断扪心自问的过程中，我意识到自己想去如今正在涉足数字化营销领域最前沿的企业看看。一番调查过后，我找到了威登肯尼迪和AKQA等世界知名的数字营销公司。

我心里虽然在想"能不能混到里面去学习学习呢"，可是却找不到任何渠道。就在那时，我突然想起有个高中朋友在伦敦从事创意工作。因为我们在FACEBOOK上是互粉好友，我就把这当成救命稻草，给他发了一条信息："有个研修项目我得自己设计。你那儿有什么数字广告公司能让我混进去吗？"后来他回信说："我现在是AKQA伦敦分部负责耐克的创意总监。"这真是个天大的巧合。于是我虽然说不了几句英语，还是决定抓住这个机会，求他帮我在AKQA找个活儿干。

AKQA分部和无印良品分部正好只隔了一站路程。于是我便制订了一个一边支援当地无印良品工作，一边在AKQA工作的研修计划。

◆在伦敦数字营销公司学习

AKQA的员工来自各个国家，是个名副其实的全球化企业。

我一开始还以为，既然是个数字营销公司，那大家一定都是一言不发地对着电脑工作，不怎么交流……结果到那里一看，情况完全相反。

比如一个人往展板上贴了许多网站和APP的图片，然后说一声

"过来看看吧",大家就会"呼啦"一下聚集起来。彼此进行一番讨论,各自提出"这样会不会更好"的主意后,又"呼啦"一下解散。那里很少有长时间的会议,而这种小会议则已经成了日常。

最近,乔恩·贝尔提出的"麦当劳理论"在网络上受到了热议。大家决定一起去吃午饭时,如果有人问:"今天吃什么?"基本上很少有人会回答。可是,只要有人先说:"不如去麦当劳吧。"很快大家就会纷纷提出:"不好不好,干脆去吃那边的荞麦面吧。"就像这样,只要一开始随便提出一个"议案",那些不愿意执行的人就会纷纷说出自己的想法——这就是所谓的"麦当劳理论"。我心想,那些小会议是否也存在这样的意义呢?

很快,我就把这种小会议引进了自己的团队中。放弃了原来的报告会议,改成每次开一个五分钟左右的短会,干脆利落地解散。

因为我所在的团队工作特殊,大家很容易变得只对着电脑,不跟别人交流。但我开始意识到,与其期待某个人用聪明的大脑想出绝妙的点子,倒不如大家一边交谈一边慢慢形成方案,收集各个方面的视角更为重要。一个人伤透了脑筋也想不出所以然来,可是只要从外部接收一个课题,反倒可能得出"应该可以这样做吧"的解决方案。这种紧密联系也是很重要的啊——如此这般,通过这次研修让我改变了很多想法。我认为这都是短期研修的经历带来的。

"海外短期研修"实例②：食品部 铃木美智子

（一九九二年入职。结束店铺工作后调动到商品部的服装部门。其后历任数家店铺店长，二〇一〇年回到本部，进入食品部工作至今。）

现在，无印良品在中国的店铺越来越多了。因此从日本出货的商品也包括了食品类别。不过东日本大地震过后，中国的海关规制越来越严格，有很多东西已经不能从日本出口。

于是，我就给自己制定了在中国当地寻找商品制造工厂的海外短期研修主题。决心在中国找到能够生产与日本品质相同、品管相同之商品的厂商。具体方法则是请现在在日本与无印良品有合作的厂商介绍中国国内厂商，或是拜访与中国有贸易往来的日本企业。

在中国，我实际拜访了超过十个厂商，可是当时就感觉"可以跟他合作"的只有一家。虽然我只了解日本工厂的体制和生产环境，但是对当地工厂的卫生管理依旧产生了许多疑问。回到日本后，我又请其他负责人帮我评判候选工厂，后来又跟进了候选工厂的改善计划，大约三个月后，总算给两家工厂发出了认证书。

◆日本的常识并非世界的常识

在中国令我感到最惊讶的是，中国人并不信任中国制造的商品。甚至中国无印良品的店员都迫切希望我们能够将日本生产的商品出口到中国去。

上海到处都充斥着日本的商品，并且价格十分高昂。尽管如此，人们还是会跟风购买。似乎能吃到上面印着日语的点心零食就很有面子，会被大家认为是有钱人，甚至能够彰显自己的地位。

在中国，我得到了与某个日本企业高管交谈的机会。他对我说："日本人的出发点是相信他人，在互相信任的基础上进行交易，因此一旦对方做出不稳妥的事情就会十分愤怒。可是在中国和其他国家，人们不会轻易相信他人。所以，就算你用日本人理所当然的思想大发脾气，那也只是日本的原则，而不是世界的原则。这点需要特别注意。"

我认为的确是这样。无印良品的常识原来并不是世界的常识。

这是在日本国内无法了解到的。比如跟身在中国的日本员工用电话和邮件交谈，由于时差只有一个小时，往往很快就能得到答复。可是一想到他们正在自己的常识并不通用的环境中苦苦战斗，我就觉得不能用自己的日本式思维给他们添麻烦了。

我认为，有很多事情不到当地去是不会明白的。

中国什么样的商品卖什么样的价钱、购买情况如何、物价大概是什么水平，如果不实际观察在当地生活的人，是不可能了解到这些细节的。创造商品时，如果不了解当地情况，就无法定价。我也是在中国无数次走进超市和便利店进行调查后，才了解到"如果不是这样的价格，顾客就不会买"。

可是，如果只想把商品控制在那个价格范围内，用料等级就会下降，食品味道也会变差，无法体现出无印良品的风格。就这样，我在迷茫中持续调查了两个月。

迄今为止，我们眼中都只看到了无印良品在日本国内的市场，也只能想到"这个在日本会畅销吗"。商品在海外如何处理？我们做的东西是怎么卖出去的？怎么在顾客间传播的？这些我们都不曾考虑过。

因此我有一个强烈的感慨，那就是今后创造商品时必须切换自己的视角，做出深刻蕴含了无印良品理念的商品，并让它们传播出去。

绝对"不逃避"问题

在这一章的最后,我要讲讲"决心"。

想必所有人都曾遇到过工作不顺的时候。

比如跟上司或下属意见不合,或自己花大力气做出的成果得不到认可。

每当这种时候,我并不会想着"调整调整心情吧",而是更加坚定了"绝对要从正面打开局势"的决心。

如果仅仅是调整心情,而没有解决问题,那只会让问题往后拖延。然而,许多问题拖延的时间越长就会越严重。

而且一旦就此妥协便会陷入自我厌恶的怪圈,无论喝多少酒来调整心情,也会留下那种烦躁的感觉。

与其让自己变成那样,还不如直视那个问题,与其缠斗到底。这样做的办法只有一个,那就是正面审视导致工作不顺的原因,并将其改变。

例如跟周围的人交流不畅,那就只能改变交流的方法。如果只会发发牢骚，说"那个上司根本不了解现场""那个下属根本不听人说话"，是无法解决任何问题的。那只是拒绝正视问题的本质，选择了逃避而已。

要真正解决问题，就只有想办法让上司理解现场的情况，换一种能让下属听从的指示方法。

只要像这样正面突破，就能找到办法，并且一定能解决问题。

其实这样的决心在精神层面反倒是更轻松的。光顾着思考逃避的方法，难道不会加剧压力吗？如果大家都这样，那世界上所有白领人士都要越来越消沉了。

一九九七年日本消费税上调为5%的时候，无印良品陷入了巨大混乱。

顾客们一齐涌到店中，想在涨价前把能买的都买下来囤货，因此导致无印良品的商品配送供不应求。

运输公司还跟别的企业签有协议，自然不能只帮无印良品运送货物。为此，我们的物流瘫痪了两三个星期，每天都能接到大量顾客投诉和询问。

当时我正好是负责管理物流的高管。由于下属们一接电话就是"怎么货还没到？究竟怎么回事？把你们负责人叫来！"一直被对方骂，他们开始害怕接电话，选择了逃避。而我就是那个负责人，逃是逃不掉的，只能尽可能地接电话，尽可能地赔礼道歉。

而且，因为不能干等着物流公司从瘫痪状态中恢复过来，我们还请小红帽（轻型汽车运送）把货物从府中市的物流中心运到弘前，总之把所有能想到、能做到的办法都尝试了一遍。

那段时间真是起早贪黑地工作。至今我还认为，那段炼狱体验是自己成长最快的时期。

那段时间的经验，至今仍被我活用在工作中。

二〇一四年消费税上调为8%，无印良品公开表示暂不更改商品价格和标牌。

无印良品的价格尾数都是"00日元""000日元"这样的数字，如果加上增税数额，就会让商品价格失去干净利落的感觉。于是公司决定，增税后也不改变商品价格。为此，我们重新审视了物流费用，又想办法增加东南亚工厂的产量比例，以此来压低商品价格。也就是说，绝大部分商品基本上等同于降价了。

我们提前好几个星期公布了这个消息，同时还在各大媒体进行广泛宣传。

尽管如此，还是有很多顾客涌到店中想要囤货，不可避免地导致了商品配送混乱。不过由于我们事先已经想好了对策，并没有演变为上次的恐慌。

所以，遇到问题不能逃避，必须要从正面打开局势。

越是逃避，问题就会越严重，最后积压到自己头上。

在遇到问题时，只要尽我所能想办法去解决，总是能够熬过去的。

Chapter Four

"团队合作"不能创造,而要培养

无印良品里有"团队",没有"派系"

一直以来,日本人都以极高的团队合作能力出名。

就连心高气傲的中国人,也说出了这样一句话:"一个日本人是一条虫,三个日本人是一条龙。"

可是,团队合作如果误入歧途,就会产生派系。

人们常说,三个人聚在一起,可能也会产生两个派系。无论是公司还是学校,政治或是行政,甚至连兴趣小组都可能存在派系。

日本人拥有抱团的特性,基本上不会进行有主体性的单独行动。与其自己动脑思考然后行动,不如跟别人抱团更轻松。可能因为这样,才让任何组织都能成为派系的温床。

这些派系乍一看似乎很团结。可是否真的如此呢?

我认为,派系才是侵蚀组织内部的"狮子身中虫"[1]。

---

1 语出《莲华面经》卷上:"阿难,譬如师(狮)子命绝身死,若空、若地、若水、若陆所有众生,不噉食彼狮子身肉,唯狮子身自生诸虫,还自噉食狮子之肉。阿难,我之佛法非馀能坏,是我法中诸恶比丘,犹如毒刺,破我三阿僧祇劫积行勤苦所积佛法。"

一旦形成派系,就会产生圈地牟利的意识。独占对自己团队有利的信息,争夺让自己处在优势的位置。派系之间还会互扯后腿。其中根本不存在"为了组织""为了公司"这样的目的。

如果所有人心里想的都是"只要自己好就行",组织就会不断衰退下去。

在零售行业,商品部和销售部的关系从来就没好过。我还在职时的西友也不例外。在高管等权力大的人周围,无时无刻不围着一群人。虽然不能断言那是导致西友长期业绩低迷的唯一原因,可是如果每个人心里考虑的都是组织而非派系,恐怕结果就会不同吧。

无印良品的员工基本上也是在团队中工作的。可是,我们有的是团队合作,却不存在派系。

以前当然也存在过疑似派系的小团体,可是公司通过大胆的岗位调动,使得依附于某个特定的"人"和"立场"变得不再有意义了。

"业务标准化"同时也成了公司不产生派系的原因。

无论是谁在什么时候进入什么部门,都会跟那个部门里的人做一样的工作。不管是刚入职一年的新员工,还是工作了十年以上的资深员工,公司的机制都决定了他们能够做一样的工作。

首先,自己离开岗位会让工作停滞这种事绝不会发生。

这就是"不把工作安排给特定的人"的意义所在。就算那个人不在了,业务也不会受到影响,因此权力也不会集中在某个特定的人身上。当员工意识到自己独拔头筹毫无意义之后,自然会产生对团队的归属意识。

此外,不把工作安排给某个特定的人,还能防止权力过分集中到某个部门。

只有销售部一家独大,并不能带动整个组织的发展。因为公司还需要拥有商品开发的实力,也要发挥销售商品的店铺的实力,还有管理店铺的实力。如果没有这些,组织就无法成型。

无印良品会让员工到各种各样的部门去体验,自然而然地就在他们心中种下了所有部门都很重要的意识。

无印良品的团队之所以能够运作，是因为每个员工心里都怀着同样的"目的"在工作。

那个目的就是，让无印良品这个品牌一直持续下去。

本章主要介绍无印良品风格的团队创建方法。

其实所有方法都很简单，并没有什么特别之处。看完这一章后，各位读者想必就能明白，团队最需要的并不是具有领袖气质的领导者，也并非网罗了一群像四号击球手一样优秀的成员就能干出业绩来。

团队合作能力只有依靠平日的交流才能巩固，正是因为忽略了这一基本，才会让团队失去方向。

最强的团队不能"创造",而要"培养"

喜欢职业棒球的人想必都知道,有这么一段时期,巨人队的队员几乎全是四号击球手。那么,巨人后来获胜了吗?实际上并没有。因为**集中了最强的成员,并不意味着能够组成最强的团队。**

如果没有上垒率高的队员,就不能多得分,如果没有擅长跑垒的队员,就无法扩大攻势。

棒球不仅是进攻,防守也十分重要。投手阵营需要先发和中继等各种类型的队员,能够守好外野的外野手同样很重要。

如果每个人都只会用力挥舞球棒追求本垒打,不仅得不到分,还无法防止失分。棒球是靠团队合作力来决定胜负的运动。

公司或企业的工作,基本上也由团队单位来完成。

想必每个团队的领导者都想"把优秀的成员汇集到团队中"吧。

可是,如果团队里全是优秀成员,结果会如何呢?有可能每个人都试图哗众取宠,使整个团队失去秩序。工作中必然伴随着烦琐的文书作业,但优秀的员工往往容易忽略这些平凡无奇的工作。

我认为，所谓团队不该追求在组建的那一刻就十分完美，而**应该在组建之后，汇集全员的力量让团队成长壮大。**

在组建团队的时候，领导者必须考虑"全优"而非"次优"。当然，在个体基础上提升效率和等级这种次优固然重要，可是我也无数次说过，无论积累多少次优，最后都不可能变成全优。

不能只让眼光停留在自己的部门，而应该考虑整体的协调，组建能够给公司留下最大成果的团队。在选择团队成员时，必须持有这样的想法。

例如将营业部的优秀成员全部集中到同一个部门，那个部门的营销成绩必然会上升。可是这样一来，公司整体的平衡就会崩溃。考虑自己部门的利益固然重要，可是如果所有人都只考虑到那些，最终只能实现次优而已。

在组建团队时，如果不仔细选择最初的成员，就很难实现全优。**无印良品每次策划大项目时，基本上都会召集不同部门的成**

员组成团队。 如果不促使人事部和销售部、商品部这些部门跨界合作，就无法实现全优的目标。因此才要让跟项目有关联部门的成员，甚至在各个部门都有影响力的人毫无隔阂地齐聚一堂。

在部门内部组建团队，基本也是一样的。

召集团队成员时需要的理念并不是"能够招徕优秀人才"，而是"能否募集适合岗位的人才"。如果不募集能力各异、性格不同、视角独特的人，就无法组成强大的团队。

领导者只需要一人，如果人一多，就容易变成"三个和尚没水吃"。能够充当领导者左膀右臂的人、长于协调的人、拥有优秀调查分析能力的人，只要团队中各种类型的人才充足，就能发挥巨大实力。

最需要注意的是，领导者千万不能根据个人喜好来募集人才。一旦那样做，纪律就会松散，加大了团队分崩离析的危险。

此外，如果能不仅局限于唯命是从的人，而是**把会说"不"的人也加入团队中，那么这个团队一定就是最强大的。**

同时，最为重要的还是团结这些成员的领导者。领导者的素质既能让团队强大，也能使团队衰弱。领导者必须具备的基本要素有：

· 能够团结下属。
· 能够看清事物的本质。
· 能够克服障碍。
· 能够领导团队按时完成工作。

以上便是一些主要条件。各位如果站在选择领导者的立场上，那就请选择拥有这些素质的人。反过来，如果读者们自己就是领导者，那就要意识到，如果自身不具备这些素质，手下的团队就不可能强大起来。

领导者是伴随团队共同成长的。团结下属的能力，克服障碍的能力，这些不是一开始就能具备的。或许作为一个领导者，最重要的素质是无论发生什么事情，都能带领团队走到最后的决心。

"没有"理想的领导者形象

长久以来一直有人评价："日本没有真正的领袖。"

理想上司和领导者的排行之所以能得到媒体热捧，或许也从某种方面体现了这种缺失领袖的氛围。

那么，理想的领导者究竟是什么样的呢？有很多人可能会认为，只有平衡掌握了领导能力和人际关系、问题解决能力和决策力，以及自我管理能力的人才能称为理想的领导者。

从结论上说，我认为根本不存在理想的领导者形象。

前面介绍了一个领导者必须具备的基本素质，可是讲到领导者的形象，**想必一百个领导者会表现出一百种不同的形象**。正因为如此，人们才必须找到自己独特的领导方式。

领导者必须具备的能力随着时代和文化、公司组织和性质的不同，随时都处在变化之中。

比如，过去曾经需要像本田宗一郎和松下幸之助[1]这样，能够用力量和热情引导大家的、实力强悍的领导者。因为在那个经济高度成长、劲头十足的时期，需要一个让所有人保持方向一致的绝对的领军人物。

至于现在，我感觉已经不再需要像过去那样具有很强领袖魅力的领导者了。

反倒是跟下属目光持平、认真倾听他们的话、擅长交流的领导者能够创造出更好的成绩。

遗憾的是，并不存在"只要这样做就能成为一流领袖"的方法。因为那种理想看似有形，实际上却是"无形之型"。

那同时也意味着，无论什么人都具备成为领导者的素质。

二〇〇〇年美国公布了最伟大总统排名，第一名是乔治·华盛顿，第二名是亚伯拉罕·林肯，而紧随那两位伟人之后的，则

---

[1] 分别是本田汽车和松下电器的创始人。

是富兰克林·罗斯福[1]。

罗斯福在经济大萧条时期推行了新政。他接连展开许多公共事业，建立了为失业者提供工作岗位的平台。同时又建立起社会保障制度，使贫困阶层和失业者、残障者能够得到救济，总之是一名划时代的政治家。

而在日本颇受欢迎的约翰·F.肯尼迪[2]却意外地排到了第十八名。

肯尼迪阻止了苏美之间的核战争爆发，又在越战中主张尽早抽身，同时还计划废除种族歧视，推进了阿波罗计划，给美国人民构筑了伟大的梦想。

可是，像肯尼迪这样充满正义感的领导者却不一定能得到很高的评价。与其说哪个类型更为理想，还不如说是**领导者的形象是否符合那个时代，才是决定评价的标准。**

1　分别是美国第1任、第16任和第32任总统。

2　美国第35任总统。

自上而下还是自下而上，这都不是很重要的问题。

只要重视道德，能够为对方着想，团队成员自然就会信任并追随。

很多人想学习所谓的领导学和管理学，市面上也有很多这样的书籍，但最重要的其实是"对工作的态度"。

仅靠诀窍是无法操纵任何人的。只要秉着真挚的态度投身工作，团队成员也必定会对你报以信任。

领导者的资质——朝令夕改也毫不犹豫

上周刚刚定下计划，这周却因为情况有变，不得不马上修改。这种所谓"朝令夕改"的例子，在商界时有发生。

朝令夕改经常被人用作贬义词汇，但我认为，**能否做到朝令夕改，是决定领导者资质的一个条件。**

当然，随心所欲地把周围的人支使得团团转是万万不可的。作为一个领导者，无论什么事情都要进行慎重的判断。

尽管如此，还是会出现不得不临时做出变更的时候。每当遇到那种时刻，就必须毫不犹豫地做出改变。

人无完人，判断失误是很正常的，最重要的是失误之后的对策。如果迟迟不做出决断，拖延决策时间，就会让问题复杂化。必须在发现问题之后马上进行修正。

如果只是小地方出错还能重做，一旦要颠覆已经开始的重大计划，还是需要勇气的。

假设一个上司同意了下属制订的活动方案。下属开始准备场地器材，安排日程，方案开始执行后，牵扯到了周围很多人。

可是没过多久，上司突然想到："现在就在有限空间里进行集中宣传是否为时过早？如果把这些预算用来进行直邮和传单广告宣传，向更大范围的人展示公司的产品应该更有效吧。"如果得出了这个结论，就必须悬崖勒马。

这种时候，**如果是自己的判断出现了失误，就要爽快地承认**。如果想蒙混过关，就会失去下属的信任，以后他有可能不再听上司的指示。

此外，如果一直磨磨蹭蹭地"先看看情况再说"，就会浪费更多成本和下属的劳动力。马上停止一切工作，不仅对下属和团队，同时对公司也是有好处的。

朝令夕改引起周围的不满，可以在短期内彻底消弭。而一旦由于踌躇不决而拖延了决策时间，就只会招致下属的不信任。

不过，在朝令夕改时要注意遵守"**可以改变方法，绝不改变方针**"的原则。

只要关系到公司根基的理念和原则岿然不动,换一个方法也是毫无问题的。

假设为了让某个商品降价10%,因此要将成本降低5%。可是由于日元贬值,材料费用反而增加了。这种时候马上重新核定商品降价幅度应该是最理所当然的。然而,如果要勉强压低成本,导致商品的强度和质量下降,这在以提供优良品质商品为原则的公司,就属于触及核心的问题。

为了坚持核心原则,在环境和条件发生改变时,反倒更应该把需要变更的细节立刻进行变更。

就算是标榜"古早味"的店铺,如果一直坚持跟以前一样的制作方法,也只会慢慢衰退下去。时代不同,人们的口味和原材料的味道都会发生变化。如果不迎合那种变化改变制作方法,就保不住自己的古早味了。最应该守住的其实并非是方法,而是味道和诚信。

如今时代更重视速度经营。公司所处的环境每天都会发生改变，各种信息也以令人目眩的节奏变换着。

可以说"变化已经成了常态"吧。

在这样的环境中，领导者必须具备应对变化的能力，并且能够快速做出判断。过去要花一个月时间仔细讨论的事情，现在搞不好在几天时间内就要定下来。

因此，我们只能在奔跑中思考。

在奔跑中思考，一旦发现此前的决策有错，马上将其撤回。应该只有这种特别适应变化的领导者，才能培养出特别适应变化的团队吧。

积极性来自"成果"

管理团队的一个重要课题,就是如何保持成员的积极性。

如果仅仅告知"这个月的营业额目标是五百万日元"这个数字,是无法激发团队干劲的。单纯地制定硬性指标,只会让下属倍感压力,疲惫不堪。可是,只利用加薪这种奖励措施也不好。因为**金钱固然能激发暂时的积极性,却不能长久保持下去。**

人们只有在得到"给公司和团队派上了用场"甚至"对社会做出了贡献"这种巨大的满足感时,才能保持自己的积极性。

换句话说,积极性来源于工作中的成果。例如拿下了大订单,自己开发的产品成了热销商品,这种简单明了的成果最能激发人的积极性。

可是,那种大成就并非所有人随时都能得到的。公司并不仅仅由大工作组成,更是由各种琐碎的工作和细小的成果累积而成的。正因为如此,**才要认可细小的工作成果,给予好评。正是这些细小的成就感,支撑了无穷尽的积极性。**

有个电视节目叫"第一次跑腿"。小孩子头一次自己一个人出门跑腿，顺利买到东西回家后，一家人就会夸奖道："太棒了，你真是好样的。"这样一来，孩子就会更加自信，以后对"跑腿"的积极性也就更高了。如果这种时候对孩子说出"你总算学会了"，"这种小事，邻居家的孩子早就会了"这种否定性的话语，孩子就会彻底失去干劲。

其实不仅是孩子，包括我在内的大人也一样。

举个例子，在无印良品有一个负责防止顾客发生事故的部门。有一天，那里接到了关于顾客在店内使用的铁制推车的建议。铁制推车外形是方方正正的，建议里说那个尖角撞到客人身上应该会很危险。而实际上，我们确实收到过那样的事故报告。

很快，公司就组建了处理这一问题的团队，最后把推车换成了圆形钢管制成的安全形状。一开始，我们把新推车放在十间店铺里观察效果，做出了安全性已经提高的判断。随后，无印良品所有店铺就迅速换成了这种款式的手推车。

改善手推车设计并不能直接提升店铺销售额。因为不是商品,即使有些改变顾客们想必也很难察觉。

可是"让顾客在安全舒适的环境中愉快购物"是实现无印良品公司理念的重要原则。

通过改良手推车切实感受到事故减少这一成果的团队成员,想必都感觉到了收获工作成果的欣喜吧。所谓成就感就是这种小小的喜悦积累而成的,而那种喜悦又会激发更高的积极性和团队合作精神。

仅凭"加油""我对你有信心"这些口头鼓励并不能让积极性长久保持下去。可是,只要创造出能够切实体会到成果的工作,就能激发员工的积极性,也能让团队整体的士气得到提升。

领导者不能只满足于鼓励,而必须寻找能够鼓舞干劲的方法。

如何应对"有问题的下属"

根据专门处理劳资问题的律师以及社会保险劳务顾问的说法，公司最常遇到的问题就是"如何应对问题员工"。

领导者自然应该平等对待所有下属。可是，就算领导者再怎么公平公正，还是会存在具有攻击性的下属和偷懒的下属。特别严重的情况下，就不得不向顾问咨询，或者找法律专家帮助解决问题。

不过，大部分时候还是能靠日常交流的方法来解决。为了不让问题更加严重，必须尽早加以处理。我在这里介绍一下应对不同类型问题员工的方法。

·偷懒的下属

偷懒的人固然有其个人的性格因素，但绝大部分都是因为员工本身并不赞同这个工作，或其实很不愿意做却被上司分配了这个工作。

对这种下属说再多"鼓起干劲来""你有点松懈了吧"也没有用。反复做出同样的指示，下属只会越来越没有干劲。

遇到这种情况，就有必要向对方说明完成那个任务对公司能**起到什么作用**。而且还要用其本人能够接受的方式来说明。我感觉有很多上司都认为"只要发出指示下属当然就要服从"，而没有进行足够的说明。

所有工作都有"先行工事"和"后续工事"。所有"工事"结合在一起才能变成一项工作，并非只要完成自己负责的部分就可以了。

例如让下属完成一项录入数据的工作，"先行工事"就是向对方说明这些数据是从哪来的。后续工事就是进一步说明加入这些数据会在哪方面造成影响。充分说明了"先行工事"和"后续工事"之后，就能向下属表明这个工作所包含的意义。

耐心地向下属说明他的工作在公司整体占据了什么样的位置、会带来什么样的影响，需要花费很多时间，"闭上嘴给我老实干活"反倒更加轻松。

可是用长远的眼光来看,花在指导上的时间最终都是有正面意义的。只要让下属萌生主人翁意识,使他能够自行产生动力,再往后就不需要同样的指导了。

陀思妥耶夫斯基的《死屋手记》中有这样一句话:"把一堆泥土从一个地方搬到另一个地方,然后再搬回去……这样的惩罚也就变成了折磨和复仇,而且是毫无意义的,因为它达不到任何实际的目的。"为了"播种"而挖掘泥土并不痛苦,可是把泥土挖出来又填回去这种毫无意义的劳动却会让人痛苦不堪。

在工作上也一样,只要处在目的不明、"奉命行事"的感觉中,就会认为工作是痛苦的。

·喜欢哗众取宠的下属

不与周围人交流、独自完成工作得到成果的人,或者喜欢到处炫耀"这是我的功劳"的人,这种哗众取宠的人多数时候都是"优秀的白领"。

欧美国家更加偏好那种类型的员工,但日本却存在"枪打出头鸟"的倾向，因此在团队合作时最好稍微控制一下。

这种类型的人怀有一种"渴望被认可"的"好印象欲"。当然，无论是谁都多多少少怀有那种欲望。他们只是把内心的欲望表达得过于露骨而已。

性格在其中起到了决定性因素，因此不是说改就能改掉的。如果不由分说地告诫这种类型的员工"别太出头了""别扰乱团队秩序"，有可能会伤害到他们的自尊，最终令其丧失对工作的热情。

因此，可以尝试将严词告诫换为大家一起饮酒聚会时半开玩笑地说："大家都知道你能干，还有什么必要到处炫耀呢？"或许会得到更好的效果。

当然，可能还有必要补充一句："下次行动前记得跟我说一声哦。"

· 什么都反对的下属

常常对别人的意见表现出"可是，那有点……"的否定情绪。

"反正不管做什么工资都还是那个样子。"从而表现出不合作态度。

"那东西现在早就不流行了。"可是批判后又不能提出更好的方案。

诸如此类，有的人就是对整个世界都抱有消极情绪。可是，若不让那样的成员加入进来，就无法发挥出团队的实力。

遇到不听话的下属，就要分析"那他会听谁的话呢？"然后再去找那个人代替自己做出指示。

假设有个下属总是反驳自己的指示。稍微打听一下，发现他跟之前那个部门的上司关系很好，只要是那个上司的指示他都会乖乖听从。这种时候就可以去请那个上司代为转达。

此时不得不放弃自己心中那点小小的自尊。上司有可能会因为"跑到别的部门去求人，显得自己没有能力"而感到踌躇，但眼前最重要的问题是让下属接受工作安排。不管用什么方法，只要能得到下属听从指示的结果就好。

或是遇到不愿认可他人意见的类型，只要诱使那个人做出认可就好。上司不是直接下达命令，而是提供几个选项，让那个下属自己选择负责的工作。只要是自己选的，想必他也会有干劲了吧。

此外，若有下属一直提出否定意见，何不将那些否定意见理解为提升工作准确度的建议呢。保守的人会一直提出"万一发生这样的事故怎么办？""万一交易对象为难了怎么办？"如果能将他的"万一"全部打消，工作的风险就会近乎为零。因此，保守之人的意见往往能够提升工作的准确度。

以上这些面对"问题下属"时领导者该做出的行动有一个共通之处，那就是**"绝不回避眼前的问题"**。

无论跟下属关系如何之差，一旦态度苛刻或干脆不给他安排工作，领导者就是失职了。要完成一项业务，就必须将个人感情放到一边。要培养这种能力，只能靠一点一点积累经验。

如果由于问题下属的影响，使团队无法完成业务，那就必须更改成员结构。但这只能被当成最终手段，如果只因为"我不喜欢"

就随便改动成员,只会让团队越来越不团结。

自己认为最好的团队,并不一定就是最适合完成工作的团队。不存在从一开始就是最强的队伍。只能靠领导者和团队成员共同让其成长为最强。

是否混淆了"妥协"与"决断"

即使团队整体目标一致,也会频繁发生意见冲突。更应该说,正因为大家都认真对待工作,才会发生那样的争执。只要不将个人感情融入其中,意见对立无疑是值得鼓励的。

这种时候就会考验到领导者的胆识。

听取对立双方的意见,这是最基本的。然后做出最终决定,这就是领导者的职责。

例如商品开发时,销售部和商品部的意见出现了分歧。

销售部的意见是"制作能畅销的商品"。

商品部的意见则是"不想做跟其他公司一样的东西"。

问题不在于谁对谁错,彼此立场不同,思考方式自然也会不同。

可能有很多人认为,此时最为有效的方式是将双方的意见折中,寻找两个对立面的中间点。但其实这是**最糟糕的选择**。

领导者必须冷静地思考,哪一方的意见更能帮助实现目标或完成任务。

可是，同时考虑双方立场做出决断应该是人之常情。

或许还会做出"创造热销商品的同时，利用色彩和材质来体现变化"这样的决定。

可是，**最该优先的并不是和平解决问题，而是能否达到企业和团队的目标。妥协和折中不能称作决断。**

这样思考下来，就有可能得出"现在的目标是追求销量，先专攻热销商品吧"这样的结论，也有可能做出"还是以创新为前提大胆进行挑战吧"的判断。

决定采用哪一方的意见之后，领导者还有另外一个任务，就是向所有人进行说明，让他们理解这个决策的意图。

没有被选中的一方可能会发出"这不公平"的抱怨，可是只因为害怕听到那种抱怨就**做出妥协的决策，反倒会使双方都留下芥蒂。**

当然，偶尔也会出现综合双方要求最为合适的结论。

例如在零售业中，负责商品采购和负责商品销售的部门时常会出现意见对立。

采购方为了降低采购成本，希望一次采购大量商品，而销售方由于不想造成不良库存，希望调整采购数量。

这种时候有一个办法，就是向负责包含仓库租金在内的所有资金流动的财务负责人咨询意见。就算降低了采购成本，如果增加了仓库租金等管理费用就毫无意义了。然后就要根据公司规模计算合适的采购数量，重新提出方案。

不管怎么说，每次决策后都应该重视向下属说明原因，使其理解决策这一过程。只要认真做到这一步，就不会被说成"独断专行"。

全体成员都要共享团队目标

以团队为单位展开工作时,最重要的是设定目标。

目标分为公司制定的自上而下的目标,以及下属自发形成的自下而上的目标这两种类型。不管怎么说,请务必牢记,达成目标的关键在于"如何让团队共享那个目标"。

首先来讲讲自上而下制定目标的情形。

这种时候,经营者会向员工提示经营目标和公司理念、方向性。各团队的领导者必须透彻地理解任务意义,设定新的团队目标。

假设公司将目标定位在年度的效益提升,那么有的部门就会得到降低成本的指示,而有的部门则会得到增加营业额的指示。接到"增加营业额"指示的销售部门在组成团队时,会根据公司目标制定"比去年增长30%""增长五百万日元"的具体数字目标向团队做出指示。

可是,那还不能算是团队的目标。

为了达到"增长30%"具体要做些什么？是进一步过滤营销范围，进行电子邮件和传单宣传，还是有必要重新分析消费者层次？

领导者必须制定出这样的策略，设定访问数量和时间表一类的指标，总结出让团队成员知道该如何行动的具体目标。

像这种以团队为单位完成自上而下的目标的时候，领导者必须站出来以船长身份掌舵。如果将上头制定的"比去年增长30%"这个数字直接定为团队目标，成员们就会做出诸如重点销售高单价商品、重点销售热销商品这样截然不同的理解。这样一来，就无法让团队保持一致的步伐。

接下来讲讲自下而上制定目标组建团队的情形。

在无印良品，WH运动（W=Double[1]，H=Half）就是自下而上的活动。WH运动以"生产力翻倍，浪费减半"为口号，请全

---

[1] Double 的日式简化，因为该单词的日语发音与"W"的日语发音一致。

体员工就改善公司内部环境和提高顾客满意程度等方面提出议案。

举个例子,以前店铺里使用的家具和器材都要由店长写申请书向销售部和业务改革部提出申请,再由总务部和店铺开发部核查预算,最后向合作商家下订单——这就是整个流程。家具订购后要整整十八天才能送到店铺里。

某天,店铺开发部接到了"让店长直接向合作商家下订单不就好了吗"的提案。改为这种方式后,只需六天就能到货了。整个过程所需的时间缩减到了原来的三分之一。

能够汇集只有身在现场才能总结出来的智慧,这可能就是自下而上的好处。

自上而下的命令最好不听取团队成员的意见,而是由领导者一个人决定,这样能保持目标不偏离轴心,然而自下而上的情况则有些许不同。因为那是员工自发组织的行动,最好还是让大家各抒己见,再由领导者进行精确的总结,制定让所有成员都认可的目标。

总而言之,自上而下的目标应由领导者充分领会,再制定相应的目标传达给团队成员。而自下而上的目标则要听取大家的意见,共同得出最佳的目标。

虽然设定目标的方法大不相同,但无论是哪种方法,最重要的都是让成员理解并共享那个目标,共享程度的高低,也就决定了最终成果的大小。

新官上任要"坦率"

本书的读者中想必也有头一次作为船长出航的新晋领导者吧。新晋领导者就算完全模仿了本书介绍的方法,一开始也有可能并不顺利。与其东想西想,到处借鉴别人的诀窍,**新官上任更应该要坦率一点为好。**

"我必须给大家起到模范带头作用""为了团队,我必须成为一个完美的领导者"——大家可能都会执着于这种想法,可是到昨天为止还是接受教育的人,今天突然就成了教育者,这种时候没有谁能马上做到完美。

既然做不到,那就照着做不到的方法做下去即可。

不要试图一个人掌控全局,倒不如坦率地说:"我也是头一次当领导者,还要麻烦大家多多指教。"向周围的人主动寻求帮助,反而更加轻松。

据我所知,**越是优秀的领导者,就越会向对方展示自己的弱点。**

"我比较擅长商业交涉,可是却不太会总结文件。"

"公司的办公桌倒是收拾得很干净,可是自己家却乱得不行。"

像这样展示自己的弱点,反倒能让周围的人也敞开心扉。

人遇到愿意对自己展露弱点的人,也就更容易向对方展示自己的弱点。反之,如果是一个完美主义者,那他周围的人必定也会感到紧张。

在现场发生失误或引发矛盾时,员工必须尽快向上级汇报。而领导者只要率先营造出让员工可以安心汇报的氛围,就能形成汇报联络十分流畅的环境。

此外,熟知自身缺点的人更容易认可他人。

坚持认为"自己很完美"的人,其视野会非常狭窄,很难容纳他人。而不愿认可他人的人,自然也不会得到别人的认可。无须明言,那样的人并不适合当领导者。

虽说如此,在被任命为领导者之后,要在众人面前放松戒备却并没有嘴上说的那么简单。我刚担任良品计划社长的时候也是如此。

最初那段时间无论如何都放松不下来,一直端着"社长架子"在做事。

记得那时负责担任社外董事的吉野家社长安部修仁先生对我说:"松井先生,你还是坦率一点会更好吧?"

他对我的建议是,既然因为个性受到普遍好评而当上社长,不如照着自己平时的性子做事会更好。因为这句话,我一下放松了不少。

也请各位不要过于担心,大胆表现出自己的个性。只要做到了这点,就算走出了身为领导者的第一步。

领导者与教师等站在人上的人既相似又略有不同。站在教师和师傅立场上的人,如果不在能力和人格两方面都出类拔萃,就无法得到学生的信任。可是,一个领导者可以不必完美无瑕,依旧会有下属和后辈追随。

我发自内心地祝愿各位能够培养起属于自己的领导能力。

Chapter Five

激发积极性的"交流"法

是否正确运用了"夸奖"与"训斥"?

现在似乎十分盛行"夸奖使之进步"的想法。

可能是现在的年轻人越来越经受不起打击,不得不像往脓疮上抹药一样小心翼翼地对待,因此才多了这样的想法。

我很赞成"夸奖使之进步"的说法,可是该训斥的时候不训斥,是无法让员工成长的。

唯独应该避免的,是感情用事地大吼大叫。

只需指出对方的不足和错误,教他如何改善便可。若在这种时候强加上"是你没动脑子思考"这类主观意见,就会让人际关系变得十分尴尬。

该夸奖的时候好好夸奖,该训斥的时候好好训斥,这才是交流的大原则。

第二章介绍的经营建议书中,记载了这样的内容:

该训斥的时候训斥，该夸奖的时候夸奖

在职场中经常出现这样的想法：

· "大家都在做的事"就算不好也"可以做"。

· "大家都不做的事"就算很好也"不用做"。

若要彻底明确该做和不能做的事情，必须明确以下三点：

①在全体成员面前明确"应该做的事（鼓励做的事）"和"不能做的事"。

②领导者用自己的行动来起到示范作用。

③公平对待每一个人，绝不容许特例。

最为重要的是，要在员工完成"应该做的事"时给予夸奖，做了"不能做的事"时予以训斥。若该责备而不责备，团队成员就会认为那种行为是"被默许的"。

我本人的看法也基本一致。

若不利用"夸奖"和"训斥"来明确划分该做的事和不能做的事，就会让员工自行妄断"好"和"坏"。那样一来，现场就会陷入混乱。

领导者有时必须做好被讨厌的心理准备来训斥下属。必须时刻铭记，能让所有人笑逐颜开的领导者并不是好的领导者。

此外，斥责过后的跟进在交流中也是十分重要的。若不及时跟进，就容易留下感情上的隔阂。

就算训斥的内容是正确的，也没有人会心甘情愿地挨骂。如果置之不理，很可能会引起越来越多"我不喜欢那个上司"的不满。

每次我在会议上严厉地批评下属，都会在会议结束后找他谈话，告诉他："刚才我的话有些强硬了，因为我很看好你。"

我认为，对方本来就明白自己为何会被训斥，在听到那句话之后，应该就能爽快地接受事实了。正因为那样的一句话能够让双方的情绪冷静下来，因此显得尤为重要。

这种跟进有个诀窍，就是越快越好。**如果想等一段时间让彼此冷静下来，多数时候都会招致反效果。**

本章介绍我对日常交流的一些心得，以及无印良品从现场得出的交流方法。

真心想夸奖时"不要直言不讳"

无印良品的店长们似乎也在夸奖店员方面下了很大功夫。

经营建议书中也写到了"一定要在沟通时找到至少一个方面进行夸奖""在结果不错的时候，首先要夸奖""尽量用肯定而非否定的话语来开头"。这些都是无印良品前辈店长的总结，足可见在交流中，夸奖方法是个很关键的点。虽说如此，若平常没有习惯夸奖别人，一旦想要夸奖，却往往会因为词穷而大伤脑筋。

每个人心里都希望"别人认同自己"。

因此，没有人会讨厌别人的夸奖。

只要能够感到自己的存在和自己的行动得到了公正的评价，那个人就会获得极大的满足感，得以保持"再接再厉"的积极性。

直接夸奖员工本人固然可行，但我更经常使用**"间接的夸奖"这种方法**。

简而言之，就是不把自己的赞美之词直接说给对方，而是通过第三者向他传达"我夸奖他了"的事实。

拿我自己来举个例子，在接受杂志之类的采访时，我会对记者说："如果是关于那个主题，我希望你去采访一下这个部门的这个下属。无印良品在中国之所以那么成功，他的功劳是最大的。"

这样一来，记者在采访那名下属时肯定会说："松井先生因为这样的理由向我推荐了你。"那么，那名下属自然也会认为"我的工作得到认可了"。

我认为，相比面对面说："你干得很好。"还是间接转达那个意思能够让下属的愉悦程度更高。

在市场营销中经常运用到这样一种心理效应，叫作"温莎效应"：比起当事人直接传达"这个很好""这个很美味"，人们更倾向于信任没有利害关系的第三者口中的"这个很好""这个很美味"，并更容易对其抱有好感。口口相传的效果远比直接宣传要好得多。

或许"间接夸奖"也与之类似吧。

例如跟同事聚会喝酒,可以考虑提起当时不在场的下属,夸奖他"最近很努力呢"。那么,通过那位同事,下属很可能就会得知"课长夸奖我了"。

还有另一种方法,就是在合作对象的面前夸奖说:"我让下属接了某某工作,他可是我们公司的明日之星呢。"这样一来,在合作对象见到那名下属时,如果告诉他"我听说上司对你的评价不错呢",那名下属就会知道自己得到了褒奖,定会因此而感到高兴。

如此这般,要找出一个褒奖之词有可能传达给本人的路径,间接地夸奖。

一旦那些夸奖传到了本人耳中,下属自然会高兴地意识到"原来自己的工作得到了这么大的认可",并因此更有积极性了。

"挖掘失误的背景"是领导者的工作

以团队为单位展开工作,自然不能避免有人出现失误。

此时若指责失误的事实并不会有多少效果。**因为当事人早已在后悔自己的失误。**可是,若只说一句"下次注意",却也无法解决问题或预防错误再次发生。

领导者的工作,就是在训斥之前先挖掘失误和矛盾的背景。

当失误的原因只是单纯的"人为过失"时,只能重新审视机制,并加以改善。

例如在制作传单和广告时,在校对环节忽略了错字。

这种时候仅凭一句"下次注意"恐怕是不行的。如果双重检查还不够,那就全体人员共同检查,或是制定强行空出检查时间的机制,这样就能解决问题。因为每个人就算再怎么注意不犯错,最后还是会出现失误的。假如忘却了这个大前提,一味相信"只要认真做就绝对不会出错",那样反倒会引发更大的问题。单纯的错误若不用机制来加以弥补,是绝对不可能减少的。

接下来，再假设失误的原因是理解不足。

吩咐下属："把这份资料送到合作公司去。"结果下属却送到了别的合作公司。这一定是因为上司没有正确传达自己的指示，或者上司的指示正确，下属却没有理解正确。

不管怎么说，当理解方式不一样时，就必须**回溯当时的场景，共同检讨"当时到底是怎么出现差错的"**。

若结果证明是下属理解不足导致的失误，那下次就让下属复述一遍上司的指示，或者上司亲自向下属确认一遍。如果是上司没有正确传达，那就老实道歉，下次改用以手写便签传达指示的方法即可解决。

要预防这种事情的发生，在直接下达指示后再用邮件或书面文件进行补充的效果更为确切。口头说明必然存在一定的局限性，尤其是时间、地点、数字这类容易产生误解的细节，在下达指示时一定要用文字来说明。

形成文字还有另一个好处，就是万一发生问题时，可以避免双方陷入"我说了""你没说"的混乱局面，更加容易找到问题出在什么地方。

失误和问题背后隐藏着各种各样的原因。

但更重要的是，下次能够将这些失误和问题防患于未然。最糟糕的是失误和问题被隐瞒。如果一个组织只会追究个人的责任，必然会引发"隐瞒"的意识。就算只是一个极小的失误，一旦隐瞒已经成了日常习惯，最终就会导致大失误和大问题被隐瞒。

为了避免这种情况，只能迅速查明原因，并制定防患于未然的对策。

失误和问题想必是所有组织和团队最应该共享的信息了。MUJIGRAM 里也有题为"危机管理"的章节，里面选取了过去发生的一些问题，详细介绍了应对方法。我们不应该将失误和问题视为耻辱，而应该将其当成财富，并营造一个让员工愿意汇报任何问题的环境。

领导者们务必牢记，失误是必然的，表面的怒斥不能解决任何问题，斥责对方没有任何好处。

"下属的反驳"有八成是正确的

"部长,恕我直言……"

在下属这样反驳时,上司很容易出于自尊而加倍反驳对方。

可是,下属对上司建言必然有一定的理由。只要仔细听取下属的反驳,就会发现他们多数时候是正确的,我认为,若是"**格外强烈的反驳**",那对方有八成是正确的。

因此,上司对下属的反驳"洗耳恭听"是最为理想的策略。

或许各位会想:"那不会被下属小看了吗?"其实不仅不会被小看,下属还会对你加倍信任。

前作中也有介绍,我试图在公司营造彼此打招呼问候的习惯。

于是,我跟公司的其他高管一道,每天早晨八点就站在电梯间,挨个与来上班的员工打招呼。

可是没过多久,员工就开始提出:"看到松井先生站在公司门口,让我们一大早就开始紧张了。"

如果我当场驳斥:"不,在公司完全养成互相问候的习惯之前,我是不会罢休的。"结果会如何呢？这个问候就会摇身一变成为"强制"。人只要抱有"奉命行事"的心情，就无法学到任何东西。若不让他们自发地决定"我要做"，员工就不会将这个当成自己的事。

于是我诚恳地接受了大家的意见，改为每月一次站在门口跟员工打招呼。

现在，公司里出现了一个鼓励彼此问候的"问候小队"，员工们每天早晨都会轮流站在电梯间向同事打招呼。

所谓自尊，有一半来自"倔强"。

为了毫无意义的倔强而压制下属的意见，这种行为无论对公司、对团队还是对领导者自身都毫无建设性。

而且认为上司绝对正确，下属绝对错误的想法本身就是一种傲慢。

此外，上司在舍弃"微不足道的自尊"时，还要同时舍弃"微不足道的正论"。

例如在过去有一段时期，一旦过了上班时间就会紧闭办公室大门，不准迟到员工进入。迟到确实会影响周围的同事，因此关上大门的行为乍一看好像也是正确的。可是如果现在还采取那样的行动，被关在外面的员工很可能第二天就再也不来公司了。也就是说，不能一口咬定"迟到的人有错"，而应该思考不让员工迟到的方法。

重要的并非那些微不足道的正论，而是带着大局观念看待问题。

"应该尊敬上级""有经验的人懂得更多"。

仅坚持这些微不足道的正论，只会让下属抱怨不断，失去追随上级的意愿。

只要倾听下属的意见，就会发现在排除了立场、利害和人际关系的干扰后，他们往往能够说中本质。如果采用了那些意见，对团队和企业都是有极大益处的。

如果为了团队能够舍弃私心，那就是一个好领导。

对借口要"追究到底"

在发生失误和问题时,人们总是会想找借口。

对于这些借口不能听完就算,而要"追究到底"。

但这并不是要把找借口的人逼进死胡同,而是要追究问题发生的原因。

首先是与问题相关的人员不止一个的情况。

例如发生订货失误时,相关人员不仅在公司内部,还延伸到了公司外部。如果只是一次失误,无论再怎么小心也难以避免,可以对其安抚:"下次注意就好了。"可是,频繁发生的失误却绝不能忽视。

这种时候最重要的是**将相关人员召集起来,在现场确认事实**。就算涉及合作公司的员工,也必须请他们抽空前来参与。

只听一个人陈述,或是到处打听,这都不是解决问题的妥当方法。如果只听个人的说法,所有人都会为了回避责任而找借口。

这样一来，个人感情和臆测就会混杂在一起，孕育出谎言和隐瞒，甚至在谎言上面重叠谎言，使整个问题复杂化。那样一来，就很难找到问题的根本原因了。

所以要将全体人员召集起来，同时听取每一方"不，我们确实把交货期告诉你们了""我们在下单时也确认过了"的说辞，从中寻找原因。只要各自再把下单记录等资料带来，就能顺藤摸瓜，找出到底是在哪个环节出现了纰漏。

工厂发生问题便聚集在工厂，店铺发生问题便聚集在店铺，这是一个关键。若是订货出现问题，有可能会出现"我送了""你没送"这样毫无意义的争论，此时就要**将事实摆在面前进行确认，才能确保不陷入混乱**。

查清原因之后，不能一味指责："是你的对接工作没做好。"而应该提出："今后要怎么预防这种问题呢？"然后一起研究不再发生类似失误的办法。这样一来，问题就能顺利解决。

如果没有任何数据资料，仅凭口头进行交流，那就成了问题发生的根源。那么最好的解决策略就是制定使用数据资料进行交流的机制。

不管怎么说，一味谴责人的行动无法解决问题。必须思考该如何改善让人不得不找借口的事实。

接下来讲讲员工单独犯错或引发问题的情况。

假设吩咐下属准备的资料迟迟没有完成。下属借口说："别的工作太忙了。"此时各位会如何处理呢？

就算斥责对方说："既然做不到就应该老实说啊！"这样也是解决不了问题的。

这种情况，只要深入追究"太忙"的理由，就能找到隐藏在背后的未完成工作的真正原因。

有可能是那名下属负责的工作实在太多了，也有可能其他上司也给他安排了工作。甚至有可能是下属不知道如何使用 PPT 这种很基本的问题。

在寻找真正原因的过程中，上司也可能会意识到自己应该改变对下属下达指令的方法。

有可能只是单纯地没有说明"这份资料在什么时候必须给我"而已。

如果只说"赶快",对方也无法理解到底要多快。为了避免误解,最基本的做法是下达指示的人明确说明什么时候要做好、需要那份资料的原因、应该注意哪些方面。

在发生失误和问题时,才更需要进行充分的交流。如果交流过于暧昧不清,双方都会产生不信任,使关系恶化。

处理投诉时,接到报告第一时间与顾客进行交流已经变成了常识。同样,在发生问题的时候,也必须优先处理那些问题。

即便能容忍借口,也不能容忍不去追究原因。只要有了这样的意识,相信无论什么问题都能顺利解决。

正确认识到人的缺点是"改不了"的

我极少大声怒斥别人。而且我认为,本公司的员工也会承认这一点。可是有这么一件事,却让我忍不住提高了音量。

那是有一年某个合作公司邀请我们参加联欢会时发生的事情。

可能是因为酒劲上来了,我的一名下属突然对合作方说:"今天我有很重要的事。为什么偏偏要挑今天来开什么联欢会?"

那天是日本队参加世界杯预选赛的日子。而那名下属是个狂热的球迷,想必是想守着电视看比赛吧。

联欢会结束后,我把他叫住,大声呵斥他:"你刚才怎么能说那种话!太扯淡了。"直到现在还有一些下属对当时的场面记忆犹新,可以想见我当时的火气有多大。特别是"太扯淡了"这句话,我只在特别生气的时候才会说。

他是个工作十分优秀的员工,对自己的工作也充满热情。可是那人对下属要求非常严格,有时甚至会瞧不起合作公司。在人家专门为我们准备的联欢会上毫不掩饰自己的态度,证明他当时确实是过于自大了。

就算如此，如果遭到斥责后知道反省也是好的。可是他却始终用借口搪塞，还一直心怀不满。这件事让我意识到，无论多么有诚意地训斥，人都是不会轻易改变的。后来，他就离开了无印良品。

当一个人表现出缺点，周围的人自然会想令其加以改善。

对性格内向的下属说："你应该习惯当着很多人说话。"然后让他负责做报告，或者让粗心大意的下属学会记笔记。可是，这些举动通常都会无疾而终。

自己的性格都难以改变，更遑论改变他人的性格。人的缺点是改不了的，若试图勉强矫正，反倒会把对方逼得走投无路。

虽说如此，要对其置之不理也不容易。如果置之不理，不仅对那个人没好处，对周围的人也不会有好的影响。

那么，领导者究竟该怎么做呢？

其实，**人的性格虽然无法改变，却可以改变他们的行为。**

而要改变人的行为有两种办法，一是改变周围的环境，二是改变自己对那个人的想法。

· **改变环境**

我不太擅长整理，房间总是很凌乱。

可是一旦事关工作要用到的公开文书，我却能总结到一张 A4 纸上。因为那样更有效率。

换句话说，我不擅长为了"整理"而展开行动，却对为了"效率"展开行动很有积极性。

只要改变环境让一个人能够保持积极性，他的行为也会随之改变。

假设有一个人过于害怕失败，不敢对新的工作发起挑战。

这种时候，只要营造一个让他不必害怕失败的环境就可以了。如果上司和前辈一味在会议中对其点名批评，一点错误都指责不断，那名员工就会越来越放不开手脚。为了防止这种情况，可以时刻注意以下几点：

"开会时把注意力集中到议题本身。""就算失败也绝不在众人面前谴责。"

这样一来，那名员工也会慢慢地改变自己的行为，产生"不如在会上试着发言吧""不如大胆挑战一下吧"的想法。

或许还可以建立让员工汇报自身挑战的机制。下属在日常汇报中提到："今天在××会议上提出了自己的方案。"上司回复："你的发言很不错。"那么他下次发言就会更有积极性。

·改变自己对那个人的想法

改变他人的性格十分困难，与此相比，改变自己的想法却容易得多。

诀窍就在于要持有夸奖对方长处的"专注优点"的视角。

在面对长处和短处时，人们会不自觉地专注于短处。比起寻找对方的优点，我们通常更擅长发现缺点。可是，需要改变的正是自己的这种视角。

有很多人"工作很认真，可是动作太慢"，针对这种人，就要认可他"工作很认真"的优点。毕竟相比工作速度快却粗心大意的人，还是动作稍慢却认真仔细的人更值得信赖。要求性格严谨的人"再粗略一点"，对方也是做不到的，反之亦然。如果硬要改变别人做不到的地方，结果很有可能会连他本身的长处也破坏了。

首先要毫无保留地接受那个人的性格。如果要缩短工作所需的时间，就在此基础上分析他究竟在什么地方花了不必要的时间，再考虑改善对策。那种性格的人大多在并不怎么重要的细节上花了太多时间，因此只要让他们学会如何安排优先顺序，或许就能保证在恰当的时间内完成工作。

只要习惯了这种方法，工作时间自然会缩短。此时只要再夸奖一句："这次很快啊。"那么他下次应该会更加努力地缩短工作时间。

如此这般，与其改变一个人的性格，倒不如想办法改变他的行为更为简单。这比试图用精神理论改变一个人要现实得多。

激励"没有冲劲的下属"

想必有很多领导者都烦恼于该如何激励下属的"冲劲"。

就算鼓励他们"加油干""我很看好你",效果也无法维持很长时间。

可是,报酬和地位的提升又不能轻易许诺,而且人本来就不是单靠报酬和地位这些"胡萝卜"来保持动力的。

多数缺乏干劲的下属都无法从目前的工作中找到价值。或许有人会想,干劲必须看个人的心情来决定,但我认为,周围的人也可以营造出激励干劲的环境。

例如单调的作业和杂务是较难产生价值感的工作。

在无印良品的店铺工作中,有折叠衣物这种很单调的作业。如果只对新人店员说:"把这些衣服叠一下吧"。对方可能会觉得"真麻烦"。甚至有可能在收拾被客人拿起来看过的衣服时,产生"他就不能只看不碰吗"这种本末倒置的想法。还有的人会随便应付了事，认为"只要叠起来就好了"。

可是，如果叠得整整齐齐地陈列起来，不仅更方便顾客观看，还能让他们保持愉悦的购物心情。可以说，干净整洁的店铺环境是无印良品风格的一部分。折叠衣物，整理被弄乱的展示商品，这些微不足道的操作是营造让顾客还想再来的店铺气氛的重要步骤。

各位可以尝试一下，商品摆放散乱和整齐陈列两种情况会给营业额造成多大的差距。

只有将这种工作的目的和重要性传达给员工，才能让他们真正理解"我的工作为给顾客创造愉悦的购物体验起到了作用"。并且，只要感到自己的工作十分重要，员工就能从中感到价值，自然也就有了干劲。

还有不少人轻视了复印文件和端茶倒水这类杂务。可是，复印文件其实是非常重要的工作。如果缺页或混入错印资料的文件被拿到会议和报告中使用，就有可能导致很大的损失。

还有端茶倒水,这是让客人体会到公司热情的重要业务环节。如果喝到泡得恰到好处的茶水,客人可能会产生"这个公司的员工教育很不错"的想法,从而对我们予以信任。

越是琐碎的工作,越能体现真正的价值。只要明白这一点,就会发现无论什么工作都有意义,同时也能意识到自己承担着重大责任。

另一个方法,就是让员工积累成功体验。

没有人会对自己的成功无动于衷,而且成功最能让人感到自己的价值。

先分配略高于本人能力的工作,待其成功之后再一点一点提高目标。在这样的过程中,员工能够切实体会到自己的成长,从而获得成就感。

这种时候,突然分配过于艰难的工作反而会打压员工的积极性,因此需要慎重地分析员工的能力。并且在顺利完成工作后,周围的人要给予夸奖。哪怕是这种细微的回应,也能对没有干劲的人起到激励作用。

干劲并非是能够从外部"注入"的东西，必须让对方心中自行生成，因此必须思考能够激励干劲的方法。

一百次讨论不如一次聚会

在商界，最为重要的就是交流。完成业务能力次之，只要能够与他人进行通畅的交流，基本上所有工作都能顺利推进。

为了进行交流，在会议上展开讨论固然重要，可是仅仅如此却无法看清对方的本质。

最近越来越多的年轻人不喜欢参加聚会，开始抱有只在工作时间有接触便可的冷漠想法。那或许是因为最近的年轻人越来越不擅长交流，也可能是因为他们并不了解交流的乐趣。

说不定有些年轻人觉得，去参加聚会无非就是听上司和前辈吐苦水发牢骚或者自我夸耀，没什么好玩儿的，因此才会敬而远之。

那就意味着，只要上司和前辈愿意讲有意思的故事，他们就会很高兴地参加。找不到人参加聚会的领导者，说不定是因为自己缺乏号召力。

是否有人认为，自己年轻时都耐着性子参加聚会了，所以现在的年轻人也应该耐着性子来参加呢？若不改变这种想法，年轻人就会越来越疏远你。

而且，**连下属都吸引不了的领导者，真的能吸引顾客吗？**

作为一个亘古不变的交流方法，聚会无疑是具有一定效果的。讨论一百次，还不如一起喝杯酒，说不定就能成为无话不谈的关系。

我认为，特别是刚刚成为领导者的人，更应该积极制造大家在一起喝酒聚会的机会。

这样能够更快看清自己的团队成员属于哪些类型。如果只在公司说一些不痛不痒的话，则很难对彼此敞开心扉，如果不再谈论工作，而是讨论兴趣和个人生活，就更容易交心。

只是，一旦成为部长这样的管理层人物，就不可避免地会与下属产生距离感，因此哪怕你主动邀请别人去喝酒，人家也有可能婉拒。由于立场和阶层的变化而改变交流方式，这是不可避免的事情。

要认清**管理层人物基本都是"通过日常业务进行交流"**，只在新项目开启之类的特殊时刻搞搞聚会最为稳妥。

此外，酒席还能让团队成员倾诉自己的烦恼。

公司有个常务董事叫小森孝，负责信息系统和总务人事工作。他当时先后在办公家具厂商等公司就职，然后转到无印良品，被安排到了还在担任物流部长的我的手下。

他的工作能力很不错，是个优秀的人才，可是性格却有些敏感。一旦失去信心，就会不停念叨"我要辞职"。因为他一有烦恼脸色就会发青，我只需看上一眼就知道"这家伙又有烦心事了"。

那段时间，我经常拉他一起去喝酒，听他倾诉。

他因为"在以前厂商学到的物流知识一点都不适用"而彻底丧失了自信。

无印良品的产品小到圆珠笔，大到家具，种类多样，连食品都有各自不同的大小尺寸，因此库存管理和运送方式都截然不同。

而专业生产厂商一般只会生产尺寸相近的商品，反倒更好装车，装载率也更高。装载率越高就越能削减成本，因此我是想让他运用自己在之前厂家学到的物流知识来创建新的物流系统。我记得当时自己对他表明了这一意向，还告诉他周围的人其实没有把这个问题看得如此严重。后来，他在模仿西友物流中心的基础上加以改进，创建了无印良品独特的物流中心机制。

作为上司，跟进每一名下属的情况也是工作之一。

最近的上司作为队员兼管理员，被要求在现场也要做出成绩，因此情况非常严峻，可是为了让工作能够顺利进行，请务必牢记，日常的交流方式也是非常重要的。

其中一个基本原则，就是主动敞开心扉，这样一来，只要稍微花上一点时间，对方总是会慢慢对你敞开心扉的。

结语

为了"继承"理念

· 并不存在预防大企业病复发的对策?

由于工作关系,我与很多经营者有过交谈,可是每当问到预防大企业病的方法,他们都会异口同声地回答:"只能在公司内长鸣警钟。"如果能够利用机制加以改变自然最好,但我也尚未想到合适的方法。

企业最容易放松警惕的并非业绩恶化的时候,而是增收增益的时期。如果在这种时候公司高层开始松懈,骄纵和傲慢的大企业病就会瞬间蔓延开来。

因此,我时常告诫自己和员工:"**胜而不骄**"是不可能的。

日立制作所的前会长川村隆在日立干了一辈子，当上副社长后，又被派往集团公司，随后就任了会长。后来日立制作所受世界金融危机影响，二〇〇九年三月出现了七千八百七十三亿日元的巨额赤字。川村氏马上被召回本部担任会长兼社长，仅仅两年就实现了 V 字恢复。

川村氏召开高管会议时，发现一旦三五个高管聚在一起讨论，政策就会全部变得圆滑起来。

所谓"圆滑"，想必就是不得罪任何人，按照以往的惯例推进的意思吧。这是大企业病的一大症状，会让员工丧失挑战精神。

当时与川村氏一同被派往集团公司的另外两人也被召回，各自就任了副社长。公司体制中共有五名副社长，川村氏就一边与他们讨论，一边推进各种改革。随后，他们通过转向电力和铁路等重型电机领域、迅速撤离电视行业等行动，成功让日立复活了。

我也认为跟众多员工一同讨论经营方针是最愚蠢的行为。因为经营方针必须由公司高层来制定，并且必须指向明确。

据说日立在陷入巨额赤字时,公司内部充满了紧张气氛,每个员工都抱有危机感。可是在实现V字恢复之后,我又听说他们"马上松懈了"。

所谓大企业病,放在人身上就跟糖尿病差不多。 只要控制饮食,每天运动,注意日常生活习惯就能控制症状。可是,若看到健康检查的数值有所好转就松懈下来,偷懒不去运动,一连好几天跑出去喝酒,那么病情又会瞬间恶化。只要一直保持饮食控制和运动习惯,身体状况就是良好的。

应用到企业中,运动就相当于企业的活性化,而食疗则等同于减少浪费、贯彻物资运用的合理化。我认为,只有让两者一直持续下去,才是让企业充满活力、健康长寿的秘诀。

爱社精神或许也是预防大企业病的方法之一。

可是,无印良品员工的爱社精神,其实更应该称之为"爱品牌精神"。许多员工都是因为认同无印良品的理念和商品才加入公司的，因此与其说是"喜欢公司"，更应该说大家都强烈希望"守护无印良品这个品牌"。或许正因为如此，公司才能在业绩恶化、大企业病蔓延的时候，以那些"希望能够出一份力"的员工为中心不断推进改革。

除此之外，还可能因为不间断的调动预防了扭曲的爱社精神。每个公司里多多少少都存在一些只为自己部门考虑的人。那些人虽然也为自己公司的品牌而自豪，可是那种自豪却走错了方向，使人们被宣示权威这种意识束缚了。

要切断那种束缚，最佳的方式就是通过调动不断更换人员。

为了让员工拥有正常的爱社精神，我要再重复一遍：必须让员工养成全优的视角。为此，最重要的便是通过调动使员工有机会在不同的部门体验工作。

俗话说"流水不腐"，一旦停滞下来，无论是清水还是公司都会逐渐浑浊，因此必须时刻保持流动性。

只有公司高层时刻保持警惕，随时摘除危险的萌芽，才能预防大企业病的滋生。这个道理在团队和部门同样适用。

如果能够践行本书讲述的思考方法,想必就能增进团队的活力,也能营造出让大家愉快工作的环境。

可是,一旦松懈下来,局面就会变得越来越难以控制。

要根除大企业病固然需要时间,但与此同时,领导者们也必须铭记,这种病即使治好,也是随时都会复发的。

·公司的成长潜力究竟有多少?

我认为,无印良品的成长潜力是无穷无尽的。

无印良品是在一个大生产、大消费时代,作为一味追逐奢侈品风潮的对立面而诞生的。成立初期,我们秉着"有理由,所以廉价"的理念向顾客们提供品质优良的廉价商品。在那个理念的基础上,我们一直贯彻着简单而富有机能性的商品制作理念。

可是随着时代的变化,仅仅廉价已经不能保证畅销。于是公司在业绩恶化时,决定保持"有理由,所以廉价"这一基本理念,重新审视次级理念。

现在的无印良品次级理念是："不要'这样才好'，而要'这样就好'。"

决定这一理念时，公司的艺术总监原研哉先生说，"这样才好"暗含着微妙的利己主义和不协调倾向；"这样就好"则更趋向于内敛和让步的理性思考，但同时也让人感觉到了偏于屈从的小小不满。而提升这个"就"的层次，关键就在于消解那样的屈从和小小不满。如今，我们为了提升"就"的层次，每天致力于提供价格合理品质优良的商品。

或许有一天，这个理念也会跟不上时代。届时只要再次进化理念，使之顺应时代即可。就算改变次级理念，只要继续坚持低价高品质、运用自然素材、创造简单又方便日常生活的商品这一无印良品的哲学，应该就能一直为世人所接受。

无印良品在国外逐渐得到接受并非偶然，而是我们不断调整经营机制的成果。正因为我们在开店前都会事先调查每个国家本土市场的不同情况，在此基础上思考店铺销售的商品种类，才能在许多国家得到认可。

另外,世界各地人们眼中的"价值"与无印良品的"价值"相一致也是很大的原因。在包含中国在内的亚洲地区,无印良品的价值体现在"原产日本的优良品质";在欧洲各国,无印良品的价值体现在与日本传统文化相符的精致商品;而在美国,人们则倾向于将无印良品的价值理解为价廉物美的高性价比。像这样,拥有能够在每个国家都适用的发展潜力,正是无印良品的魅力所在。

我一直在想,或许有一天,无印良品的日文商标会完全消失。只要全世界都理解了无印良品的价值观,到那一天,他们可能会只看一眼商品便能判断:"这就是MUJI啊。"

在即将迷失理念的方向性时,日本企业只要回想下我们祖先的功绩即可。江户时代以前的匠人制作的传统工艺品中就蕴含着大量的灵感。正是因为我们的祖先构筑起了全世界独一无二的"日本精神",才有了欧美国家在"二战"前就高度评价的

"Japonisme[1]"。从那个时代开始,日本的创造物就实现了高度的便利性和排除一切冗余的优秀设计理念的统一。

我确信,无印良品继承了那样的哲学和理念,在今后的时代也会一直为众人所接受。并且,为了实现这一目标,我们还需要"培养下一代"去继承这个品牌的理念。

---

1 法语,意为"日本主义"。十九世纪中叶起在欧洲美术及室内设计等领域掀起的日本热。

MUJIRUSHI RYOHIN NO,HITO NO SODATEKATA II SALARYMAN WA KAISHA O HOROBOSU
© 2014 Tadamitsu Matsui
Edited by KADOKAWA SHOTEN
First published in Japan in 2014 by KADOKAWA CORPORATION, Tokyo
Simplified Chinese translation rights arranged with KADOKAWA CORPORATION, Tokyo
through JAPAN UNI AGENCY, INC., Tokyo
Simplified Chinese edition copyright: 2019 New Star Press Co., Ltd.
著作版权合同登记号：01-2018-6458

图书在版编目（CIP）数据

无印良品育才法则／（日）松井忠三著；吕灵芝译．—北京：新星出版社，2019.3
（解密无印良品）
ISBN 978-7-5133-3166-1

Ⅰ．①无⋯　Ⅱ．①松⋯　②吕⋯　Ⅲ．①轻工业－工业企业管理－人事管理－日本
Ⅳ．① F431.368

中国版本图书馆 CIP 数据核字（2018）第 162310 号

无印良品育才法则

（日）松井忠三 著；吕灵芝 译

策划编辑：东　洋
责任编辑：李夷白
责任校对：刘　义
责任印制：李珊珊
封面设计：broussaille 私制

出版发行：新星出版社
出　版　人：马汝军
社　　　址：北京市西城区车公庄大街丙3号楼　　100044
网　　　址：www.newstarpress.com
电　　　话：010-88310888
传　　　真：010-65270449
法律顾问：北京市岳成律师事务所

读者服务：010-88310811　　service@newstarpress.com
邮购地址：北京市西城区车公庄大街丙 3 号楼　　100044

印　　　刷：北京盛通印刷股份有限公司
开　　　本：889mm×1092mm　　1/32
印　　　张：7.375
字　　　数：73千字
版　　　次：2019年3月第一版　　2019年3月第一次印刷
书　　　号：ISBN 978-7-5133-3166-1
定　　　价：158.00元（全三册）

版权专有，侵权必究；如有质量问题，请与印刷厂联系调换。

无印良品

無印良品は、仕組みが9割

仕事はシンプルにやりなさい

Tadamitsu
Matsui

[日]松井忠三————著　吕灵芝————译

新星出版社　NEW STAR PRESS

解密无印良品 1

成功机制

目　录

Contents

前言

序章

让营业额与积极性实现"V字恢复"的机制——不试图"改变员工",而是"创造机制"

为何无印良品拥有"厚达两千页的指南"——缺乏"标准"便无从"改善"

从商品开发到店铺经营、服务……一切工作的原点 _002 /【无印良品指南①】将所有工作"规范化" _005/【无印良品指南②】从"商品名称的制定"中可以学到什么 _007 /【无印良品指南③】"提高工作效率"的机制 _009 /【无印良品指南④】如何建立"长期胜利的机制" _011 / 搜罗"这样做更好"的创意 _013

Chapter One

让营业额与积极性实现"V字恢复"的机制——不试图"改变员工",而是"创造机制"

实现"从三十八亿日元赤字开始的V字恢复" _018 / 即便"战略二流",只需"行动力一流"即可 _022 / 仅靠经验主义"会摧毁一个企业" _026/ 用"新机制"替换企业问题 _030 / 让下属思维"自动改变"的方法 _033 /"销售调查"与"单款定胜负"

的创意如何产生 _037 / "根据顾客之声创造热销款式"的具体策略 _040 / 警惕"虚有其表的突破口" _042 / 优秀人才不会集中涌入,所以要创建**培育机制** _045 / 人要"经历两次失败才能成长" _048 / 在奔跑中思考,同时处变不惊 _053

Chapter Two

决策一旦制定,便贯彻到底——彻底排除"经验"与"直觉"

制定指南是"工作的开端" _058 / 为何"制定机制"后能"产生行动力" _061 / 不要忽略年均四百四十个的"现场智慧" 066 / 好的指南必须"让新人也能理解" _069 / 开阔视野的方法——工作中的"何物·何为·何时·何人" _072 / "发现隐藏的浪费 + 提高生产力"之法 _076 / 你的工作方法是否已更新至"最新版"? _078 / 为何要"与全体员工共享商谈记录"? _081 / "把七千件投诉降低为一千件"的风险管理法 _084 / 用指南"培养人才" _087 / 用指南"培养能够培养人才的人" _090 / "可视化→递交提案→改善"的循环 _093 / 选择"结果正确的道路" _096

Chapter Three

强化企业的"简单、明了之事"——从"他人"与"他企"中借鉴

"遵守时限""收拾垃圾"——优秀员工的条件 _100 / 为何"认真打招呼"便能"减少不良品" _102 / 对部长甚至社长也以"先生"来称呼 _108/ 提案书的印章"最多只能有三个" _111 / "从他企借鉴"智慧 114 / 与其他企业进行"透彻的"交流 _118 /

以"温水煮青蛙"的方式渗透反对势力 _122 / 让"干部稳定三年"！ _126 / 提高下属积极性的一个方法 _130 / 咨询顾问无法帮助重建组织 _134 / 迷茫时"选择最困难的道路" _136 / 不是改变性格，而是改变行动 _139 /

Chapter Four

此种机制"能让生产力提升三倍"——避免"无谓努力"的方法

"让努力开花结果"需要一定的方法 _144 / 将劳动力一口气缩减为五分之一的"想法" _147 / 找到原因的瞬间问题就解决了八成 _150 / "桌面整洁的公司有前途"的原因 _155 / 明确"工作的最后时限" _159 / 报告、联络、讨教"会阻碍人的成长"！ _164 / "贯彻 18:30 下班"的原因 _167 / 为何无法停止加班 _172 / 提案书"只需一张 A4 纸" _175 / 摒弃"虚有其表的会议" _179 /

Chapter Five

培养把自身工作"机制化的能力"——有了"基础"就能"应用"

让自我保持"更新"的方法 _184 / 创造"自己的 MUJIGRAM" _187 / "完美的沟通"也能指南化？ _191 / 就连家务也是有了"基础"就能轻易实现"应用" _196 / 作为不断创造利益之原动力的"指南" _200

结语

前言

让"努力"与"成果"直接关联

无印良品公司内部有两本厚重的凝结了全体员工"智慧与努力"结晶的工作指南。

它们分别是帮助业务顺利进行的"公司内部机制"指南和总结了店铺服务一切"标准"的服务指南,其中可谓收录了"无印良品的一切"。

本书将公开部分指南内容,并以此为依据向读者介绍何谓"重视机制的工作方法"。

或许读者在看到指南一词时,会产生"无机冰冷"的印象。

本书即将详细介绍的无印良品指南,绝非那种枯燥无味的东西。而是生动地结合了每日的工作,能够创造最终成果的、最强的"工具"。

这些指南,让我们能够快乐高效地工作,并最终获得丰厚的成果。

· 为何要现在公开"机制"呢?

我现在正担任负责无印良品运营的良品计划公司会长[1]。身处这一职位的我却为何要公开无印良品的秘密,阐述机制的重要性呢?其原因有二:

第一,大言不惭地说,是为了与大家一起努力,振兴日本经济。

如今日本面临着十分严峻的经济危机,许多商业人士正不断努力改善情况。但我认为,其中许多"努力"都没有正确地指向最终的"成果"。

那么,到底该如何是好呢?

---

[1] 本书作于二〇一三年,二〇一五年松井忠三从良品计划卸任。(译注,下同)

"曾经在低谷中挣扎的无印良品"就给出了很好的提示。

在大家的支持下，无印良品已发展成为一个国民品牌。如今在海外提到"MUJI"，也有很多人知道那是一个源自日本的品牌。

尽管如此，我们还是经历了一个业绩恶化，业内纷纷传闻"无印良品快完蛋了"的时期。我正是在那个"跌落谷底的时期"就任了公司社长。

我上任后采取的第一个行动，既不是削减工资，也不是大幅裁员，更加不是缩小规模，而是创建机制。

简单来说，就是创建"让努力获得成果的机制""传承经验和灵感的机制""彻底消除浪费的机制"。这些机制最后成了无印良品复活的原动力。

所谓机制，就是一个组织的根基。如果不创建良好的机制，无论再怎么裁员，也无法解决导致不景气的根本问题，最后企业只能不断衰退。

万事缺乏"基础"就无法"应用"，同理，缺乏"企业的内在机制"就无法催生出"智慧"，更无法创造"收益"。

相反：

·如果存在简单工作的机制，就能避免不必要的工作。

·如果存在信息共享的机制，就能加速推进工作。

·如果存在传承经验与灵感的机制，就能活用流动性人才。

·如果存在不允许加班的机制，自然能够提高生产效率。

这些无印良品的"机制"渗透到了所有业务范围。

细节就是上帝——这是德国籍建筑家密斯·凡德罗留下的一句名言。

人们对这句话有多种解释，我认为这样的解释比较贴切：对细节的追求决定了作品的本质。而决定企业实力的关键，也同样是细节，这就是我所说的机制。

· "领导者"的使命

第二，是我认为无论何种职业，无论立场如何，"重视机制的思想"都能给工作带来很大助益。

本书内容不仅对企业经营者，同时对一般商业人士也有所帮助。尤其希望公司的部长、课长级领导者能够阅读本书。

领导者烦恼的事情很多，想必也肩负着许多使命。

若您正为组织或部门的运营烦恼不已，何不先重新审视一下机制呢？这应该能解决您大部分的烦恼。

为了提升业绩而制订营业额要求，为了提升下属的斗志而用激烈言辞刺激他们。那些或许很重要，但您更应该先尝试创立机制。这样一来，人们（下属）自然也会改变自己的行动方式。

解决团队烦恼的"答案"，就在本书之中。

若领导者不创建"让努力制造成果的机制"，日本企业就会越发丧失活力。相反，若创建了能够提高生产率的机制，恐怕无论哪家企业都能获得业绩的提升。

这样，不就有望实现日本经济的复苏了吗？

衷心希望本书能够成为日本企业焕发新生的契机。

松井忠三

*本册为单行本《解密无印良品》（新星出版社，2015年）修订精装版本。

序章

为何无印良品拥有"厚达两千页的指南"
——缺乏"标准"便无从"改善"

从商品开发到店铺经营、服务……一切工作的原点

无印良品店铺所使用的经营指南——MUJIGRAM。

将店铺开发和策划等本部业务整合到一起的指南——业务规范书。

这两种"指南"中,包含了从**店铺经营到商品开发、卖场展示和服务**等一切工作的专业知识。MUJIGRAM 厚达两千页,其中还含有大量照片、插图和图表。

之所以要制作如此详细的指南,是为了"将依赖个人经验和直觉的服务进行'机制整合',使它作为规范延续下去"。

那么,为什么要将个人经验和直觉延续下去呢?

"提高团队行动力"是其中一个答案。在工作中遇到任何问题,即使上级不在场,也能在指南的指导下迅速做出判断并解决问题。仅仅是这样一件小事,也能提高工作执行力,并最终提高生产力。

指南的作用不仅如此……

MUJI   003

"开始工作前"的注意事项

例——

> **（1）何谓收银台服务**
>
> ■<何物> 收银台服务就是接受客人采购商品的货款,并将商品交给客人的服务。
>
> ■<何为> 因为收银台服务是占据店铺业务 20% 比重的重要工作(参照圆形表格)。
>
> ■<何时> 随时。
>
> ■<何人> 全体店铺员工。
>
> * 客流量大的店铺平均每日会有一千位顾客经过收银台。
>
> * 收银台是有最多机会让客人感到"把东西买下来太好了""这真是家好店铺"的地方。

在每个项目的开篇,都会先阐明工作的"意义·目的"

在指南每个项目的开篇,都会注明为什么要进行这个工作,也就是工作的"意义·目的"。这并不只是告诉你"该如何行动",而是为了**避免偏离"为了实现什么"这一工作目标**。

只要明白了工作的意义,就能够发现问题点和需要改善之处。

指南不仅是培养执行能力的教材,更是自己思考"如何工作"时的指针。

　　这本指南中包含了许多企业机密,本来是严禁带出公司范围的。这次为了著述,我特别公开一部分内容,向读者介绍无印良品的秘诀。

【无印良品指南①】将所有工作"规范化"

比如如同店铺"脸面"的橱窗展示——目的是吸引过路人的目光,让他们产生兴趣,最终使他们走进店铺。

塑料模特的摆放无疑是"考验灵感和经验的工作",但无印良品是这样将其规范化的。

若要真正学习摆放技巧,需要记忆的东西几乎永无止境,但MUJIGRAM却将所有重点浓缩在了一页的内容中。

"将轮廓摆成△或▽""搭配服装的色彩保持在三色以内"——基本只有这两点。除此之外,指南中还添加了"关于色彩的基础知识"这页内容。

这样一来,无论是谁都能在摸索中逐渐掌握时装搭配的诀窍了。用个极端的说法,就连新员工都能着手布置橱窗模特。

无论什么工作都有其诀窍。无印良品的目的就是找出那些诀窍,并将其规范化。

不存在"无法规范化的事情"

例——"橱窗展示"规范

（12）关于塑料模特的摆放诀窍

■ 轮廓的平衡
　· 将整体轮廓保持在 △ 或 ▽ 状态。

· 长款上装搭配短款下装或修身款下装，以此保持▽平衡。
· 宽松上装搭配修身下装保持▽平衡。
· 排列两个以上的塑料模特时插入"花纹"搭配以实现视觉上的抑扬效果。

■ 色彩平衡
　· 基本色控制在三色以内。

· 使用三种颜色的例子。
· 利用腰带、鞋子作为一种强调色使整体更具搭配感。
· 使模特颜色搭配服装颜色，保持色彩平衡。

经验必不可缺的业务，也可以做到标准化

【无印良品指南②】从"商品名称的制定"中可以学到什么

无印良品的商品吊牌中会注明"商品名称"及"缘由"(后述)。仅仅一张吊牌就要在说明商品内容的同时体现出"无印良品的独特风格"。

如果负责各种商品的员工只按照各自的"心思"来构思,那商品名称和细节的感觉就会千差万别。为此,在业务规范书中就规定了商品名和复制品的制作方法。

"无印良品的商品命名方法=首先要让客人觉得浅显易懂。"

"可以使用羊毛、棉、麻等天然材质名称。不可使用外来语 cotton 或 hemp。"

"不用辞藻修饰。描述真实的事物,就要用真实的语言。"

对阅读者来说,上述文字甚至还传达了无印良品的整体理念。

建立此种基准之后,"无印良品的理念"就渐渐显露出来。相信这种理念也通过吊牌传达给了每位客人吧。

指南还就"公司最重视的事情"进行了明确说明。

公司的理念体现在公司的"规范指南"中

例——"商品名称制定"规范

业务梗概（目的，基本思考方法，重点）

Ⅰ "复制"对客人来说简明易懂的"商品名称"和开发意图。
<u>无印良品的商品命名方法＝首先要让客人觉得浅显易懂</u>
此外，还要让商品名称最大限度地体现商品的特色。最重要的诀窍是让每个商品分别体现出：
・无印良品最想传达的理念、客人最想知道的信息、客人能够清楚识别的特点、市场需求（是否国产等）。

实施内容	实施顺序
"商品名称""复制"草案	①-2 复制 "太初有道，道而有物。" <u>不用辞藻修饰。描述真实的事物，就要用真实的语言。</u> ・商品的何处，如何体现了无印良品的理念——以客观论证来明确观点。 ・决定想表达观点的先后顺序（想表达一切，最终一切都难以表达）。 ・使用简洁明了的表述用语。 ・极力避免专业术语，使用浅显易懂的语言。 ・不依赖材料制造商的商标。 ・避免使用流行语和过度感性的语言。 ②验证・草案的完成——商品名称是否最大限度体现了商品特性： ＊无印良品最想传达的理念 ＊客人最想知道的信息 ＊便于客人清楚识别 ＊市场需求（是否国产等） 制作基本草案　　　　　　　验证・完成 涤棉遮光　　⇒　　涤棉 窗帘　　　　　　　遮光窗帘 ＜需要确认的重点＞ 顺序、位置（放在第一行还是第二行）、与缘由的关联 ・突出的重点是否正确

（仔细一读，就能理解公司的理念）

【无印良品指南③】"提高工作效率"的机制

工作效率也会因"机制"而得到提升。

比如在无印良品本部就制定了"18:30 后不加班"的决策。这就会让员工开始思考"为了不加班该优先做什么工作,又该省去什么工作"。自然而然地就会展开提高工作效率的行动。

此外,某部门还制定了"共享交易对象名片""共享商谈内容"的机制。不仅能省去寻找交易对象负责人的时间,还能省去重复商谈内容的时间。

制定机制,实现资源共享,通过实践不断进行改善。

这样一来就能减少无谓的工作,也能消除工作中的不确定性,以便游刃有余地展开工作。

最终结果就是实现了工作效率的提升。

如何"提升效率""提升团队合作能力"？

例——"信息共享"机制

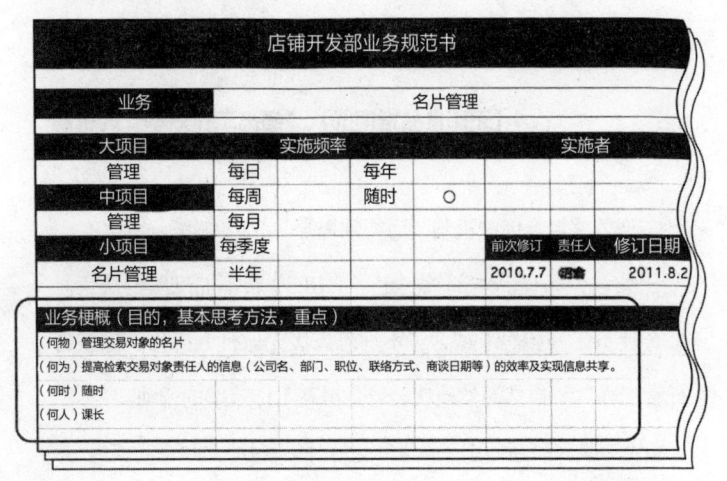

店铺开发部业务规范书				
业务		名片管理		
大项目	实施频率			实施者
管理	每日	每年		
中项目	每周	随时	○	
管理	每月			
小项目	每季度		前次修订	责任人	修订日期
名片管理	半年		2010.7.7	馆会	2011.8.2

业务梗概（目的，基本思考方法，重点）
(何物) 管理交易对象的名片
(何为) 提高检索交易对象责任人的信息（公司名、部门、职位、联络方式、商谈日期等）的效率及实现信息共享。
(何时) 随时
(何人) 课长

↑ 共享"名片信息"

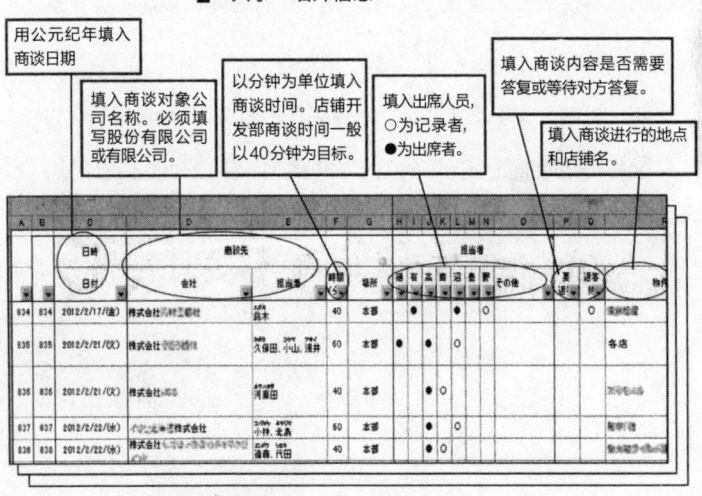

- 用公元纪年填入商谈日期
- 填入商谈对象公司名称。必须填写股份有限公司或有限公司。
- 以分钟为单位填入商谈时间。店铺开发部商谈时间一般以40分钟为目标。
- 填入出席人员，○为记录者，●为出席者。
- 填入商谈内容是否需要答复或等待对方答复。
- 填入商谈进行的地点和店铺名。

（商谈记录表格）

↑ 共享"商谈内容"

【无印良品指南④】如何建立"长期胜利的机制"

像无印良品这种在全国开设连锁店的企业,"在哪里开店"乃是经营能够成功的关键所在。

在无印良品的指南中,甚至把"判断能否开店"的方法都进行了阐述。

从候选地点的信息收集方法、现场调查方法,到开店后预测营业额的方法,等等,无印良品把一系列与开店相关的评估工作都予以指南化(以收集到的资料为依据进行评分,得出 S→A→B→C→D……的评级。再进一步审查 C 级以上的候选地点)。

将这些流程予以机制化,能够有效防止开发责任者仅凭印象和直觉进行判断,让每个人都能做出客观的评估。

在国外开店时,也可以根据国外开店标准进行评估,再决定是否开店。海外发展的成功秘诀,同样在于机制。

排除"印象论"和"直觉"

例——"开店候选地评估"方法

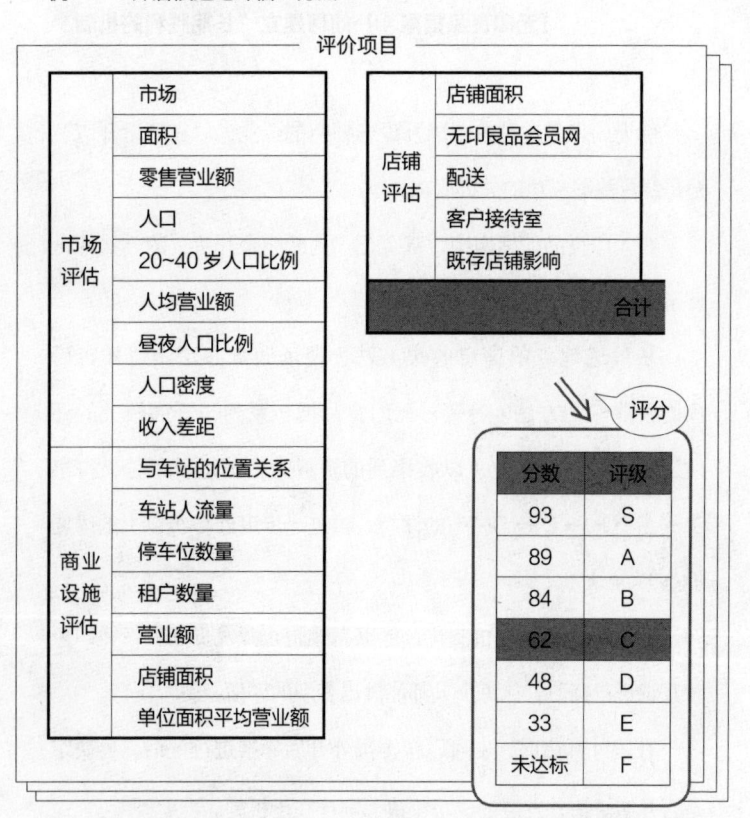

评价项目

市场评估	商业设施评估
市场	
面积	
零售营业额	
人口	
20~40 岁人口比例	
人均营业额	
昼夜人口比例	
人口密度	
收入差距	

商业设施评估
与车站的位置关系
车站人流量
停车位数量
租户数量
营业额
店铺面积
单位面积平均营业额

店铺评估
店铺面积
无印良品会员网
配送
客户接待室
既存店铺影响

合计

评分

分数	评级
93	S
89	A
84	B
62	C
48	D
33	E
未达标	F

给约 20 个项目进行评分,选出开店候选地。设定所有人都能进行客观评估的"定量项目"。

搜罗"这样做更好"的创意

非内部成员看过 MUJIGRAM 后,必定会惊讶:"连这种东西也要规定吗?"

举个例子,无印良品店铺中有五种衣架,指南里将每种衣架使用时的注意点都配上照片进行了说明。

也就是将"那种事情直接口头传授不行吗?"的细节都进行了明文规定。我认为,正是这种"工作的细节"才更应该将其指南化。

无印良品的目标是,让客人无论走进哪家店铺,都能感受到同样的氛围,得到同样的服务。店铺氛围的统一可以借助店内布局、商品摆设、员工装束、清洁方法等"细节"来实现,而这些"细节"往往容易被个人理解所歪曲,因此难以实现全公司统一。这就是要将其指南化的缘故。

或许有人会认为:"连那种小事都要规定,太麻烦了。""工作中全是条条框框。"

事实完全相反。指南甚至能让工作更加顺利。

因为无印良品的指南，正是集合了现场工作人员"这样做更好"的创意而诞生的。此外，每一天现场都会发现更多问题点和改善方法，而**指南也会每月更新一次**。工作方法不断被刷新，员工自然也就会在工作时主动寻找可以改善的地方。

不让工作停滞不前，而是保持它的"动态"，我将其形容为"血液流动"。如此一来，MUJIGRAM和业务规范书就成了无印良品的血管。一旦血管堵塞，组织和员工都会罹患动脉硬化。若不坚持成长，瞬间就会衰退，这就是所谓企业这种生物的特性。要"维持现状"是绝不可行的。

与之相反，只要持续更新指南，就能够保持成长。工作指南可谓是促进成长的"晴雨表"。

各位所在的公司如何呢？我将在下章介绍重视指南（机制）的工作方法，以供参考。

"无印良品的指南"是什么?

本书介绍的"两本指南"大纲如下:

MUJIGRAM

1 开店前　　　　　　　　2 收银台业务、财务

3 店内业务(待客)　　　 4 配送·自行车

5 创建店铺　　　　　　　6 商品管理

7 后勤业务　　　　　　　8 劳务管理

9 危机管理　　　　　　　10 开店准备

11 店铺管理　　　　　　 12 备案

销售人员 TS(培训体系)

业务规范书

1a 服装杂货部门　　　　　1b 生活杂货/食品部门

2 咖啡厅·餐饮事业部/品管部门/渠道开发部门

3 销售部/业务改革部/客服部　　4 海外事业部

5a 促销宣传室/分销推广负责人　　5b 店铺开发部

6 信息系统责任人/策划室　　　7 财会责任人

8 后勤人事责任人　　　　　　 9 无印良品会员网

Chapter One

让营业额与积极性实现"V 字恢复"的机制
——不试图"改变员工",而是"创造机制"

实现"从三十八亿日元赤字开始的 V 字恢复"

三十八亿日元的赤字——二〇〇一年八月的中期报告让无印良品上下一片哗然。

当时无印良品已经诞生二十年。也是从母体西友分离出来,以良品计划股份有限公司的名义独立的第十年。

在此之前,无印良品一直都保持着高速成长。

那个时期被称为"泡沫破裂后失落的十年",长期的经济不景气使得全国上下一片压抑,百货公司和知名零售商纷纷沉寂。尽管如此,无印良品还是没有经历一次赤字,一九九九年实现了一千零六十六亿日元的营业额,普遍收益(营业利润与营业活动以外的收支合计得出的收益)达到一百三十三亿日元。

如此惊人的成长,后来被人们称为"无印神话"。

可是,三十八亿日元的赤字还是出现了。

人们的评价也一反常态,开始传言"无印良品的时代将要终结"

了。公司内部甚至开始蔓延"这个公司已经不行了吧"的消极情绪。就在此时，我就任了社长一职。

一般情况下，赤字企业会先采取裁员和提前退休的方式减少人员开支，撤销不赚钱的部门，或者出售资产。

可是，我认为那不是从根本上解决问题的方法。

那么，隐藏在无印良品内部的根源性问题究竟是什么呢？

我想到，品牌成立二十年，其中"创新的部分"是否已经跟不上客户的需求了呢？

另一个问题在于，品牌的母体西友乃是赛松集团一员，因为从赛松那里继承了重视经验直觉的企业文化，使得员工只能跟随上司和前辈的脚步成长，整个公司被"经验至上主义"风气所弥漫。

由于缺乏积累工作能力和知识的机制，一旦负责人离去，就不得不重新培养能力。

再这样下去，根本无法适应如今变幻莫测的商业环境。

我想出的解决策略，就是本书的关键词——机制。

创立机制，同时也是尝试改变企业的风气，改变员工创造的公司氛围。将继承到的赛松风气重新染上无印良品的色彩。我坚信，这才是从谷底翻身的最好方法。

当然，关闭或缩小营业额偏低的店铺、海外部门的裁员等大手术也是必要的，但同时还要重新审视公司内部的业务，**创建MUJIGRAM和业务规范书等指南，将所有业务规范彻底可视化**。

其结果便是二〇〇二年的扭亏为盈，二〇〇五年的营业额达到一千四百零一亿日元，普遍收益达到一百五十六亿日元，打破了往年的纪录。在我担任社长的最后一年，亦即二〇〇七年度，已经连续三年打破营业额纪录，获得了总营业额一千六百二十亿日元，普遍收益一百八十六亿日元的成绩。

只要创建机制，就能培养出任何时代都能获得成功的组织风气。

不仅限于无印良品，这是任何企业都能通用的法则。

我可以这样断言：提高每个员工的积极性，让他们发挥自己的最大实力，强化组织力量，这些并非翻天覆地的变革。只需要培养起脚踏实地的工作习惯，便是成功的要诀。

即便"战略二流",只需"行动力一流"即可

战略一流的企业和行动力一流的企业。

若两者竞争,胜利无疑是属于后者的。

制定战略固然重要,但不去执行便毫无意义可言。

我就任社长后曾经反复阅读《经营就是"执行"》一书。该书其中一位作者,是作为企业 CEO 真正经历过许多商场恶战的经验丰富的经营者,另一位作者则是在哈佛大学执教同时为全球各种企业领袖担任顾问的教授,二人共同出版了讲述"成功企业的成功本质"的著作。

我在书中用笔画出了许多关键点,但对其中一句话印象尤为深刻:

"反复讨论,到度假胜地开无数次会,就是不采取行动。这就是行动力弱的企业与行动力强的企业其中一点不同之处。"

每天开好几个小时会议,最终没有得出结论,又推到下次再

议。那样的企业应该不在少数。

无论制定了多么缜密的战略和计划，如果不去执行，都只是画饼充饥。战略上的一些疏漏可以由行动力来挽救，关键在于要踏出第一步。

无印良品诞生在赛松集团旗下。

那个时期，所有人都向往奢侈品牌，赛松便想到了逆流而上，创造一个无品牌的自主经营商品。当时的宣传口号是"有理由，所以廉价"，商品设计简约，选材审慎，尽量去除生产过程中的浪费，并保持质朴简洁的包装。那个方针成功引领了时代的方向，得到了广大顾客的厚爱。

赛松集团无疑在创意和业务构思能力上是十分优秀的。可是，他们却缺乏实现构想的行动力。

我在调任至良品计划前，曾经就职于西友公司。为了让当时赛松集团领导堤清二通过自己的策划案，我曾与西武百货、帕尔科公司的责任人一起撰写过数量惊人的提案报告书。当时我在培训中心住了整整一周,收集各种必要的资料。

堤先生是一名非常优秀的营销人员,要写出让他满意的策划书极其困难,仅靠现场旁听收集到的材料制作的策划书根本不会通过。我们不得不将设想无限扩大,甚至无法去顾及现场的需求。

于是,就算策划案终于过了关,光是制作那份内容繁杂的策划书就让我们筋疲力尽,失去了执行的动力。而且那还是一份忽视了现场需求而纸上谈兵的策划,就算拿到现场去,也只会得到一句"那种事情怎么可能做到"罢了。

组织规模越大,领导者跟现场的距离就越远。那样就会变成一个头重脚轻、缺乏行动力的畸形组织。

我之所以重视制定机制,也是为了让无印良品拥有一流的行动力。当时提出的口号是"**执行95%,计划5%**",以及"赛松的常识不是我司的常识"。

在公司内展开一场激烈讨论，你觉得这样就算完成工作了吗？

我认为，"公司不适合讨论"。

不该只由几个同事客客气气地讨论一番，最后决定行动方向，而应由上头先决定方向，再由全体员工倾注全力去执行（当然，执行过程中的讨论是必不可少的）。

对于速度和判断力的把握，会经由机制的锻炼逐渐提升。

举个我自身的例子，例如制定无纸会议的机制，就能大幅减少会议的准备时间。

仅仅是这点小事，就能把节省出来的时间投入更多的工作中，让组织更加壮大。

这些机制并不仅限于企业单位，部门单位同样适用。要培养具有行动力的团队，就要彻底摒弃多余的工作，制定让现场员工高效运作的机制。

仅靠经验主义"会摧毁一个企业"

这是我就任无印良品事业部部长时发生的事情。

公司决定在千叶县柏高岛屋车站广场开新店,我便在开店前一天到了现场。就像往常一样,新店的店长和员工积极性都很高,在店里四处忙碌。

傍晚六点左右结束了商品摆放,员工们纷纷松了一口气,开始讨论"如果有很多客人就好了""这款商品我也想买呢"。

就在此时,其他店的店长来帮忙了。

他只看了一眼店内就说:"这不行,根本不像无印的风格。"说完就开始重新摆放商品。

新店店长不明所以,但对资深店长又不敢多言,只好领着全体员工重新摆放商品。

好不容易弄好了,又有另一个店长跑过来,一开口就说:"这里还是这样摆放比较好。"紧接着就动起手来。

就这样,前来帮忙的店长都按照自己的理解不断变动店铺的摆设，一直到那天深夜十二点，还没弄好——

当时的无印良品，有多少店长就有多少种店铺风格。

我看着那样的光景，不禁感慨："不行，这样下去无印良品就没有未来了。"

我不好的预感果然是正确的。

在无印良品的母体西友业绩出现恶化，公司开始征集主动辞职的人员时，最优秀的员工纷纷提出离开。其中也包括许多店长。

没有了店长，那家店好不容易建立起来的体系就全盘瓦解了。

因为店铺摆设的体系只存在于店长脑内，没有给员工留下一点东西。

当时的店铺摆设还依赖于个人的品位和感觉。确实有很多品位良好的店长，那些店长管理的店铺也体现出了同样良好的品位。

不过，那种所谓的"满分"店长，在一百家店铺中只有两三个。超过半数的店铺都只能维持着不达标的"60分店铺"状态。

这样就无法向顾客提供令人满意的环境和商品。

无印良品的 V 字恢复

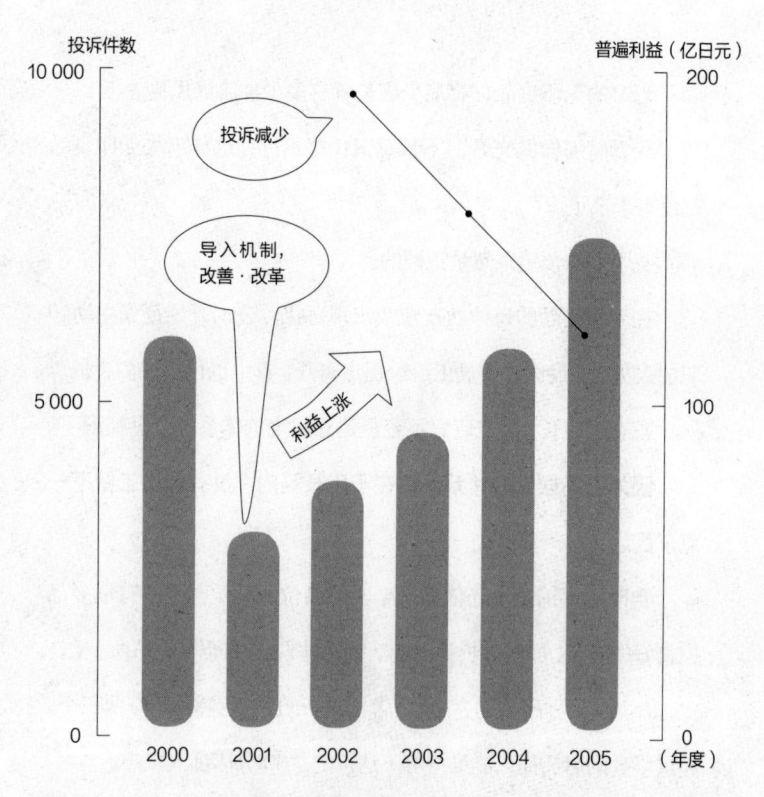

投诉件数 / 普遍利益（亿日元）

投诉减少

导入机制，改善·改革

利益上涨

2001 年导入机制，进行改革后，在利益上涨的同时，顾客投诉件数也相应减少

既然如此，就情愿不要满分店铺，而是让所有店铺都达到"80~90分店铺"的状态，反而更能强化一个团队。

要达到那个目的，将迄今为止仅靠个人品位和经验完成的工作转化为整个企业的财富，并为之创造一个合理可靠的机制应该是最有效的办法。我就是在这个时候产生了制作MUJIGRAM的设想。

就任社长后，我先在公司内进行激烈的改革，为赤字负担过重、陷入濒死状态的企业紧急止血，待业绩开始上扬后，就开始了真正的机制创建。

作为其中一环，我也开始着手制作MUJIGRAM。

我担任社长期间没有彻底完成机制的创建，成为会长后，依旧持续着这项工作。因为组织的改革不是一蹴而就的。

领导者需要具备的是贯彻到底的力量，要总结组织所追求的向量，在达成目标前不断努力，并且只能不断努力。这就是我在成为社长后下的决心。

用"新机制"替换企业问题

无印良品曾经面临的部分问题，或许与读者在各自公司中遇到的问题有一些共通之处。

本节将彻底追溯无印良品的改革之路，在强调机制重要性的同时，与读者一起摸索实现公司 V 字恢复的方法。

无印良品遇到"危机状况"时，我首先从多个角度分析了公司业绩恶化的原因。

随后列举了下列六条"内部因素"。

①企业内部弥漫着骄傲自大情绪；②高速发展导致的大企业病；③急功近利导致的短视决策；④品牌效应的弱化；⑤战略失误；⑥社长交接前没有建立一定的机制与企业文化。

同时还存在优衣库和大创等竞争对手的崛起这样的"外部因素"。但如果让思考仅止于此，还是无法看清问题的本质。若不探明潜伏在"内部"的问题本质，就无法采取正确的解决手段。

为此，我无数次到店铺观察，也在公司内征集了大量意见。用自己的眼睛来看，用自己的耳朵来听，最后找出问题产生的根源。这就是解决问题的第一步。

虽说如此，相信所有企业都能够做到这一步。

真正的关键，是解决问题的行动力。

确定问题点后，要探明其中的构造。必定因为存在某个不合理的构造，才会产生问题。真正的问题并非由"经济不景气"或"员工没有动力"这些泛泛的原因而起。如果在这里停止对问题的探索，跟停止思考是一样的结果。

找出问题的构造后，就以新的机制将其替换。这样就能改变组织的体质，构建起更有行动力的组织。

举个例子，在泡沫经济崩溃后，日本掀起了一股批判终身雇佣制和年功序列制的风潮，许多企业都改变了自己的人事制度。

尽管有许多企业导入了欧美的能力至上主义，但众所周知的是，最早实践那种制度的富士通并没有成功转型。每个员工只专注于自己的目标，忽略了团队成果，或因为没能得到正确评价使团队内部崩溃，最终导致了业绩的恶化。

想必这也是错误判断了问题本质的改革结果。

由于高层交替和裁员无法改变组织的体质，一旦陷入经济不景气，又会面临同样的危机。若不找到问题的根源，以新的机制将其替换，就无法改变组织的体质。

让下属思维"自动改变"的方法

一直保持成长的无印良品头一次遭遇了利润减少——其中最大的原因,就是接连开设大型店铺,导致投资成本超过了预算,以及伴随着店铺大型化导致的商品数量过度增加。

四年半就把商品数量翻了两倍,使得每个商品蕴含的消费价值减弱,无法产生热门商品。

这种情况的背后,存在沉湎于"无印神话"的经营团队和员工的身影。从快速成长的时期开始,无印良品就渐渐从内部被腐蚀了。

以为只要开店就能大卖,只要制作商品就能大卖,他们都高估了无印良品这个品牌。

业绩良好的时期,主攻量贩的 NITORI 和主攻百元店的大创曾大量购买无印良品的商品,进行了透彻的研究。最后公司上下一起努力,推出了同样品质、价格却低三成的商品。

但无印良品丝毫没有感到危机降临,一点都没有改变自己的做法。

当时似乎有个合作伙伴感到了危机,向我们建议道:"NITORI的这种商品很好卖,无印也试试吧。"然而负责人听到后不仅没有表示感谢,还说:"无印一直都卖得很好,维持原样就行。"一口回绝了那个合作伙伴。

因为当时公司内部已经弥漫着骄傲自大的情绪。

想必这是大企业、历史悠久的企业和业绩良好的企业中常见的光景。**不屑一顾地说"我们公司没问题",丝毫没有危机感。**

如今,日本家电制造商已经陷入了全盘危机状态,但我听说那个员工依旧坚持"总不至于破产吧"的想法。

即便在无印良品深陷赤字危机时,他们也无法收敛这种骄傲的情绪。

就算找出问题点,为此征集解决方案,也只能得到依旧沉湎于过往成功的想法。

要如何改变员工或者下属的思维呢?

想必这是多数领导者不得不面对的问题。

大多数人会选择以教育来改变，从外部招聘顾问，让员工接受培训，以此来改变他们的思维。

但那种方法从未真正成功过。

这是我在西友负责人事时发生的事情。

随着业绩的恶化，公司内部逐渐产生危机感。我决定首先要改变干部的想法，便召集从社长到部长约三百人之众的大小干部进行了三天两夜的集中培训。

培训内容是：让参加者划分团体，同一个团体的人都会被别人指出自己的优点和缺点，进行所谓的"360°评价"。

身为公司高层，自然有着一定的骄傲和业绩，突然被他人指出自己从未想过的缺点，当然会感到不愉快。在某一天晚上的培训联欢会上，我就被一名干部叫了出去斥责："你为什么要搞这个狗屁培训！"

一直以来努力筹措的思维改革培训——最终结果如何，你觉得呢?

毫无收获。

这场休克疗法最终不起作用，思维改革也毫无进展，西友终于撑不下去了。其后，西友就被沃尔玛收归旗下。

从这件事中可以明白，要突然实现思维改革是非常困难的。

毕竟业绩的恶化是因为公司的商业模式不再符合普遍需求，仅仅改变员工的思维无法从根本上解决问题。

必须重新审视商业模式，然后建立新的机制。

在接受了新机制，并加以执行时，人的思维就会自动改变。

如果搞错顺序，好不容易展开的改革就会竹篮打水一场空。若不从本质着手，就无法实现大刀阔斧的改革。

"销售调查"与"单款定胜负"的创意如何产生

一旦患了大企业病,现场与上层的思维就会产生分歧。

为了解决这一问题,上层必须到现场去倾听员工的声音。

我就任社长后最先做的事情,就是将全国店铺都探访了一遍。我带着时任公司常务的金井政明走遍了全国107家直营店铺。

仅仅是匆匆视察一遍,只能看到表面的东西。所以,我们还会在晚上与店长员工一同饮酒聊天,创造说真心话的机会。

就连那些一开始警惕性极高,只会说客套话的店长,在明白我们希望倾听的态度后,也慢慢说出了真心话。

就这样,我收集到了许多待在公司本部绝对无法看出的现场问题。甚至在看过所有店铺后,还发现了库存过剩的问题。

让我感到安慰的是,尽管公司本部士气低落,店铺却依旧活跃。无印良品的许多店长和员工在入职前就是无印的粉丝,因此对店铺的感情也十分强烈。想必是为"不屈从于消费社会和因循守旧的商业习惯"这一公司创业时的理念所吸引。员工接待客人的声音积极有力，每家店铺也想尽办法在促进销售。

我从现场员工"我们不努力不行啊！"的信念中，学到了很多东西。

后文会详细叙述到，无印良品创建了以上一年数据为基准，将卖场库存管理与自动订购系统联动起来的机制。只是，仅仅依靠计算机来管理，必然无法应对活动和促销，以及气温变化剧烈时的库存变动，导致卖场出现断货现象。

因此，本部也收到了卖场关于增加热销商品订购量的建议。只要将这种建议予以机制化，便能实现本部与现场的沟通。

当时我们仔细审查那个建议后，创建了"店铺随时汇报热销商品前十位的销售情况，并把商品摆放在显眼位置"的机制。这个被称为"销售调查"的机制使无印良品的库存管理变得更加顺畅。

此外，"单款定胜负"的制度也是从现场诞生的。

具体来说，这是"让每个店员选出自己最想销售的商品，以八折的试售价进行出售"的手段。员工要为自己推荐的商品亲自想出一段话来进行宣传，自然会投入更大的精力。

由于有了这样的自觉性，即使在业绩不好的时期，现场的气氛也十分积极。我认为，这就是无印良品能够快速恢复的主要原因。

在业绩低迷的现场，即使领导者再怎么苦口婆心地劝说要增加销售额，想必员工也会无动于衷。

首先要消除与现场的隔阂，倾听他们的不满，再一同思考解决对策——**这个时代的领导者必须具备的不是个人魅力，而是创造在现场能够自由发言的氛围，并将收集到的意见予以机制化的能力。**

只要培养起现场的自觉性，自然就会渐渐成为拥有行动力的组织。

"根据顾客之声创造热销款式"的具体策略

虽然常有人说"投诉是宝",但真正具备灵活应用顾客之声体系的公司想必少之又少。

"收集顾客之声"的机制非常重要。无印良品每天都能收到大量来自电话邮件等渠道的顾客需求。

既有诸如"商品破损了""比以前买的那件松紧带要松"的投诉,也有"脚轮部分能替换吗"的咨询。

与此同时,我们还创建了"生活良品研究所"的网站板块,建立起通过与顾客的交流来进行商品开发的机制。

生活良品研究所会收到诸如"能做出不气闷的帽子吗""希望制作这种规格的桌子"等各种各样的要求。有关人员会每周进行一次审核,考虑是否要将其商品化。

说到从顾客之声里诞生的商品,最具代表性的想必就是"舒适沙发"了。

在四角箱型沙发里填充微小颗粒,并采用延展性各不相同的外罩，使得无论坐卧，沙发都能够完全贴合身体。

这是从"房间太小放不下沙发，能不能让大型坐垫同时具备沙发功能呢"的顾客要求中诞生的创意。至今仍是年平均销量在十万个左右的大热销商品。

生活良品研究所还会将顾客之声如何反映在商品中的细节公布出来，使顾客提出建议的积极性更高。这种机制也为强化无印良品商品开发能力带来了很大助益。

无论是投诉还是建议，只有让它们实际发挥作用，才会成为真正的宝藏。这样想来，无论哪个企业，不都潜藏着一座创意的宝库吗？

警惕"虚有其表的突破口"

无论什么样的企业,什么样的团队,只要遇到业绩低迷,就会重新审视自己的商品和服务。比如开发从未有过的新商品,或借鉴流行趋势,总之会想尽一切办法进行尝试。

如果那样能够开发出热销商品也就罢了,但绝大多数情况都是无疾而终。那是人穷志短的典型例证,问题在于只顾及眼前的利益。

无印良品也经历过业绩恶化时期的极度迷茫状态。

例如,公司曾一度销售过红色和橙色等颜色鲜艳的衣物。

本来我们的商品理念就是使用自然界原有的颜色和天然素材。那样一来,销售的衣物也就自然地以白色、米色、灰色等基础色为中心。但是偶尔会有客人提出"只有单色调容易乏味,为何不制作色彩更加鲜艳的衣服呢"的建议。因此,负责商品开发的人就想着"那会不会就是恢复业绩的突破口呢",进而奋不顾身地死死抓住了那根稻草。

因为员工情绪极高，新风格的服装一上架就拼命宣传。于是，那批色彩鲜艳的服饰因为具有与无印良品以往风格不同的特色，确实火了一段时间。

可惜好景不长。

多数客人是因为无印良品能买到其他店铺没有的东西，才会上门光顾，若失去了"其他店铺没有的无印风格"，也就意味着失去了在无印良品购买商品的意义。

使用自然界原有的色彩和天然素材，简约自然的**品牌根基都被改变就完全没有了意义**。

遭遇业绩恶化时，确实有必要重新审视经营策略和方法，但其核心是不能动摇的，一旦动摇，就会失去顾客。日本许多实业企业之所以陷入低迷，或许就是这个原因。

比如说寿司店由于寿司不畅销，就听从顾客意愿增加小吃种类，结果变得跟居酒屋没什么两样，最终还是败给居酒屋。

盲从流行趋势确实省力，但所谓的流行正如字面意思，多数都是一闪而过的风潮。

以顾客为中心，听从顾客意愿固然重要，可一旦盲从，就会动摇品牌的根基。

为了站稳脚跟，必须以本社所追求的理念为根基，在使其不断成长的基础上制定经营策略才是重中之重。

优秀人才不会集中涌入，所以要创建"培育机制"

只要有一个非常优秀、众人敬仰的员工，即便是士气低迷的部门也有迅速恢复的可能。不管是哪个企业，不管在哪个部门，人们都极度渴求优秀的员工。

在外资企业中，经常有被猎头热衷的优秀人才不断转移到待遇更好的企业这种事情发生。

确实，那样的员工或许真能成为组织的"强心剂"。

可是，一旦那名员工离开，组织又会如何呢？由于那位员工可能不会在组织中留下任何经验诀窍，很可能还会导致业绩迅速下滑。因此，不应该从别的地方拉拢优秀人才，而应该在组织中一点一点培养起来。

无印良品的服装杂货部门陷入不景气时，有几名员工引咎辞职了。为了补充人才，公司曾在报纸的招聘专栏上发表征集时装业经验人士的广告。

很快便征募到了几个在知名品牌负责商品开发的优秀人才。

本以为这样就能补充"血液",结果反而越发混乱。

如前一节所述,公司开发出了偏离品牌理念的商品、抄袭了其他企业的商品。总之,无印良品一直以来的品牌氛围遭到了轻视,甚至还出现了要求合作商给回扣的人。

从这个经验中可以学到,"优秀的人才不会轻易被召集过来"。而且真正优秀的人才,想必也不会轻易离开自己的公司。

与其花大笔预算募集优秀人才,不如在公司内部建立培养优秀人才的机制,虽然要花很多时间,但能让组织的骨架更加坚强。

无印良品内部成立了"人才委员会"和"人才培养委员会"这两个机构。简单来说,人才委员会负责安排调岗和人员配置,人才培养委员会负责组织培训计划。之所以创建这样的机制,是为了**培养胜任岗位的人才**。

不适合做营销的员工,无论让他积累多少年营销经验都是浪费资源。每个人有各自擅长和不擅长的领域,将每个人配置到他们擅长的部门,也是作为领导者的工作之一。

不过从公司角度考虑,如果把判断的任务交给其直属上司,可能会融入个人感情，导致无法做出冷静的判断。

此外，公司还设有店铺员工能够从兼职人员一路成长为正式员工的制度。其中还有十八岁开始兼职，二十二岁成为正式员工，二十三岁担任店长，二十五岁成为采购员（采购负责人，以下简称 MD）的例子。这正是因为公司具备了为有实力的人提供机遇的机制。

当然，每个组织都有适合自己的人才培养方式。

无论如何，最重要的问题在于培养"能够充分理解组织理念和机制的人才"。

需要注意的是，就算培养出单纯"能干的员工"，最后他也不一定会为公司做出贡献。

人要"经历两次失败才能成长"

二〇〇一年三月,我去了新潟县小千谷市某个焚化处理厂。

眼前是堆积如山的纸箱,纸箱里装的都是长冈某物流中心的库存服装。那些对无印良品员工来说都是"视如己出"的商品。

起重机不断将那些商品投入火焰中。眼看着被付之一炬的商品,员工们眼中的泪水想必不是浓烟引起的。

我凝视着烟囱里冒出的浓烟,不断告诉自己:"这就是无印良品面临的状况。"同时也认为,这样一来就算切除了危害公司的毒瘤。

就任社长后不久,我就做出了这样的重大举措。

在巡访全国店铺时,我发现了店铺的脏乱现象。所谓脏乱,指的并不是卫生问题,而是店铺里不仅摆放着当年新出的春季商品,同时还在降价销售去年甚至前年的春季库存,到处都立着促销标牌。

我能够理解员工想处理库存的心情，可愿意对库存货品出手的顾客想必少之又少。尽管无印良品的服装多数都是基本款设计，但还是存在与当年风尚接轨的风格。

库存商品在账目上的总额是三十八亿日元，按照售价计算总额高达一百亿日元。一般情况下，人们可能会考虑加大降价力度，尽量处理库存。可是我却把所有不良积压库存当着商品开发负责人的面都烧掉了。

毕竟处理库存的期限已经临近，我当时认为，干脆以休克疗法彻底解决"库存积压"这个问题。

可是半年后……再次出现了库存积压。

于是我从这个经验中学习到，只经历一次失败，人是不会学到任何东西的，只有经历两次失败，才能实现真正的成长。

或许有人认为，如果经历了一次失败还无法改善，就再也没有挽回的可能。可是，或许只有经历第二次失败后，人们才能意识到问题的严重性，并开始检讨其原因。

那么，库存积压的原因究竟在哪里呢？

第一，就是普遍存在"担心断货"的想法。

快速增长时期，为了销售一百件商品，必须保证有一百五十件左右的库存。可是二〇〇一年服装杂货类的既存店铺只有前一年的75%。换句话说，继续保持一百五十件的生产量，就会有一半变成积压库存。

第二，要创造一百件的营业额，必须进行降价促销，若不提高生产件数，就无法达到目标。

一般人可能会想，那么只要让MD控制采购数量便可。但是，无论花费多少口舌解释，执行的人如果不能理解，就不会采取行动。

此外，还存在别的问题。

经过调查，MD是通过"自己制作的总账表"来管理商品销售情况的。就算本人拥有超凡的直觉和丰富的经验，最终掌握那些信息的只是MD一人，上司根本无法进行监督。因此，也有必要将这种信息可视化。

于是，公司本部马上制作了统一的销售情况管理表格，并让每个 MD 改用统一版本。

这理所当然地遭到了 MD 的反对。因为他们认为，自己好不容易形成了一套独特的管理方式，一经改变就如同自己长久的努力遭到全盘否定。

不过我还是成立了社长直接管理的队伍，把每个 MD 的旧表都予以没收，强制推行了本部的统一表格。

另外，还制定了商品开发的机制。

新商品上架三周后确认销售动向，若卖出总计划的 30% 则增产，若低于那个数值就立刻改款将已入库的面料全部用掉。整个过程使用计算机管理，将以往"凭感觉"进行的商品开发和采购工作予以机制化。

如此一来，二〇〇〇年高达五十五亿日元的服装杂货类的积压库存到二〇〇三年已经被减少为十七亿日元。

一旦机制被证明有效，现场的员工也就不再反对了。

仔细说明、让员工理解决策背景固然重要，但若说明了还是无法获得员工的理解，就必须采取强制性的行动。

如果只看员工和店员的脸色行事，是无法将改革贯彻下去的。领导者同时还需具备坚决执行到底的勇气。

在奔跑中思考，同时处变不惊

二〇〇一年实现紧急止血，开始进行结构改革，二〇〇二年转变公司风气，为下一轮成长做好准备。

我们每年都定下一个主题，从各个方向促进无印良品的改革。

改革最重要的是速度，就算战略失误，只要拥有行动力，就能进行轨道修正。

构筑公司内部IT系统时，我也曾提出"只需完成70%"，剩下的根据使用情况随时变更或追加机能即可。尤其在IT产业飞速发展的情况下，花费数月进行开发，到最后人们所追求的性能可能早已发生了改变。**若不在奔跑中思考是赶不上别人的。**

公司还进行过关闭营业额不达标店铺，处理库存积压等大动作的改革，最终在赤字危机两年后，业绩开始呈上升趋势。

可是，若在此时放松改革力度，就会前功尽弃。

公司又开始制作MUJIGRAM，启动业务标准化进程，将每个员工所使用的各不相同的文档统一起来，一点点开始建立就算责任人不在，也能充分保证信息留存的机制。

尽管如此，经营还是会经历风波的。

二〇〇八年公司陷入增收减益，这种现象一直持续到二〇一〇年。这其中存在雷曼事件引起世界经济局势恶化这一外部原因。除此之外，还存在由于过度追求修身设计潮流，公司被迫落入了与优衣库同台竞技的局面这一内部原因。

于是公司开始思考如何提高商品竞争力，最后决定重新审视素材质量。为此特地从印度和埃及等国进口高质量的有机棉，开发出符合消费者追求安全性需要的商品，最终实现了业绩上升。

因为曾经历过 V 字恢复，员工面对业绩恶化并没有悲观，而是终于形成了马上行动起来探索解决对策的风气。这样的组织风气一旦形成，今后无论面对什么危机，想必都能顺利跨越。这才是真正有行动力的组织。

经营不能靠运气。

这是我成为经营者之后深刻体会到的道理。

业绩良好绝非因为经济环境好、引发了热潮这种"偶然"，其中必定存在一定的理由。同理，业绩恶化也绝非因为时代变迁这种含糊的原因，大部分的理由都在于企业和部门内部潜藏着需要解决的问题。若找出问题并予以解决，就能直接反映在业绩上，若非如此，必然是解决手段出现了失误。

行动之后若得不到成果，就需加以改善，组织的框架便在这样反复的过程中得到巩固。世界上并不存在简单的成功法则，也不可能有不伴随阵痛的改革。我相信，只要领导者决心坚定，必定能够实现 V 字恢复。

Chapter Two

决策一旦制定,便贯彻到底
——彻底排除"经验"与"直觉"

制定指南是"工作的开端"

无印良品内部有指南——听了这样的话,想必有很多人会感到惊讶。

只要是到过无印良品店铺的人就应该会明白,店员们不会积极地向顾客推销商品,也不会此起彼伏地一直说"欢迎光临"。

店内保持着让顾客能够以自己的节奏选购商品的氛围。

可以说,正是这样的氛围,使无印良品保持了自己的风格。

只是,那样的氛围并非由每位员工的个性制造而成,而是以MUJIGRAM这本指南为基础发展店铺、教育员工的结果。

在日本,人们对指南通常持有负面印象。

经常有人指责,指南让人无法做规定以外的工作,最终只能培育出性格被动的员工。

换句话说,就是枯燥无味、行动如机器人般、毫无个性。可是无印良品的目的并不是培养出那样的员工。

相反,无印良品所希望的,是培养出能够制作指南的人才。

无印良品将店铺使用的指南命名为"MUJIGRAM",而本部（具有运营机能）使用的指南则命名为"业务规范书"。

因为单叫"指南"会让人误以为是严格控制工作内容的工具,因此无印良品为两本指南制定了不同的名称。

无论是MUJIGRAM还是业务规范书,其目的都是"将业务标准化"。

在此之前,都是依社长的主观意志来完成店铺建设和员工指导,导致每家店铺都存在一定差异。

那样一来,就无法保证顾客"无论走到哪家店铺都能得到同样的商品和同样的服务"。为了使不同地区的无印良品都能让顾客体会到"无印风格",必须将店铺建设和待客等服务进行统一。

现在,如果有员工不阅读MUJIGRAM就向本部提出问题,都会得到"请在MUJIGRAM中寻找答案"的回答。

想必有人会认为,如此注重指南的作用,会让员工和店员对指南产生过度依赖。

可是，无印良品的指南本来就不是为了限制员工和社员的行动。相反，真正的目的在于**突出指南制作过程的重要性，让全体员工和全体店员养成主动寻找问题点并加以解决的习惯**。

若使员工对指南产生了依赖心理，想必是由于指南的制作方法和使用方法出现了问题。

并非制作指南本身有问题，而是方法不正确。

本章将介绍无印良品制作及活用指南的方法，以供读者参考。

后面会详细介绍到，我认为指南必须由全体员工合力制作，并保证其"工作最高指标"的地位。为此，就有必要定期加以改善，时常更新内容。

经常有人认为只要把指南做出来就完事了，事实并非如此。制定指南其实只是工作的开端，指南是管理工作的工具。

为何"制定机制"后能"产生行动力"

过去的无印良品,就算本部制订了统一的销售计划,到各个店铺真正实行都需要花费很长一段时间。

伊藤洋华堂有一个长项,便是本部发出通知后,第二天就能看到所有店铺卖场都按要求准备好了——那就是优秀的行动力。而在赛松集团,这个过程要花费一周到十天的时间。

这样将无法应对如今这个迅速发展的时代。

于是我想到,为了培养行动力高的企业,必须要将执行过程加以科学化,最后便开始了 MUJIGRAM 的制作。**要使现场富有机动力,就该让工作标准化**。若不创造出任何人都能无障碍执行的土壤,就没有所谓的发展前景。

与此同时,MUJIGRAM 还有另外一个用途,就是保证顾客无论到哪家无印良品,都能在统一的服务环境中买到同样的商品这一最低标准的实施。

综上所述,在创建公司的机制·指南时,最重要的步骤就是明确行动的"目的"。

是想通过指南统一员工的工作水平还是降低成本,抑或减少工作时间……每个企业每个部门想以此解决的问题都不尽相同。若不将其明确,很可能会做出无法使用的指南。

我将制作指南的好处总结为以下五点,以供参考。

在实际制作、运用 MUJIGRAM 的过程中,我感受到了以下几种意想不到的效果(=目的)。

①共享"智慧"

MUJIGRAM 并非仅由本部来制作,而是汇集了现场(店铺)所有店员的智慧,加以总结而成。这样一来,优秀的智慧和经验得以让全体店员共享,个人经验便成为组织的财富。

②"无标准则无改善"

制作指南,就是使工作标准化。做到无论由什么人来执行,同样的业务都能达到同样的标准。创建这么一个标准，并将其不断改善，就能促进组织整体的进化。

若不制定标准，就算想进行改善，也只会茫然不知所措。无论任何事情，若没有了基础就无法进行应用，同理，没有了秩序则无从进行创新。

若不巩固成为工作基础的标准，员工就无法进行应用，无法在工作的同时开动脑筋思考。

③与"追随上司背影成长"的文化诀别

我认为，无论在哪个企业，都存在将自己在工作中总结的诀窍只传授给自己的直接下属这种现象。

若在从前，上司的确有悉心培养下属的时间，但在这变化纷繁的时代，那种事情早已不可能实现。若与追随背影成长的文化诀别，转为指南这种可以直接阅读的方式，上司就能更有效率地对下属进行指导。

创建机制的"好处"何在?

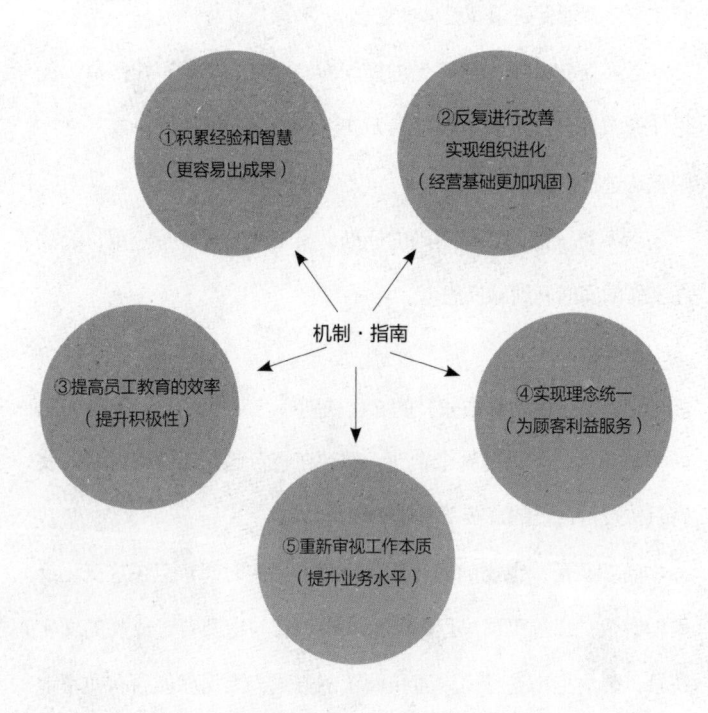

- ① 积累经验和智慧（更容易出成果）
- ② 反复进行改善 实现组织进化（经营基础更加巩固）
- ③ 提高员工教育的效率（提升积极性）
- ④ 实现理念统一（为顾客利益服务）
- ⑤ 重新审视工作本质（提升业务水平）

机制·指南

能够应用在任何业界、任何部门的最强管理道具！

④统一团队成员的目标

让每个人明确各自的业务是为了什么"目的",这点非常重要。将其记录在指南中,就能避免个人专断,使工作不会产生分歧。

进一步讲,指南同时也是不断传达组织理念的工具。只要不断传达理念,就能统一团队成员的目标,让他们拥有共同的前进方向。

⑤重新审视"工作的本质"

制作指南的过程中,能够让人重新审视平时不太注意的一些工作。

例如,借口时间不足而每天加班……那真的是因为时间不足吗?会不会是因为有些自己认为有必要的工作中,存在多余的步骤呢?在重新思考自己工作的时候,就会慢慢接近"该如何工作""为什么工作"这些工作的本质。

指南是从根本上改变组织体质必须具备的工具。因为在制作过程中必须重新审视每一项工作的意义,也就得到了深入探讨工作方法和态度的契机。

不要忽略年均四百四十个的"现场智慧"

想必在多数公司里,制作指南的都是"上面的人"。

那应该是从上到下做出决策,再传达到现场的模式。

在无印良品,最初的指南也是由本部主持制作的。可是无论在店铺中如何推广,最终都没有达到所有店铺的业务统一。

究其原因,就在于指南的制作人是"不懂现场的人"。

懂得现场问题点的人,只有现场员工。

容易堆积灰尘的地方,货架一角凸出来不方便工作的地方,这种细微的问题,本部的人仅靠偶尔视察是很难发现的。

制作指南时,汇集那样的智慧,亦即创建由下至上的机制是极其重要的。

指南应由使用指南之人来制作。

此外,还不能由某个特定的部门来单独负责,必须让全体部门共同参与。甚至想方设法让全体员工参与其中,才是成功的诀窍。

制作 MUJIGRAM 时，设计了"顾客视点"和"改善提案"这两大支柱体系。

所谓顾客视点，是指顾客的要求和投诉。

具体来说，就是编写一个顾客视点表格软件，将店铺店员在卖场得到的顾客意见和观察到的顾客反应等，每个被认为有必要的细节均录入其中。

除此之外，还设置了让店员记录自己的发现和建议的项目，那就是改善提案。

这时候，报告事故和不便固然重要，但亲自提出解决议案更为重要。这样一来，就能培养员工亲自解决问题的主动态度。

其中还存在提交报告表时附上图像，并提出"改成这样如何"一类建议的店员。这正是诞生于现场的智慧。

这些来自现场的意见会先由区域经理进行甄选，检查不存在重复后，再提交本部。

本部也设有审查指南的部门，专门负责判断是否采用该提案。

提案一经采用就会被编入 MUJIGRAM，再回馈到本部各部门和所有店铺中，让他们各自更新自己的MUJIGRAM。

之所以不由本部直接与店铺交流，而是经过区域经理，是为了让全公司共享问题意识。

仅由本部制作的指南到现场会毫无用处，仅由现场制作的指南使用时可能会出现高成本低效率的现象。处在中间的区域经理一旦介入，就能平衡本部和现场的反馈，最后得到最为有效的指南。

举某年的一个例子来说明。那年现场提出了两万份提案，其中443份得到采纳，被收录在MUJIGRAM中。

那些改善方案在各个现场经过实践，最终成为标准业务。只有到了这一步，指南才算达到了目的。

验证现场建议并加以总结，这就是领导者的责任所在。

若制作指南只是为了让员工对领导言听计从，必定会与现场发生分歧。指南的制作不是单方面的，只有架设一条双向沟通的桥梁，才是成功的秘诀。

好的指南必须"让新人也能理解"

在商界,所谓"容易理解"的终极状态,想必就是**用新人看过也能理解的言语进行具体说明。**

在制作指南的过程中,这个道理同样适用。

MUJIGRAM 中还存在解释"Inner""POP"这类简单用语的页面。

或许有人会认为,"那种简单的东西大家都知道的吧",但无印良品中有许多学生兼职人员,我们早已习惯的词汇对他们来说也许就是闻所未闻的。

此外,还有一些词汇在公司里有独特的语意。比如"window"一般是指窗户,而在无印良品,指的却是橱窗展示。

正因为如此,只要将公司内部频繁使用的词汇意思也记录下来,就能减少对话中的误解。为了统一员工目标,这种细节也不能放过。

大量使用专门词汇和符号,会使外部(其他公司或其他部门)

人员难以理解，最终变成一个封闭的团体。这是组织僵化的原因之一。

另外，解释要详细到什么程度，是指南"维持血液流通"的关键之处。

例如仅有"礼貌地向顾客说明"这句话，会让不同的人对"礼貌"产生不同的理解，最终导致混乱。

有的人可能会理解为"注意使用敬语"，也有的人会理解为"说明的态度亲切热情"。若导致每个人的理解都不一样，那种工作方法就称不上是"基准"。

因此，指南必须**贯彻具体化**。

只是指导"把商品摆放整齐"，人们会对"整齐"产生各种各样的理解。为了将其统一，就有必要做出"什么才叫整齐"的定义。

例如在 MUJIGRAM 里，所谓的"整齐"就是：

"正面朝上（有吊牌的一面朝向上面），商品的方向（杯子一类的把手朝向）要一致，缝隙、间隔等要呈一条直线。"

除了这样的定义，还用图像分别说明了以上几点的意义。这样无论是谁，读过之后都能明白"什么才叫整齐"了。

为了让所有人都能理解，**同时举出正面例子和反面例子**也是其中一个方法。

在 MUJIGRAM 中，关于卖场商品的摆放，还附上了正面例子和反面例子的图像说明。只要让好和不好一目了然，就能让每个人都以同样的标准完成工作，而不致出现判断上的迷茫。

指南的基本在于，避免采纳会使不同的阅读者混淆判断核心的制作方法。

使一百个人做同样的工作，都能得出一种结果，重点在于让保证血液流通的机制扎根其中。

开阔视野的方法——工作中的"何物·何为·何时·何人"

有些人遇到单纯的作业或简单的工作,通常会因无法理解"为什么那是必要的"而偷工减料或者敷衍了事。

举个例子,有的新员工就会忽视诸如复印和泡茶这种简单的工作。

尽管如此,只要对其说明那项工作在整体工作中占据了什么样的地位,想必也能改变他们执行工作时的心态。

例如汇报材料的复印,在一无所知的情况下,与在了解策划内容、规模和重要性之后,对待这份工作的方法必定会有所不同。就算是简单的复印,只要意识到自己的一点点失误都有可能会造成几万日元的损失,想必也会更加注意整理复印资料了。

在意识到眼前的工作意味着什么时,就能拓展视野,得到新的视角。

此外,若从一开始就清楚表达工作的最终目的,就能让参与工作的人从更高的视角俯瞰工作的全貌。

在 MUJIGRAM 中,也一定会在各个项目的开头注明"为什么需要进行那项工作"。

关键并不是要如何行动,而是要实现什么。要创建什么样的卖场,要提供什么样的服务,要制作什么样的商品,若不将这些概念带入到工作中,就成了唯命是从的傀儡。

这一概念在对员工传授"想创造什么样的公司""想创造什么样的团队""想做什么样的工作"这些理念时,也是十分重要的。

想必还有很多将公司理念写在纸上,挂在公司入口处,每逢早会必定齐声朗读的公司。当然,那也是很重要的,我也会每逢全体员工大会和集训时就对员工们侃侃而谈。

可是,**若只用言语来阐述理念和价值观,而不加以具体化和实践,就将仅止于言语**。理念必须让员工们在实践中加深认识,并渐渐掌握。

无印良品会将展示用的商品摆放在柳条筐里,但柳条的毛刺偶尔会将商品划破。有现场员工发现了这个缺陷，向本部提出"能否在筐内铺设衬垫"的改善意见，最后被 MUJIGRAM 采用了。这就是"必须小心处理商品"这一价值观的具体化一例。

只要掌握了这一价值观，就能产生重新审视摆设方法的意识，并渐渐发现各种问题。这样一来，团队的理念就能慢慢传播开来，被全体成员共享。

与其高举"全体员工团结一心"的标语，不如让全体员工共同完成一项工作，让他们的理念自然而然地统一起来。

再举个例子，MUJIGRAM 的"卖场基础知识"一项中写有这样的内容：

何谓"卖场"

何物：销售商品的地方。

何为：为顾客提供方便挑选和购买商品的场所。

何时：随时。

何人：全体店员。

MUJIGRAM 中的所有项目，都会在开篇首先介绍上述"何物""何为""何时""何人"四个目的后，才进入具体说明。

或许会有人认为"这种小事何必写出来呢"，但正是那种单方面的臆断，才会培养出依赖个人经验和直觉的氛围。

有很多人以为所谓沟通"只要说了就能明白"，但事实上，就算说了，可能也无法传达。

只有将其白纸黑字地明文化，才能让员工产生意识。此外还需反复传授，才能达到真正意义上的"精通"。

"发现隐藏的浪费 + 提高生产力"之法

制作指南的**基本在于，以部门或团队为单位将日常的业务彻底审视一番。**

并非独自一人，而是由几个人共同讨论每一项业务，从中淘汰不必要的部分。这是从下至上制作指南的益处之一。

或许有人会烦恼不知该从何下手制作指南，彼时只需将自己的日常业务重新审视一番即可。

作为营业人员，可以从"打电话预约"开始，将交涉时的业务加以细化，整合为"商谈时说些什么""本公司商品和服务的说明""与同行业其他公司的比较""听取交易方的要求"等内容。

随后将其明文化，让所有营业人员都能做到以上内容。

此时不该洋洋洒洒地对业务大书特书，而应该检查：

①那个业务真的有必要吗？

或者，

②有没有不足之处？

只要抱有这样的意识，就会发现平时无意识间完成的业务中也存在许多浪费时间的细节。

例如以往每天要检查好几遍的邮件，只要规定了查看次数以及回复时花费的时间，就能大大缩短检查邮件的时间。

看完邮件不马上回复，而是拖到后面再做，就不得不重复两次同样的工作。尽管只是很琐碎的作业，但这种浪费一旦积累起来，很可能就会侵蚀掉大量工作时间。

在无印良品店铺，过去曾经频繁进行补充卖出货物的"上架"操作。

于是指南规定，增加热销商品的上架数量，再把销量欠佳的商品上架规定为每天一次，就成功减少了上架次数，让现场店员能够完成其他工作。不仅如此，还增加了热销商品的营业额，有效提升了营业总额。

如此，仅仅是重新审视了一项作业，就达到了提高生产力的效果。

你的工作方法是否已更新至"最新版"?

工作其实是有生命的"生物"。它每天都在变化,都在不断发展。

"今天的工作方法"不可能到下个月还是最好的工作方法。

只是有很多时候,人们一旦决定了工作方法,就满足于此,很久不再重新审视。

由于制作指南需要耗费许多劳动力,很容易产生"守护"的念头,即使有新的问题报告上来,一般也要过好几年才开始着手改善。

同时,这也是指南到最后被抛到一边的最大原因。

因为好不容易决定下来的工作方法很快就不再适合后来的商业环境和工作现场了。

指南从不存在完成的一刻。无论如何拼命制作,其内容到达某个阶段后就会开始落伍。

为此,随时保持更新就成了非常重要的工作,至少每月要重新审视一遍原有的内容。

配合新商品入库的时机，无印良品每月会向卖场发出两次商品展示的指引。现场店员在依照指引着手工作时，若产生"这样会给客人拿取商品造成不便"的问题，或者想到了更好的摆设创意，都会上报到本部。

本部接到汇报后，一旦决定采用，就会录入MUJIGRAM，要求全体店铺统一执行。如此一来，创意就成了切实的方法，同时也逐渐成为工作的基准之一。

而**实施改善**就是其中的关键。

若一年提交一次改善报告，经过研讨后才做出回应，就已经错过了改善的时机。出现问题后应该马上应对。为了让员工保有这样的意识，最好让指南也每月更新一次。

无印良品设有统一管理指南的部门，因此能够随时应对，在部门一级，只要规定领导者或某个员工来负责意见收集，想必也能实现及时应对。

在如此反复的过程中，指南就汇集起了效率更高的工作方法。

为了让每位员工时常检讨自己的工作方法，也应该每月进行一次自省,将改善点总结出来。指南并非单纯的参考物,而是需要亲手去制造的东西。一旦产生了这样的概念,想必就能让每位员工改变自己对工作的态度。

进一步说,若能时常改善自身,也就能紧跟时代的变迁。

每一年,顾客的要求都会发生细微变化。修身服饰刚流行没多久,说不定潮流又转向了能够掩饰体形的宽松风格,这种需求的变化是不断发生的。

为了在市场上一直占据有利地位,一个最重要的守则就是提供**比市场需求变化快上半步**的商品和服务。不能太超前,可是一旦滞后,也会导致滞销。

为了把握那种微妙的时机,顾客之声就成了最重要的情报源头。只要顺应顾客之声不断完善指南,就能形成紧跟时代变化的机制。

指南的更新是让工作机制一直保持"最新版"的不可或缺的工作。

为何要"与全体员工共享商谈记录"?

读到这里,或许还会有人认为"我们部门不需要指南"吧。

不过,指南是一种管理工具。只要持有这样的想法,则无论什么行业什么部门,都会需要这样的东西了。

无印良品本部有一本称为"业务规范书"的指南,其厚度达到 MUJIGRAM 的三倍以上,足有六千六百零八页。

在公司本部,各个部门分别负责什么工作,其他部门根本一无所知,简直就像暗黑大陆一般存在。而让那些暗黑大陆明朗起来,则是指南的使命。

开始制作 MUJIGRAM 不久后,公司就着手重新审视了本部的业务。业务规范书的制作方法与 MUJIGRAM 一致,即汇集诞生于现场的智慧,并定期予以更新。

例如广告和商品开发、店铺开发等部门,很容易被认为是不需要指南的地方。

可是,只要考虑到指南的目的之一是"让所有人都能完美继承工作内容"，那么，一切事物就都成了制作指南的素材。

举一个例子，**店铺开发部将名片管理写入了指南。**

这么做的目的是让经常与交易方会谈的课长统一管理名片册，使交易方信息检索的效率大幅提高，并实现信息共享。其中还加入了"在备注栏中写入名片持有人的特征和印象"等数据录入的具体方法，这样一来，无论由谁接任课长一职，都能进行同样的管理。

此外，指南中还规定**将商谈记录由部门内部全体成员共享。**

商谈无疑是让人最想据为己有、为自身积累经验的工作，但那样一来，工作就成了自我满足的道具。

只要稍加思考为了谁而商谈，为了什么而进行商谈这些原始目的，就能得出为了组织，甚至是为了光顾店铺的客人这一结论。这样一来，那些信息就有必要进行公开，成为组织的智慧积累。

公司同样为此制定了一份统一表格，指定商谈日期、地址、内容等录入方法，最重要的是商谈内容的记录。若录入内容出现错漏，一同参加商谈的人员还能进行修正。这样就能保证信息真实、可靠。

　　本部制作指南基本上是分部门进行，但还是需要一个统一的机制。

　　若单纯由每个部门独自负责，就无法检查是否真正做到了可视化。一旦部长更替，之前所做的指南就变得毫无用处，业务因此无法继承，这种例子并不少见，并且会让指南失去制作的意义。

　　为了防止上述情况，最好成立一个统一管理指南的部门，由非部门从属的第三方来跟进业务交接过程。无印良品设置了专门部门，当员工出现违反业务规范书的行动，就由该部门负责人来询问事由。以此巩固业务基础后，即使发生岗位变动，也能保证工作顺利交接。

"把七千件投诉降低为一千件"的风险管理法

无论哪个企业,每天都会接到投诉,甚至在公司内部也会因为沟通不足而发生各种各样的矛盾。

只有让企业整体共享这些失误和矛盾,才能将其转化为正面力量。

MUJIGRAM 中,仅仅是"危机管理"这一项就单独编写成了一本指南,同时在业务规范书中也收录了与"风险管理"相关的指导。

特别是在这个注重企业遵守法规的时代,无印良品也专门设置了法规委员会,创立起严格的应对机制。

将风险管理进行指南化,关键在于加入"具体事例"和"应对例"。

许多企业和团体都制定了与法规相关的指南,但多数都只说明了公司下设投诉窗口,规定不得出现性侵犯和权利侵犯,不得随意利用隐私信息等内容。若只是为了向外部人员展示"本公司很注重这方面的管理",那样或许就足够了,很明显,那并没有成为公司内部风险管理的指南。

与其他指南一样,为了让读过的人能够做出正确应对,必须明确说明什么样的场景该选择什么样的应对方法。

例如在MUJIGRAM中,针对顾客投诉的情况,就规定了五种即时应对的方式:

①一定程度上的道歉;②仔细聆听顾客的声音;③记录要点;④把握问题关键;⑤重复投诉内容,并在各个项目下注明了"不找借口,完整听取顾客阐述""忠实记录顾客的态度及用词"等注意点。

投诉的最终处理会由店长来进行,但最初的应对方法必须保证全体员工都能掌握。就算负责应对的是新人店员,对顾客来说同样都是无印良品的员工,也同样肩负着作为员工的职责。

就算是与顾客没有直接接触的部门,想必也会与交易方发生矛盾。

在业务规范书中,像服装杂货部等容易与交易方在签订合同时发生矛盾的部门,也制作了一份有关风险管理的指南。

有的领导者在下属出现失误或引起矛盾时,可能只会用"下次要注意"这么一句话草草带过。其后,就算那位下属会注意不再犯错,他的其他下属也可能会犯同样的错误。

出现失误和引起矛盾时,不该把重点放在寻找肇事者追究责任上,而应该利用那些信息作为反面教材,防止同样的失误和矛盾再次发生。为此可以将相关事例归档进行统一管理。

无印良品建立这样的机制后,二〇〇二年下半年一度飙升至七千件的投诉便开始直线下降,到二〇〇六年下半年,已经减少到了一千多件。

这就是对容易重复的投诉防患于未然的成果。

用指南"培养人才"

我在西友担任人事课长时,曾听上司说过:"松井君,财务部的员工要独当一面,得花上十五年呢。"

他的意思是"财务这一工作主要可分为商品会计和财务等四大块内容,要全部经历一遍,需要花费十五年时间"。

那样一来,被分配到财务部门的人,直到退休都只能是在积累财务的经验。进入公司十五年,好不容易学会了所有财务工作内容时,已经成了四十多岁的中坚员工。

彼时若将他们调动到营销或商品开发这样截然不同领域的部门,肯定就一无是处了吧。因此,他们将来的出路只有到相关公司去担任财务工作。

这样一来,就无法实现人才流动,组织也会因此僵化。

同时,这一构造还是酝酿部门小团体的"温床"。

财务部的人只想维护财务部的利益,销售部的人只想维护销售部的利益,这样就无法带动公司整体发展壮大。为了消除那些恶习，就有必要创立一个促进人才流动的机制。

完全掌握工作内容之所以要花费十五年时间，完全是因为他们处在一个上司向下属口授工作方法的所谓"口传世界"。

我决定将其明文化。

我想将那种十五年才能出师的工作转变为即使是新员工也能部分掌握的工作。尽管这种想法遭到了耗时长久才彻底掌握方法的员工所谓"那么短时间不可能学会"的反对，但我还是没有妥协。

最后制作出来的业务规范书，光是与店铺相关的会计部分就划分了十一个项目。

其中详细记录了信用卡和现金支付时的处理方法、新店开张时所需的应对方式等。负责财务的人员可以参照业务规范书完成工作。

这个机制建成后，财务人员能够在短短两年时间内初步掌握所有工作。仅需五年就能达到独当一面的财务人员水平。

换句话说，指南使人才培育的效率大幅上升了。

如此一来，负责人发生岗位调动时就能够顺利完成交接，下属在不知如何判断时，就算上司不在场，也能根据指南的指导采取行动。

想必职场中常会发生课长与部长的指示有分歧，导致下属不得不把同样的工作重复多次的案例。为了防止那种现象，只要将部门内部的方法加以统一，就能保证工作顺利进行。

用指南"培养能够培养人才的人"

向新人讲解工作内容想必让许多人伤透了脑筋。新人教育是对传授方的一个重大考验。

MUJIGRAM 同时还被用于无印良品员工的人才培育。

接待顾客的方法、折叠服装的方法、店内清扫的方法等这些基本作业的意义和顺序都在其中得到了详细说明。或许在同类的客户服务业和零售业中也存在类似的指南。不过,MUJIGRAM 并不仅止于此。其中还加入了"销售人员 TS(培训系统)"这一专为指导员工之人制作的指南。

这就是将**"如何培育"**明文化的产物。

例如在传授新店员"折叠"(陈列服装时的折叠方法)时,规定了"①讲授目的和需要达成的目标;②使用实物解释要点,并在示范后要求新员工实践"的顺序方法。

这个指南的目的何在呢?

其目的就在于"无论由谁指导都能得到同样的结果"。

无论什么企业都会存在由于负责指导的人不同，而导致同样的工作出现不同的处理方法，或者传授内容出现遗漏的现象。为了防止那种现象发生，让全体员工都能获得同样的知识和能力，必须为指导者准备"指导专用的教科书"。

有了这样的指南，就算头一次站在指导者立场上的人，也能清楚知道自己该传授什么，如何传授了。

在一般企业里，想必也有 OJT[1] 一类的新员工教育。

但也经常发生负责人不知该如何教导，导致培训完全得不到效果的案例。

既然每年对新员工进行教育的内容都是一样的，为何不制作一份培训人员专用的指南呢？那样一来，所有新员工都能把握公司理念，也能获得统一的工作方法指导。

一旦站到上级的立场，就会有人提出不满——为何自己的工资没涨，却要照顾下属呢？此外，就算指导者想尽办法进行指导，

---

[1] On the Job Training；在工作现场由老员工向新员工传授工作技能、方法，边讲解边实践。

被指导者若没有长进,往往就会怪罪指导者"教导无方",这样很可能会使指导者的热情下降。

若不单纯依赖指导者的热情和能力,从一开始就规定好指导方法,想必也能消除上述不满。

只要让指导者意识到指导也是业务的重要一环,就能消除他们心中"奉命行事"的消极情绪。换句话说,机制还能提升员工的积极性。

"可视化→递交提案→改善"的循环

无论将指南制作得如何精良,如果不善加利用只能是"画饼充饥"。

只有在全体员工使用之后,才能开始血液流动,发挥它应有的作用。

那么,此前多次提到的"维持血液流通的指南"究竟是什么样子的呢?

以具体事例来进行说明。

在无印良品担任店长需要一定的资格许可,也就是卫生管理者、防灾管理者等八项资格。以前这些资格许可是在员工成为店长后再获取的。尽管获取资格本身并非难事,但成为店长后现场的工作更加繁忙,很难抽出时间去进行培训。

几年前有员工提出改善方案,说这些资格何不在成为店长前就完成考核呢?还有人提议,升任代理店长后都会接受成为店长的培训,不如在其中也加入所需资格的培训。

公司接受了那个提议，现在，代理店长完成培训后，都会同时取得担任店长所需的资格许可。

就像这样，指南的制作过程让**迄今为止都潜藏水底的业务问题显露出来**。根据员工的意见和提案，一点一点进行改善，让以往的工作方法变得更加合理。一旦这样的循环产生，机制就维持了血液流通。

此外，若领导者不率先使用指南，就无法让机制在组织中扎根。

因此，无印良品每月会组织一次店长考试，目的在于让指南渗透到店铺和现场中。

领导者没有掌握的事情，其下的员工自然无法掌握。**若领导者不加以活用，指南就称不上拥有生命力。**

让机制完美运作的循环

- 重新审视每项业务
- 倾听顾客之声

↓

指南化

↓

运用

↓

- 倾听全公司意见
- 倾听顾客之声

↓

改善

↓

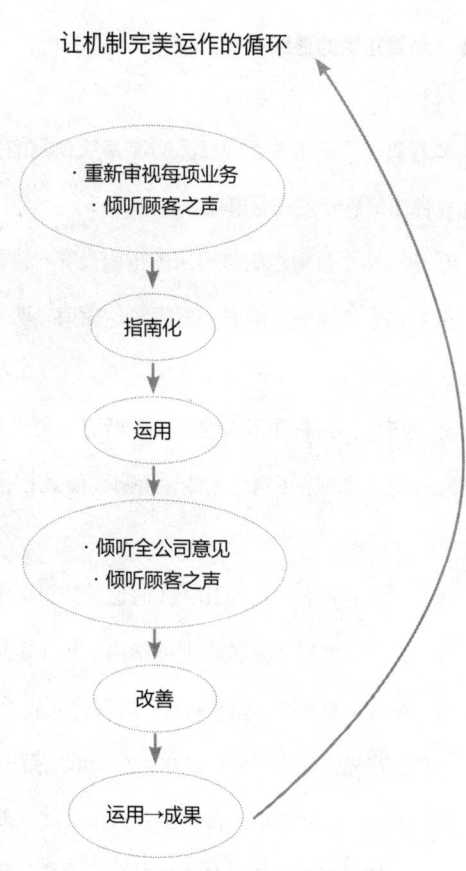

运用→成果

在机制的创立过程中反复改善,就能使工作效率不断提升!

选择"结果正确的道路"

本章具体介绍了使无印良品实现 V 字恢复的指南秘密,在这里还要提出最后一点注意事项。

仅用一两个月紧急制作出来的指南没有一点用处。无印良品的指南并非今天读完这本书,着手制作指南,明天就能派上用场的方法大全。

如上所述,只有在不断改善、不断忍辱负重地尝试后,用很长一段时间使其踏上正轨,才能让指南真正派上用场。

我当初决定制作 MUJIGRAM 时也曾想过以模范企业的指南为参考。认为只要看了其他企业的指南,将无印良品与之不同的部分稍作改动,加入本公司独特的内容就算完成了。

于是,我先去研究了时尚品牌 Shimala 的指南。

Shimala 每年都会接到公司全体员工高达五万件以上的改善提案,并对其逐一检讨,每月更新指南。堪称三年一换新的、活用度极高的"活的指南"。

我认为"这个不错",回去后马上仿照 Shimala 制作了一份指南,但在现场却很少能够应用。

为什么呢?

答案很明显,因为是不同的公司,所以一切情况都不同。

销售的商品及数量、员工数量、合作对象、店铺大小等,两家公司没有任何相同之处。这些关键因素不同,自然要求有不同的指南。

Shimala 将公司最优秀的资深员工的工作方法收入指南当中。所谓资深员工,自然具备了常年培养起来的工作诀窍和智慧。

Shimala 花了大量时间制作出的指南,换句话说,指南就是 Shimala 自身特色的产物。如果将其直接导入无印良品,根本起不到任何作用。

指南并不仅仅是将业务标准化的工作指引,更是将企业文化和团队理念融合其中的精神指引。甚至可以说,指南起到了连接二者的桥梁作用。

也就是说,就算要花费大量时间,也必须从零开始一点一点将属于本企业的指南制作出来。MUJIGRAM 也是花费了五年时间才真正踏上了正轨。

只有经过长途跋涉,才能觅得真理。

这是我一贯的信念之一,迷茫之时,就算前路艰辛,也要选择结果正确的道路。

指引指南的制作绝不能算轻松,但一定能实现团队的变革。只有坚信这一点,才能最终获得成果。

Chapter Three

强化企业的"简单、明了之事"
——从"他人"与"他企"中借鉴

"遵守时限" "收拾垃圾"——优秀员工的条件

行走在行业最前端的企业都有一个共同的特点，其内容非常简单。

"认真打招呼" "随手捡垃圾" "遵守工作时限"。

这些都是小学生在课堂上学到的做人的"基本守则"，而强大企业的共同特征就在于，他们让这些道理渗透到了每一名员工心中。

遵守做人的基本准则，在此基础上创建组织的风气和企业文化，并以此为最终堡垒，保证组织的延续。

各位读者的公司是否遵守着这些基本准则呢？若没有遵守，那就是一个危险信号。

无印良品出现业绩恶化时，公司员工的"基本守则"也随之崩塌了。

因此，为了让员工们亲身了解这些基本守则，公司将其定为每个月的目标。

不仅是向员工宣传目标，公司还成立了内部管理·业务标准化委员会这一部门，专门检查员工执行目标的情况。并且还会在全体员工会议上报告检查结果，促进达标率的提高。

这是现在正在运作中的机制，想必今后也会一直持续下去。因为若不时刻提点，人们就会因为工作忙碌而忽略了最基本的准则。

就算被员工嫌弃，决定了的事情也要贯彻到底，这是每个领导者必须具备的行动力。

若各位读者正在为手下部门和团队的指导所烦恼，何不首先贯彻这些基本准则呢？

完成营业额目标，削减成本，领导者必须面对的课题无疑是很多的。可是，城池若建造在基础不牢的地盘上，最后只会被轻易攻陷。

虽然感觉绕了远路，但只要打稳基础，再考虑提升业绩的策略，必定能够建立起一支根基稳固的团队。

为何"认真打招呼"便能"减少不良品"

打招呼是对话的基础。

我每天早晨出门散步,都会跟每个碰面的邻居道声"早上好"。有的人会与我简单交谈几句,也有的人会直接无视。从这些简单的举动中,就能看出一个人的本质。

在无印良品,不仅仅是店铺,连本部也贯彻了"打招呼的习惯"。

公司内部会每月设定一个目标,张贴在布告板和电梯间里,有时还会将强化打招呼习惯作为当月目标。

彼时包括我在内的公司管理层就会轮流担任"招呼专员",在电梯间内率先向清晨到公司上班的员工打招呼。

此外,公司还向各部门领导派发打招呼的确认表格,在每天下班前让下属自我汇报完成情况。

之所以不由部长单方面评价,而采取了自我汇报的形式,是为了不让员工产生"被迫行事"的感觉。

"工作基础自我评价"确认栏

3月重点主题"问候守则·贯彻敬称"实践确认栏

~ 问候的基本要求是"声音响亮、有朝气"~

* 部长自行确认部门内实施情况,并在该栏标记确认。

(填写例:团队全员都已做到 = ○,一部分没做到 = △,基本没做到 = ×)

	项目	1日(五)	4日(一)	5日(二)	6日(三)	7日(四)
①	是否无论何时,无论对谁都称呼"××先生/女士"了(不能用昵称,不能直呼其名)?					
②	是否面带**笑容**对来访者说"欢迎来访",是否对交易对象寒暄"您辛苦了"?					
③	上班时是否用**响亮、有朝气**的声音对电梯间遇到的人说"早上好"?					
④	进入岗位时是否对同事用**响亮、有朝气的声音**招呼"早上好"?					
⑤	下班时是否对同事招呼"我先告辞了"?					

因为我认为，"被迫行事"感觉强烈的工作无法让员工真正领会精神。因此过度严格的"强迫执行"并非良策。

或许有读者会疑惑，为何要在这个节点探讨"打招呼"的问题，那是因为我考虑到了团队的信任关系。

假设有这么一个团队，迟迟无法达成目标。那这个团队的根本问题不在于"能力"。多数情况下，主要原因都在于员工之间缺乏交流和信任。

处在这样的状态下，无论施行什么样的改善方案，都无法成长为一支能够胜利的团队。

与其对下属发表长篇大论，不如贯彻上班时的"早上好"和下班时的"您辛苦了"。仅仅是这么短短两句话，也能巩固团队的信任关系。

要创建一流的企业和一流的团队，必须从每天的小事做起，比如彻底贯彻执行打招呼的习惯。最重要的是不能光向下属发出指令，必须由领导者率先行动。

某次，我到外部董事酒卷久先生担任社长的佳能电子某工厂参观学习。

工厂位于埼玉县秩父市，环境清洁、纤尘不染，每位员工都积极完成自己的工作。工厂的团队合作力超群，一旦发现不良品马上停下生产线，全员上阵探讨不良品出现的原因。

不过，据说这个工厂以前并没有现在这样良好的局面。

当时工厂员工多数都是从泰国、菲律宾、中国等地招聘的派遣劳工，还有很多人不懂日语。

佳能电子采取的是单人或小团队进行单一制品生产的体制（单元生产方式）。若将语言不通的人组成一个团队，就算产生"有点奇怪啊"的想法，也只能直接交给下一环节的负责人，这就成了酝酿不良品的"温床"。

不过，因为一个很小的契机，员工们的沟通变得频繁起来，那个问题就渐渐解决了。

从某个时期开始，公司管理者每天早晨都会站在工厂入口向来上班的全体员工齐声问候"早上好"。员工们也渐渐地开始积极回应他们的招呼，不久后，工厂的员工之间也形成了一边交流一边工作的氛围。

其后，每当员工感到"这里很奇怪"时，都会不需要任何人指示就自觉停下生产线，其他员工也自然而然地聚集起来探讨问题原因……其结果就是，工厂得以在一开始就发现问题并查找原因进行修正，而且还创造了连续半年不良品率为零的佳绩。

早上打招呼这一简单的沟通，最终得到了大幅降低不良品发生率的结果。

培养富有行动力的企业该怎么做？回答很简单，就是要专注于"改变企业风气"。

所谓企业风气，换句话说就是公司氛围，亦即企业文化。

一旦形成其他企业难以模仿的风气，无疑就能成长为任何时代都能留存下来的强大企业。常被拿来作为强企模范的丰田和本田公司，也是因为构筑起了稳固的风气，才能在经历风波后依旧保有东山再起的实力。

改变企业风气并非困难之事。

只要能自然而然地做到打招呼和主动捡拾地上垃圾这种普通的小事，就能重生为最强大的企业。

对部长甚至社长也以"先生"来称呼

各位读者在公司是如何称呼下属和后辈的呢?

或许有很多人对男性会称呼"喂,某某",对女性则称呼"哎,小×"吧。而对领导者,一般会称"某某课长""某某部长"吧。

无印良品规定,公司所有员工都要互称对方"先生或女士"。

对下属要称"先生或女士",对上司也称"先生或女士"。当然,员工们也叫我"松井先生",而叫社长金井[1]"金井先生"。不管是会议等正式场合还是私下交谈,那个称呼都是不变的。

在大多数组织和部门里,都会对下属或后辈直呼其名。

视此为理所当然的组织,诸如会长、社长、专务、常务、部长这样的等级感就会非常强烈,无形中制造出一种对上司不敢有微词的氛围。

这样的团队确实能发挥出"某种强势"。像学生社团一般,

---

[1] 即金井政明,二〇〇八年至二〇一五年担任良品计划社长,二〇一五年继任松井忠三担任良品计划会长。

对上司或前辈的话口口称"是",唯命是从的团队对领导者来说的确很好驾驭。

不过也常有人说,这样的组织有一定的局限性。自上而下的组织构成会形成下属不愿主动工作的风气。下属们会成长为只懂等待命令的人,还会因为害怕责备而隐藏自己的错误和工作中的矛盾。

只是单纯要求"对上司直抒意见",也很难成功改变那种氛围。要实现改善,必须彻底改变"上下关系"的存在方式。因此,无印良品就决定贯彻无论对谁都称呼"先生或女士"的政策。

若对下属直呼其名,容易导致单方面的交谈。单方面的交谈有一个弊端,就是无法了解下属发现的问题、课题以及不满。只有建立双方能够彼此沟通的对话方式,才能最终得到来自现场的重要信息。

称呼"先生或女士"不仅仅是为了"改善公司内部交流气氛",同时也是为了"改善信息·意见的交流气氛"。

就算不是直呼其名，一个彼此称呼"小 ×"或使用昵称的团队也会让人感到不安。

使用那样的称呼方式，就会变成好友圈或大学社团那样的团队。那种团队中培养起来的并非信任关系，而是熟人关系。

要培养拥有行动力的团队和部门，重点在于培养相互尊敬、相互信赖的风气。

相对而言，上司对下属称"先生或女士"执行起来比较简单。

那么，自己被称为"先生或女士"又如何呢？

若身为部长、课长级别的领导者无法适应连新员工都能直呼自己"先生或女士"，就等于制造了一道壁垒。那样的心态会导致组织沟通困难，形成人人自危的风气。

提案书的印章"最多只能有三个"

企业规模越是庞大，决策的流程就有可能变得越长。

首先文案负责人要盖章，接着由课长和部长盖章。随后还要通告财务部、法务部、人事部、系统管理部等部门。等交到最终裁定者手上时，通常已经被盖了十几个印章。

无印良品也曾有过一个文案上要盖满七八个印章的时期。

例如向店铺发送日报和业务联络文件时，除了发行部门的负责人和课长、部长之外，还要由负责全体店铺的销售部门负责人盖章。

除此之外，当联络事项涉及配送业务时还要经过物流部门，涉及发票时要经过财务部门，涉及办公用品时要经过总务部门，如此这般，根据事项内容的不同，还要到各个部门分别盖章。

为了盖章，文案负责人不得不拿着文案辗转各个部门，若负责人不在，工作就被迫中断。若负责人离开公司外出，还会导致文案负责人不得不数次往返，极度缺乏效率。甚至出现了文案发行到送达店铺中间间隔整整两天的情况。

于是我提出,何不将盖章数限定为"销售部门负责人,主管部门负责人和具体文案负责人"这三个环节呢,随即遭到了公司内部的反对。

"至少要增加为五个,若关系到开店计划,必须让人事部门也获得信息,否则无法安排招聘。"

"我的部门也要得到信息,否则很难办。"

如此这般,大家都希望得到那些"信息"。

这是希望事先得到相关部门首肯的主管部门的防范意识,和本部门也希望拥有一定权限的地盘意识的表现。若放任这种情况发展,就会导致员工只重视本部门利益,使公司成为"次优主义"的"温床"(本书第 166 页亦有提及)。

更重要的是,那样会过分延长文案审核的时间,难以发挥团队行动力。

于是,我最终决定"盖章不能超过三个"。

而现在更是采取了进一步提高效率的措施,本部和各个业务部门使用内部网络交流,不再需要层层盖章。当然,现在依旧存在部分需要批准的文件,但公司也把盖章数限制在了最低限度。

由于决策流程缩短了,公司内部形成了雷厉风行的工作风气。

此外,只有提案部门负责执行,一旦效果不佳,也能迅速明确问题所在。这就避免了文案上排列着一长串相关部门负责人的印章,只能得出所有部门都要负责任的泛泛结论。

要发展能够敏锐应对市场变化的组织,必须拥有**能让决定权持有人迅速做出决策,并迅速执行的机制**。

"从他企借鉴"智慧

无印良品正在施行的机制几乎全都由其他企业借鉴而来。可以说,公司内部根本不存在独创的机制。

公司彻底将智慧的来源放在其他企业之上。为何要以参考其他企业为基准呢?那完全是基于**"同类人群再怎么讨论研究,也无法得出新的智慧"**这一事实。

二〇〇四年,无印良品实现了V字恢复,营业额和利润都处在绝佳状态。

在这样的情况下,公司开始重新审视原本重视人情和工龄的人事制度。将以前多种多样的福利制度重新整合,转化为根据实际业绩进行评估并予以直接奖励的机制。公司在这方面投入的资金与以前毫无变化,却遭到工会组织的强烈反对,质疑"为何公司业绩好转,员工福利反而变差了"。

听到这样的意见,我意识到了危险的萌芽。那是只有在企业的业绩良好时，才会出现的业绩和经营异动的征兆。

于是，公司开始了名为"30%委员会"的计划。这一计划的目的是将当时占据营业额比例约34%的销售管理费用削减为30%。其结果就是，公司实现了每年五十四亿日元的成本节约。

该30%委员会的委员长由我亲自担任。会议定于每周二进行，从二〇〇四年八月开始，一共召开了二百八十次会议。

议题涉及降低成本的所有方面。从减少加班到节约办公用品，再到店铺租金和内部装潢的重新审视，甚至包括若不全面改革无印良品机制就无法实现的大规模调整，总之无所不包。

可是，计划刚开始时不仅没能削减销售管理费，反而使其增加了不少。甚至在公司全体管理人员和相关部门员工集体出动努力检讨原因之后还是没有改观。

这就是"同类人群再怎么讨论研究，也无法得出新的智慧"的实际案例。

身处同样的环境、只能接触到同样信息的人们，就算思维再怎么新颖，也有其局限性。

因此才要从不存在同类人群的"外部"寻找智慧。

"外部"也存在许多拥有优秀经营能力的人。

当时内衣制造商黛安芬的"早会"恰好在业内成为话题，我也去学习了一番。时任社长吉越浩一郎主持会议，员工在高层领导面前公开发表自己准备的提案，并当场决定是否采用。若被否决，则有一天时间修改议案，第二天再次发表。大约五十个议案在短短一个半小时的会议上迅速定夺，确实给人一种雷厉风行的印象。

我不禁感叹"这是只有吉越先生才有能力主持的会议啊"，同时得到了许多值得参考的信息：①一定要划定时限；②尽量保持资料简洁；③尽早做出裁决，等等。

同时，公司马上将能够学习的要素，诸如"会议最后一定要规定完成时限""不浪费过多时间制作会议资料"等加以吸收。

借鉴的成效非常显著，如果只专注于在公司内部进行讨论，我们恐怕永远都得不到那样的"智慧"。

从"何处"获取灵感,这一点也十分重要。

当初无印良品还参考了许多"超大型企业"。因为考虑到企业之所以能成长到那种规模,其中必定有着自身的诀窍。

可是经过实际的交流,我发现,真正的诀窍并不存在于大企业中,而存在于所谓的"中小企业""创业型企业(领袖色彩极强)"以及"销售管理费用低廉的企业"中。比起经营与现场之间隔着巨大鸿沟的超大企业,那些一直维持着现场行动力的中小企业才更能挖掘出具有实践性的诀窍。

当然,其他企业的诀窍不一定能直接套用在自己的组织上。

前述 Shimala 公司的案例说明,由于不同组织的文化、构造以及员工技能不同,参考时抓住其他企业诀窍的关键点,将其"翻译"为能够运用于自身组织的诀窍,这一能力也是极其重要的。

在借鉴其他企业智慧的同时,就会意识到自身还有许多亟待改善的地方。因此,更应该放弃内向的视角,把目光转向外部,才能寻求到更进一步的发展。

与其他企业进行"透彻的"交流

我经常碰到好几辆大巴载着几十位高管人员,前往明星企业工厂参观学习的情景。

这样的"视察"就算重复几十次,恐怕也无法学到什么,充其量只能发表一下"真是个好工厂"的感慨。

从其他企业学到的经验,若不投入现场,则没有任何意义。为此,仅仅是上层人员的交流是远远不够的。

要实现透彻的交流,必须创造让现场负责人能够沟通交流的环境。

比如开展跨企业研讨会,并构筑起会后聚餐能够尽情交流的个人关系。这样一来,当一名采购人员在系统问题上遇到困难时,往往能够想到"不如找他商量商量",并打电话联系其他企业相关负责人进行商讨。

公司到现在仍会定期邀请其他企业成员开展研讨会,或前来为公司员工进行演讲。像波路梦的吉田康社长、家居超市 CAINZ

的土屋裕雅社长、POINT 服饰的福田三千男会长兼社长等，一些活跃在第一线的高管们给公司员工发表了极具启发性的讲话，让我们学到许多直接触及事物本质的道理。

我曾多次向员工们提及"本公司的常识并非其他公司的常识"，督促他们时时刻刻对自己的日常行动持有疑问态度。

若不把目光投向外部，就无法把握自身的位置，因此也就难以察觉亟须改革的问题所在。

我曾在某次与 Shimala 公司的研讨会上偶然碰到一个话题，关于商品的吊牌种类。当时，Shimala 公司的专务提问："贵公司的商品吊牌有多少种？"

吊牌就是价格标牌，无印良品还会在吊牌上注明商品名称和商品的"由来"（为何制造该商品、其材料和机能、对环境的影响等）。当时无印良品的服装文具等商品综合起来，一共有二百零三种吊牌。Shimala 虽以服装为主，却也同时销售其他各种商品，可是，他们仅用三种吊牌就管理了种类繁多的商品。

得知这一情况后，我才终于意识到原本认为理所当然的二百零三种吊牌确实多得过分。这正是本公司的常识并非其他公司的常识的最佳例证。

由于每种吊牌的尺寸和设计都不尽相同，更是增加了不少成本，并且还与国内外多达二十七家吊牌供应商保持着合作关系。

对无印良品来说，吊牌就是"商品的脸面"。因为要在吊牌上体现出无印良品的商品特色，便没有一个人想到要从这方面着手改革。

可是为了实现改革，即使是圣域也要勇敢踏足。

我请当时负责商品的常务重新整合吊牌系统，最终将种类减少为九十八种，合作供应商也集中到两家公司。由于订单数量增加，制作单价也随之降低，最终仅仅是吊牌一项，就**削减了 50% 的成本，节省了两亿五千万日元**。

为了得到新的创意，必须时常保持谦逊，不断提醒自己并非全知全能。

要充分意识到自身和组织中潜藏的"理所当然"的想法，将视角从内部转向外部，寻求刺激突破自己的局限。

被誉为经营之神的彼得·德鲁克也曾说过："人类社会唯一不变的就是变化。无法自我革新的组织，将无法在未来的变化中谋求生存。"

变化乃是成长的源泉，若组织和团队故步自封，将会导致危及生存的严重后果。

想必有许多领导者都在努力让自己的团队或部门实现成长。与此同时，还有可能为成长情况不良的下属烦恼不已。

我在担任社长一年后，也曾陷入过同样的烦恼。最终得出了这样的结论。

组织的成长取决于自身的器量。无论再怎么改变组织的机制体制，都无法超越其领导者的器量独自成长。

那么，积极创造使团队成员更多接触不同文化的环境，是否就该是领导者的使命呢？

以"温水煮青蛙"的方式渗透反对势力

人类拥有警惕变化的本能。

无论那是积极的变化还是消极的变化,人都会将其排斥。

所以一切改革和创新,都难免会受到来自周遭的反对。

多数领导者面对团队和组织中的反对势力,可能都会选择反复劝说、努力寻找妥协之处,或利用权力和地位强行压制反对意见吧。

我对待反对势力,并不采用那样的方法。而是让其陷入"温水煮青蛙"的状态,让自己的观点慢慢渗透进去。

听到"温水煮青蛙",很多人会产生不太好的印象。

因为普遍的解释如下:

把青蛙扔进沸水里,由于水温过高,青蛙会一跃而出,但把它放在冷水里慢慢加温,青蛙就会无法察觉温度的变化而最终被煮死。这个比喻常被用来形容像一锅温水的组织,由于无法察觉业绩和环境的变化,不知不觉就陷入了无法回头的绝境——换句话说，也就是渐渐衰退的组织。

其实，这个"温水煮青蛙"现象，应用在渗透改革反对势力时是非常行之有效的。

让他们在无法察觉变化的时候被缓慢渗透，只要用这种潜移默化的方法，就能在实行改革的同时不给团队成员带来任何不适。

例如制作 MUJIGRAM 时，公司就出现了不少反对势力。

我故意将反对势力任命为 MUJIGRAM 制作委员会的成员，使他们不得不以负责人的身份积极参与到指南的制作过程中。

这样一来，他们尽管一开始怀有"极不情愿"的心情，最终还是在自己擅长的领域中为机制的创建贡献了力量。

诸如"橱窗展示统一成这个样子比较简单易懂""把这个商品摆在这个位置应该更方便拿取"等，个人掌握的工作诀窍很快就成了全公司共享的智慧。

此时，他们已不再是反对势力。因为那是自己参与制作的 MUJIGRAM，为了让它得到活用，他们转而开始积极向现场宣传指南内容。

随后，新员工培训的教材也统一成了MUJIGRAM。

刚刚在无印良品起步的员工都是一张"白纸"，能够毫无障碍地接受MUJIGRAM的理念和方法。

并且每年都使用MUJIGRAM进行新人培训，使以MUJIGRAM为工作基准的员工逐渐增多，自然而然地，组织的构成就发生了改变。

与此同时，还必须进行店长教育。

我在西友人事部工作时，曾经负责新人培训事务。

刚刚接受完打招呼和仪容仪表培训后，新人大体都能按照要求行事。可是几个月后再到店里一看，发现许多员工都怠慢了招呼方式和仪容仪表的要求。

经过一番考察，我发现，店长态度松懈的店铺里，员工的工作方式也会变得懒散。

最初极不情愿地遵守MUJIGRAM的店长，在经过本部数次指导后，也开始改变自己的工作方式。由于这项工作必须尽快完成，公司也开始在其中发挥了一定的强制作用。

"温水煮青蛙"的方式十分耗费时间和精力，有人可能会觉得那样既麻烦又不实际。确实，我当初也不得不咬牙忍耐了三年。

可是如今回想起来，那其实是最为快捷的方法。

用权力压制反对势力，寻找不合理的妥协之处，这些都无法在真正意义上改变一个组织和团队。

只有让组织成员自然而然地表现出改变的意愿，才能称为真正的变革。

让"干部稳定三年"！

过去七年间，日本相继更替了七位首相。[1]

首相上任不到半年，在野党和媒体就会开始攻击内阁，公民支持率同步下降，执政党内骂声一片，最终迫其下野，一直如此循环。

就算再怎么优秀的人才，如此短的时间内都无法完成任何政绩。我认为，日本的政客肯定都选择了旁观者的立场，一心认定只要换掉首相，就能改变国家现状。

再将目光放回无印良品内部，我在出任社长前，单是服装部门的部长就在三年内更换了五次。三年，五人。简单计算下来，平均每七个月就更换一次人选。

当服装部门营业额开始下滑时，公司内部探讨业绩下滑原因，最终得出"是部长能力不足"的结论，结果就是不断地更换人选。

---

[1] 指二〇〇五年九月至二〇一二年十二月间，小泉纯一郎、安倍晋三、福田康夫、麻生太郎、鸠山由纪夫、菅直人、野田佳彦七人相继担任首相一职。

恐怕本书读者中也有许多部长和课长吧，想必这是让各位深感沉重的话题。

部门一旦出现问题，领导者就要负全责。确实，这种逻辑乍一看十分合理。可是，更换领导者并不能从根本上解决问题。如果不断更换领导者，下一个就任的人就会担心自己也被炒鱿鱼，更加倾向于做出无功无过的判断。那样一来就无法实现根本性的改革，只能将问题不断推脱下去。结果就导致了领导人缺失的体制。

我就任社长后，马上做出**主要干部要稳定三年**的决策。

这样一来，领导者就能以稳定的心态将各个部门的问题点总结出来，并进行彻底改善。

确定责任所在固然重要，但并非为了追究个人责任，而是为了从根本上解决问题。若领导者不能发现自身问题并加以改善，就无法成为一个具有行动力的领导者。

我刚成为无印良品事业部长时，曾向下属课长询问："那家店铺的营业额为何那么差？"得到的回答是："那是'人祸'，是因为店长的经营方式不好。"听到这样的回答，我不禁惊叹：他们根本没有理解问题的本质。

把责任推到别人身上，抱着事不关己的态度。拒绝将目光聚焦于问题本质，拒绝进行思考。这样是始终无法解决问题的。

对于产生这种意识的原因进行深度剖析，最终我发现问题根源在于"纵型结构"。罹患大企业病的企业往往都存在这一问题。

比如当时公司为强化"造物机能"设立了商品开发部、生产管理部和库存管理部三个部门，并分别配置了部长。其本意在于让三个部门相互合作。

但事与愿违，这三个部门最终发展成了相互竞争的模式。

库存管理部为了减少库存，采取降价措施促销商品。如此实现了良好的库存管理，并在公司内部受到表彰。另外，生产管理部的工作是工厂品质管理和使生产效率提高。因此，这个部门为了保持高效率生产，对复杂的商品表现出了不满情绪。商品开发部则如前文所述，为了酝酿热销商品而重复了许多错误尝试。

每个部门只考虑到各自的利益，使公司整体陷入了泥潭。

那与如今日本面临的行政纵型结构和偏重国家部门局部利益

的官僚主义弊端如出一辙。在这样的情况下，各个部门会坚持自己的意见，互相推卸责任，迟迟无法达成共识。

于是，公司将商品开发部的 MD 任命为首要责任人，并在其下设置库存管理和生产管理负责人。这样一来，在一名部长的指挥下，工作得以顺利进行。

一旦改变了纵型结构，就会产生横向合作，各个负责人随之也会产生问题意识，转换为当事人的视角。只有在这样的情况下，才能最终建立起直接面对问题本质的体制。

提高下属积极性的一个方法

要创建具有行动力的团队,必须要求团队成员拥有高度的积极性。

无须明言,缺乏干劲和积极性的成员是无法挑战经营难题的。

为了保证下属的积极性,提高薪酬是其中一个办法。但那只能暂时提高积极性,并不能持久。

提高下属积极性,保持团队和部门全体成员士气高昂的关键点有两个:

①让成员获得成就感;②沟通。

整合组织机制固然重要,但只是单纯改变机制,就像更新了硬件却没有更新软件的计算机,总有一天会出现不兼容现象。因此,同样不能无视每名员工的心(软件)。

那么,该如何让员工获得成就感呢?

最理想的方法是让员工对组织或团队产生尊敬之情。

例如，过去人们对西友的服装普遍持有"老套"的印象。因此，公司员工都没有购买西友服装的想法。连自己都无法满足的商品，自然不会得到顾客的青睐。若顾客不来购买，就无法提升业绩，结果就导致了薪资停滞不前。那样一来，员工对自己所在的公司就无法产生自豪感。

为此，无印良品一直致力于制造**让员工自身满意的商品**。

自己喜欢的商品，自然能挺起胸膛向顾客推荐。一旦得到顾客青睐，自己也会感到喜悦。

成就感并不只体现在数据和金额之中。正是那些看不到的喜悦和感动，才具有真正的价值。

若下属的积极性迟迟无法提升，就应该再次检讨公司是否提供了使自身满足的商品和服务吧。

维持积极性的第二个关键，就是"沟通"。

重点在于让传达流程保持简洁，认真回应员工的意见和行动。

假设有三名下属，若疏漏了对其中一人的信息传达，那个人就会心生不满。因此,予以所有下属同等的信息传达待遇是基本守则。

无印良品公司内设有"晨会系统"。每天早晨,员工进入店铺开启计算机,当天的工作内容和目标营业额、通告事项就会自动出现在屏幕上。

导入该系统的理由是,如果将晨会内容交由每个店铺自行开展,每位店长所传达的信息就会有出入,导致信息传达的不均衡。员工若没有及时收到重要信息,就会对上司和组织产生不满。

为了避免那种事情的发生,公司将晨会进行了系统化,使信息传播的渠道更为简洁了。

对无印良品来说,为了贯彻公司级别的交流沟通,可能需要用到系统化,但部门级别的交流,则可以用群发邮件来进行统一传达。

此外,无印良品还在进行"生产力翻倍,损耗减半"的 WH 运动(W=Double,H=Half)。这个活动也属于自下而上机制构建的一环,具体由各个部门分别制定改善主题,对获得成果的部门给予"松井奖""本垒打奖"等奖项，还会附带一定数额的奖金。

这就是对员工做出"**我们看到了你的努力**"这一回应的方法之一。就算不设奖励，只要注意给下属的工作做出评价，也能使沟通更加顺畅。这样一来，下属的积极性也就能够长久地保持下去了。

咨询顾问无法帮助重建组织

无论是经营战略还是人才培养,一旦公司内部和团队出现了无法解决的问题,许多领导者就会选择依赖顾问。

确实,为了新视角和新信息去与顾问商谈或许是有用的。可是,把机制的建设和组织改革的执行也交给顾问就不可取了。

在无印良品业绩衰退时期,公司接到了许多挂着顾问头衔的人的联络。连赛松集团的高管也介绍了不少顾问,总之数不胜数。但将机制创建等项目交由他们处理,获得理想结果的仅有一两件。

追根究底,就算从外部请来作战参谋,若公司内部人员无法驾驭他们,是无法得出理想结果的。

顾问的诀窍不一定就适合那个组织和团队。

顾问会在其本人擅长的领域内给出解决问题的议案,这是理所当然的。可是,那并不意味着他们接触到了问题的本质。

要让顾问真正活跃起来,说到底还是需要跟公司内部具有行动力的领导者共同行动。

即使顾问找出了问题点,最终决定是否要加以改善的还必须是领导者。在这个阶段,改革有可能会受到公司内部抵抗势力的反对,因此半途而废,也有可能领导者自身就否决了改革内容。

再者,一直依靠顾问来解决问题的组织,一旦遇到未知的课题,就无法自己想出解决对策,因为他们已经丧失了自食其力的风气和意识。

什么事情都要别人手把手来教,这样是始终无法学会独立的。必须要自己发现问题,自己思考解决方法,否则就不算掌握了解决问题的能力。

组织和团队的改革不该依靠外力,而应该依靠自身的坚持,将其贯彻到底。

迷茫时"选择最困难的道路"

原日本 IBM 社长椎名武雄先生曾说过这样一句话:"未来不可预测,也没有范本。"

所谓经商,就是每日不断做出新的决策。

并不存在绝对正确的答案,往往只能面对无论执行结果如何都只能"硬着头皮上"的场面。

投入大量开发费用的新商品和新服务反响不佳。那种局面应该所有人都曾经历过。要一直卖下去,还是马上撤出,每当面临这样的局面,很多人都会倾向于更简单的选择。

不过我却会刻意选择更困难的选项。

因为多数情况下,只有在困难的选项中才隐藏着解决问题的本质。

能够简单执行的决策确实很有吸引力,并且能够迅速解决"眼前的问题"。可是,那样便只看到了问题的表面,今后依旧会重复同样的失败。

以前无印良品旗下有七家奥特莱斯店铺，我每年关闭一家，离开社长职位时将店铺数减少到了三家。

所谓奥特莱斯商品，就是集中销售的情况不如预期或者过季的商品。将它们统一降价后提供给顾客，以求减少积压库存。

特别是服装行业，许多品牌和制造商都会采用这一方法来解决库存问题。

可是，无印良品却并不依赖那个方法，而是决定建立在当季将所有产品销售完毕的机制。

春季商品首先在冲绳开始上架，秋季商品则从北海道开始上架。服装杂货的物流费用并不高昂，在佐贺店铺中销售情况不佳的春季商品就转移到新宿店铺进行销售。仅仅是更换场地，就能瞬间销售完毕。

重要商品先在网店销售，这样便能提前预测销售动向。为了控制生产，还要通过EDI(企业内部交换商业合作信息的电子途径)与国外产地联系——这些努力和机制改革最后都会转化为企业竞争力。这样一看，就和利用奥特莱斯降价促销的企业截然不同了。

只有敢于涉险，才能开创未来。

各位在工作中是否勇于迎难而上呢？

除此之外，是否也鼓励下属勇敢挑战呢？

一个领导者，一旦失去了冒险之心，也就失去了领导的资质。

下属一味选择简单的方法，拒绝冒险，想必是因为其领导者平时只会做出那样的决策吧。若领导者自身一直坚持困难的决策，下属也就会勇于冒险，迎难而上吧。

不是改变性格,而是改变行动

有人在对下属实施"意识改革"时,会参考抽象的精神论观点,试图改变下属的性格和思维方式。

"你只要敢做就能成功!""你干劲不足!"只不断灌输这类意志论和精神论,是无法改变下属性格的。连自己的性格都不能轻易改变,要改变他人的性格,这本来就是不可能的事情。

那么,要如何改变下属的意识和思维方式呢?

我认为,只要改变行动,就能改变人的意识。

例如,无印良品内部设有区店长一职,除了自己的店铺,还负责指导该区域内其他店铺经营。一般来说,那是在企业中属于组长级别的管理人员。当然,每位区店长的性格各不相同,其中也有刚上任时并不适合担任管理职务的人。

可是,无印良品并不会对那种类型的区店长进行培训或管理岗位心得传授。

而是为他们准备了能够在每天的工作中自然而然培养起适合

管理岗位的行动方式的机制。

具体来说，就是让本部监察室的负责人与区店长同行，随时指导其作为区店长必须采取的行动和工作。从区店长必须确认各个店铺的哪些情况，到店员的评价方法，逐一做出"这种场合请这样做"的指示。而且在区店长能够真正独立前，会一直陪同进行指导。

这样一来，无论让谁担任区店长，都能完成标准化的业务，发挥身为区店长的职责了。

不仅如此，一旦行动获得了结果，人们自然会产生适合该管理岗位的思维方式和意识。

俗话说，"环境创造人"。

不应该一开始就把一切归结于性格和为人，而要具体改变人们的行动，使他们能够做出符合自身立场的思考。

为此就要创建基本机制，再将可以由个人来解决的 $+\alpha$ 部分交由他们独自判断，为员工保留发挥个性的空间。

若想让不爱说话的下属积极与人沟通，就要向他说明人际关系的重要性，无须谴责其积极性不够，只要准备让下属不得不每天与人打交道的业务便可。

所谓意识的改革，并非改变人的性格，而是改变工作方法，这样就能自然而然地完成变革。

Chapter Four

**此种机制"能让生产力提升三倍"
——避免"无谓努力"的方法**

"让努力开花结果"需要一定的方法

面对工作的态度,最糟糕的状态就是像加入了少年棒球队的小孩子那样,一味地说:"我会努力的。"

在业余时间,那种说法或许可以行得通,但在职业领域,若光是努力而得不出结果,还是会被认定为能力不足。

就算是少年棒球的世界,若想成为投手,也要比别人加倍努力练习,积极进行跑步和肌肉锻炼——思考方法,规划获取那个位置的步骤并展开行动,否则是无法进入正选队伍的。

不能闷头努力,更为重要的是要以何种方法进行努力。

在商界也是如此。

无印良品内部也存在不少只会回答"明白了,我会努力"的员工。那样的人似乎只重视努力这种行为,而不会主动思考"要以什么为重点,采取什么样的步骤进行努力才会取得成果"。

无须明言,只有得到结果才能证明工作的价值。若一直努力却无法取得成果……那么,应该就是努力的方法出错了。

有一个最具代表性的例子。

无印良品于二〇〇一年引进了自动下单系统。

在那以前,卖场负责下单的人都能从工作中获得巨大的成就感。若自己下单时认为"会热销"的商品真的热销起来,自然会兴奋不已。为此,即使在打烊以后,还是会左思右想,寻找最佳的商品摆放位置,考虑哪种商品要何时进货。每天都是赶最后一班电车回家。

旗下的员工对工作如此自豪,公司自然感激不已。

可是,尽管员工非常努力,公司的积压库存却只增不减。不仅如此,还经常遇到想销售的商品在卖场缺货的现象。

针对这些情况,负责人都以"这个月下雨天比较多"或"销售情况比较不理想"这样含糊的理由蒙混过去了。

换句话说,公司的下单工作就俨然成了一场"赌局"。

为此,公司特别引进了自动下单系统,可是在使用不久后,就接到了现场的抱怨。

因为一直以来看着下单负责人辛苦工作的员工,目睹了他们失去工作垂头丧气的样子，不由自主地产生了同情心。同时刚引进系统的时候曾出现过短时间的现场混乱，每每都会引来"这种活儿还是要人来干"的批评。

可是，最后结果如何呢？

下单工作的耗时大大减少了。

不仅如此，许多员工还能趁此机会挑战新工作，最终拓展了能力范围，也实现了自身的成长。

拼命努力进行下单工作的身影确实很让人感动，但若得不到成果，还是必须重新审视他们努力的方法。

在被"乍一看很必要的努力"所蒙蔽，不由分说地埋头苦干之前，应该先问问自己："这种努力方法真的没错吗？"

将劳动力一口气缩减为五分之一的"想法"

要如何创建使努力获得成果的机制,并进行运用呢?

老实说,那是十分困难的事情。

引入自动下单系统时也一样。一直以来单纯依靠下单负责人的经验和灵感完成的工作,一旦要将其转化为机制,就会引来现场人员的不满:

"人们好不容易才培养起来的能力,怎么能轻易用机器来代替呢?"

这一点我十分清楚。

但是,自动下单系统会根据实际营业额、市场走向、季节等关键信息预测单个商品的营业额,然后发出一周的订单。这是一种低于标准库存就自动下单的简单机制,完美避开了灵感和经验的介入。

尽管困难重重,系统还是渐渐体现出了成果。而且我本来就不是惧怕批判的性格，就算会下令改善系统，也绝不会心生动摇，回到原来的人工方式。

创建机制时，必然会遭受习惯旧有方式的人们的反对。因此，最初那几个月必须忍耐。

即便在无印良品，新系统也是在"缓缓"渗透到现场之后，才最终作为一个机制扎根下来的。

最终，公司基本上已不存在下单工作，库存修正工作也从50%减少到10%。可以说，整体生产力也因此而得到提升。可是，其益处并不只如此。

更重要的是，**一直以来依靠个人经验和灵感进行的工作被转化为数据积蓄起来**。甚至可以说，每个人掌握的重要经验和灵感都被转化为机制实现了共享。

这正是工作的机制——而且是维持血液流通的机制——带来的益处之一。

许多经营团队和部长、课长级人物看到下属"勤奋努力"都会感到欣喜。

在许多企业，上司目睹下属连续熬夜工作的身影后，都会夸奖他们"很努力啊"。但其实，那正是无视了上述"努力方法"的态度。

那样生产力将迟迟无法提升，也无法实现高效工作。

尽心竭力的员工自己也会毫无成就感吧。

身为一个领导者，就不得不思考"让努力获得成果的机制"。

找到原因的瞬间问题就解决了八成

例如，营业部门业绩持续低迷。

思考商品卖不出去的原因时，大抵都会得出"销售方式不对"这个结论，最后开始重新审视商谈方法和待客礼仪等问题。

可是，那真的就是问题的原因吗？

营业部门的员工无法成长，有可能并不是个人能力的问题，而可能是由于没将部分优秀营销人员的诀窍在部门内部进行共享。

许多人认为没必要共享那些诀窍，或者不愿意共享，这其中就隐藏着问题的本质。

若试图以营销人员相互竞争的方式促进营业额增长，就无法让诀窍实现共享，使为业绩苦恼的员工更加意志消沉。若不改变那样的方法，就会导致大量无能营销人员的出现。

一个问题，必须找到最根本的原因才能解决。若不抓住问题的本质，一旦发生意外，也只能进行临时性的应对。

首先，需要将"问题可视化"。

若不能将问题可视化，那么可以断言，那并非员工个人问题，而是组织的风气和机制问题。

若逃避问题可视化，就可能使员工产生"不想惹麻烦""自扫门前雪，莫管他人事"的心理。可是，若一直坚持那样的认知，就无法发现根本性的问题。必须有人主动深入，才能最终发现核心所在。

我就任社长时，服装杂货部门的销售状况十分低迷。要如何改善那样的状况呢？只有"可视化"。

首先将营业额数据可视化，进行透彻分析后再探讨解决对策。这样写出来各位可能觉得这么做是理所当然的，可是，当时的无印良品偏偏就没有做到这一点。

无印良品光是服装杂货类就细分成了五个部门，每个部门的管理记录都是各不相同的。

因为当时各个部门的负责人都按照自己创建的 Excel 表格来

管理自己的部门,根本不存在将"服装杂货类所有部门"的数据进行统一管理的机制。

例如"男装"下面就有 T 恤、衬衫、外套、毛衣、裤子等好几个种类。除此之外,每件商品都有诸如 V 领、U 领等不同的设计,颜色尺寸种类繁多,纯色条纹各有不同……仅仅是一件商品就有如此多的特征。

而男装负责人则主要负责详细分析热销和滞销商品,并提出相应对策。

因此,向哪个工厂发了多少订单、半成品数量约有多少、成品何时能够入库、何时开始降价、降价幅度多大——这些信息全都掌握在负责人手上。

这样一来,就无法达到公司全体献计献策,得出有效解决对策的理想状态。

个人的能力,就直接变成了公司的水平。

不仅如此,一旦那个人辞职了,所有数据就会随之丢失。新的负责人甚至连同期产品比率都无法把握。

为了使之可视化，公司创建了统一管理的系统。

系统确保在新品上市第三周就计算出销售状况图表，让所有人都能参考。

根据销售状况，可以决定是增产还是减产，也能及时将其他店的库存转移到销售情况良好的店里去，甚至实现了先进行网络试销，提前把握销售前景的改善。

在引入了这些本质性的解决策略后，二〇〇五年高达五十五亿日元的积压库存三年后被成功缩减至约十八亿日元。这个数额是原数额的三分之一，**在营业额不变的情况下，可以认为仅仅减少浪费就实现了生产力的三倍提升。**

只要找到根本原因，就能准确地做出应对。一旦找到了问题的原因，就相当于问题解决了八成。

大学老师和研究人员在撰写论文前，都会先调查目标领域的研究成果和事例。在此基础上，针对此前的研究和实验没有解决的现象和事例，建立自己的假说，并予以论证。

商界的问题解决方法，其实也基本相同。

首先分析过去的问题和成功案例，提出自己的解决对策，并加以实施。若刚开始的分析不够透彻，其后的解决策略就会出现不足。

问题总会潜伏在意想不到的地方。

为了避免遗漏，我秉着让整个组织赤裸出来的决心，坚决推进了可视化进程。

"桌面整洁的公司有前途"的原因

不管走进哪间办公室,可能都会看到文件档案堆积如山,随时都会爆发雪崩的办公桌,或座位周围堆满纸箱,俨然一座微型城寨的角落吧。

过去,无印良品本部也有很多那样的角落。

办公桌上堆满资料,只剩下一块A4纸大小的空间可以工作。桌子底下堆积着装满样品的纸箱,完全没有落脚之处。让人不禁怀疑在那样的办公桌前究竟要如何进行工作。

如今,无印良品推行了净桌规则,所有办公桌都必须加强清洁整理。

下班时办公桌上不得残留私人物品和正在进行的工作文件,只能放置计算机和电话。

可是,单纯把桌面上的东西一股脑儿塞到抽屉里,并不算解决了问题。

公司还规定,以部门为单位共用剪刀、订书机、胶水等办公文具。因为文具一旦让个人所有,其数量就会不断增加。公司刚开始这项活动时,员工上交的订书机和剪刀等文具简直堆积如山。若将其作为个人所有物,不仅浪费成本,还浪费空间。

此外,公司还贯彻了使用共享资料进行工作的方针。

这一方针不仅仅是为了"减少纸质资料"。

过去,无印良品内部存在个人独占信息的倾向。为了避免这种现象,就不能将"个人"与"工作"联系起来,而是要将"个人"与"组织"相联系,因此要养成共享文件和积极沟通的习惯。

文件制作完毕后不私自保管,而将其纳入所有人都一目了然的文件夹中,保管在各个部门共享的文件柜里。此外,公司还将文件柜门拆除,彻底实现了可视化。

这样一来,就算有人问到"三个月前的会议资料到哪去了",无论是谁都能迅速寻找出来。资料堆积如山的办公桌和不知道到底装了些什么的文件柜只会徒增寻找文件的时间。这样积累下来的浪费无疑是生产力低下的重要原因。

只要让文件实现共享,就能简化同事间的交流,也能增强信息的流动能力。

职场经常遇到这样的事情——负责人长期休假或出差在外时，公司突然接到合作对象的咨询，团队成员只能慌慌张张地设法联系那名员工。

若将文件进行统一管理，就能让其他员工代为应对。当然，在负责人出现岗位调动时，也能够顺利完成工作交接。

一旦决心实现可视化，就必须坚持到最后。

无印良品为此专门组建了监督净桌行动的团队，负责巡检各个部门的办公桌和文件柜，并进行彻底整理。最终减少了公司文件柜的数量，并在空位里安装了咖啡机，改建成了供员工休息沟通的空间。

在店铺，我们也进行了同样的可视化工作。

过去到仓库取商品时，女装的位置只有女装负责人知道，文具的位置只有文具负责人知道。

于是公司通过MUJIGRAM详细规定了库存管理方法，使非负责人的员工也能轻易找到商品的位置。

这也可以称为增强信息沟通能力的机制。

净桌和仓管的目的并不仅仅是清洁整理。在进行这些工作的同时，还能改变组织的风气和机制。

办公室整洁的公司并不仅仅是清洁意识高，同时也是信息传播力极强的企业。

明确"工作的最后时限"

"没有设定时限的工作"不能称为工作。

站在团队领导者的立场上,不仅是自己的工作,务必要将分配给下属的工作也设置一个完成时限。

可是,往往有人会只因为"设定了完成时限"这个事实就感到满足了。

想必那种人连自己工作的完成时限都会忘掉吧。

此外,必定还会出现不遵守时限的下属。作为一个旁观者,我总会发现有的员工就算事情并不多,往往也很难按时完成。究其原因,只能得到"因为别的工作很忙""突然有人找他做别的事情"这类回答。

即使设置了完成时限,也有人会不遵守。这点也是能够用机制来改变的。

方法就是让完成时限可视化。无印良品通过两种机制将所有业务的完成时限都进行了可视化。

第一种机制是"时限公告"。

这部分以部门为单位进行管理,将时限公告放在部长办公桌附近,部长每次向下属分配工作时,都将负责人和工作内容、完成时限等记录在时限公告上。若工作在时限内完成,则标记"○",若没有在时限内完成,则标记"×"。

这样一来,就能一目了然地看出谁正在进行什么工作,并且进行到了什么程度。由于全体员工都能看到自己工作的完成时限,也使负责人产生了一定的紧张感。

第二种机制是公司内部网络上一个名为 DINA 的系统。

所谓 DINA,是 Deadline(时限)、Instruction(指示)、Notice(联络)、Agenda(议事日程)的首字母缩写,这个系统能让全公司共享所有部门的业务指示和联络事项等内容。

举个例子,每次会议结束后,策划室负责人都会制作议事日程,上传到 DINA 系统,供全体员工进行浏览。若出现"今天要在电视上宣传这个商品"的联络事项,同样可以上传到系统,让信息

管理完成时限的机制——DINA

在这个界面里集中了"时限""指示""联络""议事日程"等条目

实现共享。

能够在部门内部自行解决的小工作不会上传到这里,而类似开店计划等关系到其他部门的事项则一定会上传到系统中。

再举个例子,假设会议上公司对生活杂货部门下达了"提高商品拼装说明书质量"的指示。首先会在会议上制订完成时限,随后在 DINA 系统上传指示的具体内容,同时也输入完成时限。

另外,确认上传内容是否已经传达到所有部门这点也很重要。

若部门成员没有浏览任务内容,画面上就会显示一个"×"号。因为这样的设置,上司就能根据页面显示敦促尚未阅览的人尽快完成阅览。这样一来,即使是没有出席会议的人也能得到完整的信息了。

然后,若业务在时限结束前完成,发出指示的人就选择任务完成选项。万一时限已到任务还没有完成,则再次检讨完成所需的时间,修正完成时限。

这样一来,就能让业务的所有流程都可视化了。

这个系统是参考广岛某家医院引进的系统,由无印良品进行改良后的产物。

这些机制能达到两个效果。

第一个效果是执行 PDCA 周期。

所谓 PDCA 周期,是按照计划(Plan)、执行(Do)、评价(Check)、改善(Act)这个顺序来实施管理的方法。

上司提出"想个提案吧"的指示，若不是紧急要求，很可能不会设定完成时限。若没有完成时限就无法得知计划进行到了哪一步，也就无法完成接下来的执行、评价、改善步骤。因此一定要设定一个完成时限，并将其可视化，才能使所有工作免于停滞在策划一环，能够最终得到执行。这就叫作执行 PDCA 周期。

第二个效果是确保上司指示的内容不会被遗忘。

无印良品通过将完成时限可视化，大幅提高了生产效率。

这不仅仅是因为业务逐一得到了贯彻执行，还因为可视化使员工产生了在时限到达前一定要完成任务的紧张感。

报告、联络、讨教"会阻碍人的成长"!

多数初次踏足社会的人都会受到这样的教育:报告、联络、讨教是工作的基本。

报告、联络、讨教确实是很重要的业务内容,但工作繁忙的领导者根本无法一一回应每一名员工的报告。光是自己的工作就足够忙碌了,如果还要对每一个细节报告作出指示,领导者本身的工作效率就会下降。

无印良品内部用上文介绍的 DINA 系统代替了报告、联络、讨教的模式,以此来把握工作的进度。

到达时限规定的日期后,上司向下属确认工作完成情况,若没有完成,则检讨问题出在哪里,以便探讨详细的应对措施。

基本上小问题都在部门内部解决。可是,万一发生了重大事件,则马上汇报给经营管理高层,在公司经营的层次上检讨解决问题的机制。报告、联络、讨教不应该事无巨细地进行,而应该在关键时刻执行,这样就能避免降低工作效率了。

一般人们都认为，报告、联络、讨教能够促使下属和上司进行详细沟通，同时及早发现矛盾和失误的苗头，在事态恶化前加以解决。

可我认为，**过分详尽的报告、联络、讨教会扼杀人的成长。**

由于一点小事都要跟上司报告，下属自然培养不起自主性和自己想办法解决事情的意识。

"您今早安排的这件事已经完成了。"

"已经向 A 公司发送了策划书，但对方迟迟没有回应，该怎么办。"

下属每次做出这样的报告，都在等候上司做出判断。这样一来，就无法培养通过自己的思考进行工作的判断力和执行力。

这样一来，员工渐渐成了觉得只需要完成上司的命令就好的人，公司就再也无法培养出独立思考、独立行动的人才了。

一旦变成只能依靠上司指令行事的人，在上司外出或会议时就无法进行工作。最终降低了工作速度，也降低了生产力。

此外，过度执行报告、联络、讨教会导致"纵向联系"变为中心，使员工忽略了"横向联系"。一心只顾向上司报告讨教，无疑会怠慢了与其他部门的沟通。

我经常对员工说："局部最优（次优）加起来并不等于整体最优。"

例如总务人事部为了改善组织，听取各个部门员工的期望；海外事业部因为海外店铺数的增加，提出了增加部门人数的要求；品质管理部为了提高商品质量而提出了增加人手的要求。如果满足所有部门的要求，公司的员工数就会迅速膨胀。增加员工的同时，还需要控制人员的增长率不高于销售额的增长率。

在无印良品，这个问题是由社长进行最终决定的。因为只有社长才是真正拥有整体视角的角色。

过度执行的报告、联络、讨教会将员工的意识束缚在自己部门之内，使思考内向化，最终孕育出"次优主义"。为了培养整体的视角，领导者务必要注意别把缰绳抓得太牢。

"贯彻 18:30 下班"的原因

无印良品还在法国、意大利、西班牙等欧洲国家开设了分店。

开店前,我曾到那些国家进行过实地调查,发现欧美国家的人们与日本人的生活方式大不相同。

日本人如今连吃饭都当成了一项任务,工作结束后即使到餐馆去,也会在三分钟内决定好要点的菜,因为第二天还要上班,匆匆吃完就踏上归途。给人一种进餐完全是为了维持身体机能的感觉。

与此相反,欧美国家比较出名的一个特征,就是午餐要花两个小时。

尽管不会喝酒,但人们还是会一起聊聊天,补充能量以应对下午的工作。

因此工作结束的时间也相应推迟,会在八点左右,然后就是晚餐了。要喝哪种酒,要吃哪种东西,光是决定这些就要花上三十分钟,并和同事、朋友们聊得火热。接下来就是一起吃吃喝喝,聊得停不下来，整个晚餐会一直持续到凌晨一点左右。

我不禁想："他们玩那么晚，明天上班真的没影响吗？"结果，他们第二天九点还是准时出现在了公司。

于是我又想，所谓享受人生，或许就是他们那样的生活方式吧。尽情享受工作之余的时间，这样的人才更像个人啊。

公司内部也有几位被派到欧美工作将近十年的员工，在接到公司回归总部的命令时，以"我已经无法适应日本企业文化"为由，干脆辞去工作在当地居住下来。当时我还黯然地想，今后还是规定"不准员工外派到欧美国家十年以上"吧。这话听起来像开玩笑，可一旦在欧美国家开始工作，人的价值观真的会得到天翻地覆的改变。

再反观日本上班族的生活，简直是完全相反的状态。

从早到晚拼命工作，到周末则累得连门都不想出。几十年如一日地过着那样的生活，退休之后，自己究竟能得到什么呢？

甚至在无印良品，所有员工也都无比热心工作，认为加班是理所当然的事情。尤其是商品部的员工，每天一直工作到最后一班电车，周末两天里有一天要忙着洗衣服打扫房间，剩下一天才总算能休息一下。一直过着这样的生活，不仅没法提高生产力，也无法得到工作的新创意。

于是，我决定让员工不再加班。

可是，并非一打出"每天零加班"的口号，就能马上实现目标。于是，公司决定先从制定每周一天"无加班日"开始。

选取每周一个固定的日子，让全体员工准时下班。出乎意料的是，这个计划很轻易就实现了。于是半年后，公司将无加班日增加到两天。一开始虽然出现了些许混乱，但最后还是勉强实现了。

最后，公司总算开始计划完全取消加班，全面贯彻全公司员工"18:30下班"的政策。

这下公司可算是炸了锅。尽管一到下班时间就有专门人员到每个部门去关电源，但还是有些员工会假装离开，过一段时间再偷偷跑回来。甚至有人把工作直接带回家去做，这样取消加班就没有任何意义了。

加班的人大抵都是同一类人。这些人有一个共同的特点，就是非常认真。

工作既有不可或缺的主干，也有次要的细枝末节。例如在会议上发布新商品构思，其主干就在于"让提案通过"。可是，认真的人偏偏要花很多时间准备发表资料，力求细枝末节都完美无瑕。

话虽如此，我并不是说为了取消加班就降低工作质量。而是让员工意识到按时完成工作的重要性，并以此为目标进行努力，否则就无法提高生产力。

比如会议时必须制作的 PPT 展示文件。若每个部门规定一个统一的格式，那就只需填入所需的材料，省去了很多工夫。信息的共享在保持工作质量的同时，还提高了生产力。

此外，有的人看上去似乎认真工作了八个小时，实际上却偷了不少懒。无印良品在调查了员工的网络使用情况后，发现有些人的浏览记录 25% 都与工作无关。

像这样把工作的方法重新审视一番，就会发现有许多不必要的工作和被浪费掉的时间。

　　只要能够判断工作的本质,就能大幅提高生产率。同样是八个小时的时间,就能完成更多的工作。

为何无法停止加班

消灭加班,最有效的方法是设定完成时限。

若一项工作必须在规定的时间内完成,员工就能产生高度的集中力,并会给每个工作安排好先后顺序着手进行解决。

可是,只有完成时限并不足以消灭加班。

若无法减少工作量,除了增加员工数,就只有延长工作时间,这是不可否认的事实。

可是,一味地增加员工数量是无法实现改善的。若以增加员工数来应付同样性质的工作,企业就无法取得进步。

因此,只有减少工作量才能解决问题的本质。

我要求所有部门都给出自己消灭加班的提案。

比如商品部就提出了"现在使用的资料无法获得必要的信息,不得不自己制作资料"的问题。于是公司跟系统部门进行商谈,确保所有必要资料都能够打印出来。这样一点点积累,最终把全公司的"工作量"减少了 20% 以上。

可是，要完全消灭加班是十分困难的，公司便在执行中途设置了"10% 原则"，即每个部门在 18:30 以后的逗留人数不得超过部门总人数的 10%。毕竟像结算和商品展示会这样的工作，加班是不可避免的。

到二〇一三年，公司将那个数字改为 7%，进一步提高了工作效率。

到现在，即使是财务结算期和商品展示会期间，全公司的加班人数也保持在了 7% 以下。

加班迟迟无法消灭，不仅仅因为个人的工作方法有问题，同时也与公司的工作机制有关。

无印良品首先制定了**"傍晚不得把新工作交给别人"**的规则。若上司傍晚五点钟给下属分配了需要两个小时才能完成的工作，当然就使其不得不加班了。

此外，除了上司吩咐的工作，其他部门委托工作也尽量要在上午进行。这样一来，委托方也能尽早计算出完成时限，方便分配工作，更提高了效率。

尝试消灭加班的企业很多，但也仅止于每周一天，试图每天都不加班的企业，基本上都失败了。

那是因为他们既不减少工作量，又不增加人手，因此，绝不可能减少工作时间。

并非只要设置时限就能减少工作，还需要上司注意交托工作的方法，时时注意改善业务方法，减少"工时"（减少工作，提高效率），经过种种努力之后，才能最终实现目标。

话说回来，由于我不把一件事情做完就不甘心，便会在需要加班时向人事部门提出加班申请。看到上级身先士卒，下属自然不得不跟随，如此也就增强了减少加班的意识。若有人认为加班是对工作热情的一种表现，那他的上司就必须先改变这个想法。对工作的贡献程度并非靠时间来衡量，而应该以结果来评判。

提案书"只需一张 A4 纸"

看国会直播,经常能看到打瞌睡的议员。

自己不发言,只听别的议员讨论,会打瞌睡也是难免的。这跟在学校上课一样,只听不说,注意力很快就会分散。

许多企业都会连日开会,无印良品也不例外。

可是,只会浪费时间的会议是毫无意义的。

讨论固然重要,但会议的最终目的必须是"决议、执行"。会议结束后才是重头戏,会议只是事前的准备而已。

要成为"95% 执行,5% 计划"的企业,必须极力缩短会议的准备时间,将时间花在执行上。

为此,无印良品规定每次开会用的提案书不能超过一张 A4 纸(双面)。就连开发新分店这样的大型议案,也只有一张 A4 大小的提案书。

这一机制在当初也并非一下就得到员工的接受。

有人将 A3 大小的资料缩印成 A4,也有人把好几张 PPT 拼在一起印出来,声称这就是"一张"。总之大家都绞尽了脑汁来对抗。

虽然公司没有特别规定提案书的格式,但关键在于必要的数值和重要信息有没有包含在其中。

例如新分店的提案,除了候选店面周边情况、卖场面积、租金和押金、周围是否有无印良品店铺等基本资料以及营业额目标之外,还要加入未来五年左右的损益预测表(计算能够获得多少收益的财务表格之一)。

在会议上发表时,一边播放建筑物外观照片、开店地点的整体布局、周边地区地图等投影,一边进行说明。

要将这些内容精练到一张纸上,就必须事先进行市场营销和调查。

而那些工作的指标,就是业务规范书。

例如调查周边顾客群体、候选地区的人流量、对附近商业设施进行考察并预测营业额,这些调查重点都是规定好的。再根据郊外以家庭为单位的住户比较多,若选择他们能够开车或骑车来购物的地点,应该能获得很好的收益,这样的调查结果来进行判断。

而调查本身就与"执行"直接相关，所以必须花时间认真进行。

可是，提案仅仅是一份文书，花时间做这个就等于偏离了工作的本质。

有人酷爱使用PPT，放映大量照片插图，极尽复杂，搞出一份高深莫测的提案书来。

可是，那并不是工作的本质。

真正的目的是让提案通过，而非做一份华而不实的提案书。

我以前也曾花好几天时间制作一份几十页的提案。

几十页的提案做起来很花时间，开会时也要讲解一个多小时。说的人和听的人都疲惫不堪，别的议题也没有时间进行，无形间拉低了工作效率。

而且那份几十页的提案，所有重点集中起来也只有一张 A4 纸的内容而已。

若不决定好将工作时间花费在哪个阶段，就会平白浪费掉宝贵的时间。

更何况，信息量过大的资料反而有碍沟通。

店里经常收到很多日常汇报和指示书。

若不将内容维持在一张 A4 纸内，甚至连看的时间都没有。洋洋洒洒一大篇，理解起来也要花费不少力气。总之，经营的沟通是以量和速度决胜的，妨碍沟通的大量提案书会使经营的执行力大幅下降。

话说回来，有的企业还禁止使用 PPT，不过无印良品还没有做到那一步。只要能在发表时有效传达必要的信息，无论用 PPT 还是 Excel 都没有问题。只是应该一直保持这样的意识：那些只是表达自己想法的手段而已。

自己是否真正把握了想要表达的重点，只要试着将其归纳到一张 A4 纸上，就能知道了。

摒弃"虚有其表的会议"

一个企业的"执行力",只需看看他们的会议就知道了。

以前,无印良品的会议非常爱走形式化道路。很多事情其实早已在背后达成了共识。

比如讨论开新分店的时候。

店铺开发部长负责主持,公司各高管和各部门负责人会集一堂听他发表。不过能听懂那些发表内容的仅有几个人而已。那个提案到底是否妥当,估计也只有开发部长和社长清楚。

尽管如此,各个部门的负责人既然都出席了,总觉得自己该说点什么,就随随便便地提出了自己的意见。

有时还会提出"那附近的人流量怎么样?""那里都住着什么人?"这样的问题,回答不上来就重新考察。负责人好不容易考察回来,再讨论同样的问题,又会因为一些无关痛痒的提问而被轻易否决,白白浪费了几个月的辛苦。

这样一来,不仅负责人受不了,对经营效率也有很大的影响。

因此，公司内部很快蔓延开了私下决议的风气。

尤其是对提案有关键影响力的高管更是受重视。每每在提交报告前，负责人就先找相关高管千方百计要他把自己的提案给内定了。

这种风气是最严重的官僚主义。靠私下决议创造的高效率会议徒有其表，让员工渐渐倾向于不敢一个人承担责任，想方设法要拉别人下水共同承担责任。

事情变成这样，会议就已经沦为单纯的仪式。重要议题都已经事先得出了结论，只在会议上讨论一些细枝末节的琐碎事情。由于无法展开活跃的讨论，也就无法实现组织的活化。

重视手续高于执行的公司，只会渐渐衰退下去。

我担任社长的时候，那样的情况依旧没有改变。一有什么事情，那些部长和负责人就会跑来找我说："开会前有些事情想向您说明一下，您有时间吗？"于是，我决定根绝私下决议的行为。并将其转换成了负责人独自做出判断，独自负责执行的机制。

此外，还规定了提案书必须由高管或部长来提出。这是为了让部门管理人掌握全部细节，能够采取具有风险的行动。因为那种"当事人意识"对执行力具有重大的影响。

现在,公司的会议已经非常有效率,真正成为"精英会集之地"。

由于会议上一定要有两三个人发言,我担任主持人的时候就会随机抛出几个问题,若不对所有信息了如指掌,就无法回答那些问题,因此每位出席人员都会带有一定的紧张感。创造让会议的参与者更加能动的环境,这也是非常重要的。

会议是否流于形式化,关键在于机制。若改变机制,会议就能摇身一变,成为组织成长的动力。

Chapter Five

培养把自身工作"机制化的能力"
——有了"基础"就能"应用"

让自我保持"更新"的方法

工作是什么？

要用一句话来回答这个本质性的问题比较困难，但我认为，工作就是"人生的价值"。

一天二十四个小时里，工作占据了最多时间，按八小时工作制，就相当于一天的三分之一，也就是人生的三分之一。虽然私生活与工作同样重要，但让工作更加充实无疑是人生的重大课题。

为了让工作更加充实，就不得不思考维持积极性的方法。

不断重复同样的工作，总有一天会感到厌倦，也会遇到事业的瓶颈。

而帮助维持积极性的，就是指南。

从这个意义上来说，指南不仅对组织，甚至对个人也是不可或缺的。

很多人都认为按照指南办事会使工作变得被动，那是因为自己的指南完全照抄了别人的东西。若能够制作自己的指南，就能俯瞰自己的工作，从中发现问题和课题。

自己发现问题，自己考虑改善对策，自己执行。只要让自己的 PDCA 循环起来，就能切实地提高生产力。

恐怕很多人都在形成自己独特的一套工作方式。一旦到达部长、课长级别，更是积累了一定的知识和经验。

可是，正因为是经验者，才更容易把工作当成流水作业，从而失去成长的空间。

每份工作都有自己的基础作业，若不认真对待就会放松警惕，最终导致重大失误。

很多人都说，医疗现场是险情最多的地方。

每天都给同样的病人开同样的药物，分量的改变很容易后知后觉，或是做着做着手术发现需要用的医疗器具没有准备好，仅仅是一点小差池就能酿成大祸，这几乎已经成了见怪不怪的事情。许多险情都发生在基础作业和习惯作业中。无论身处多么危险的现场，一旦每天都重复同样的工作，人的感觉还是会渐渐麻木。

钢琴和吉他的弦放久了就会松懈。为了预防那种情况的发生，就必须定期调音，让弦保持紧绷。

要保持工作时的紧张感，同样需要调节。正因为是基础作业，才更要制定指南，以求每次都能实现极高的精准度，同时也能够维持工作的积极性。

那样一来，就能一直将工作升级到最新版了。

创造"自己的MUJIGRAM"

那么,要如何制作自己的指南呢?不如我们来实践一下。

举个例子,如果部门每天都会开早会,就首先写出晨会的内容。

①全体成员互相问候;

②传达联络事项;

③值班员工进行一分钟演讲;

④齐声朗诵企业理念。

根据企业不同,有的地方还会组织做广播体操,或者合唱社歌。

由于每天都要开早会,不知不觉就会敷衍了事,甚至有人一边打哈欠一边摇摇晃晃地来参加。那种早会要是继续下去,可能会有人指出:"需要联络的事项用群发邮件不是更有效率吗?"

遇到那种场合,你是否能正确解释"为什么一定要开早会"呢?若无法解释,那就证明自己也已经染上了惰性。

即便是为了明确为什么要开早会,制作指南也是有帮助的。

那么,按照 MUJIGRAM 的风格来制作早会的指南,会变成什么样子呢?

何谓"早会"

何物:上班前将员工集中起来,互相问候并发表联络事项;

何为:为了让部门内部成员实现沟通;

何时:每天早晨,持续十分钟;

何人:全体员工。

这里的"何为"部分,可以根据企业不同的目的调整,如:为了提高员工士气,为了让员工掌握基本商业礼仪等。

随后,再秉着那个目的,来审视一遍早会的流程吧。

■**全体问候**

问候是沟通的基本。

· "早上好,今天也请多多指教。"要发音清楚;

· 用丹田发音;

· 笑脸相迎;

· 鞠躬时上半身弯曲45度,双手放在身前;

· 听别人说话时要抬起脸,挺直腰。

*看着脚尖、声音太小、姿势不正、打哈欠的人要当场警告。

■传达联络事项

①上司向下属传达:

· 本周目标;

· 上周目标的完成度;

· 昨天会议上的决定;

· 其他部门的联络事项;

· 若交易对象提出投诉,要在会上指出。

②若下属有事汇报,则听取并记录。

到这里，我们可以确认一下这个方法是否实现了早会"促进员工沟通"的目的。

问候没问题。那传达联络事项如何呢？若觉得那只是上司单方面地向下属训话，就要想想别的办法，使其变成双向的对话。

首先让下属报告正在执行的工作进度，再由上司发表意见，这样一来，应该就能沟通了。或者让下属报告今天一天的工作日程，若有遗漏则由上司指出，这个方法或许能够实现交流。

像这样把指南明确下来，就能随时检查现在的工作方法是否偏离了工作本质。

越是像早会这种习惯化的业务，就越能通过制作指南的方式发现问题和改善方法。一旦重新确认了每天日常工作的目的，就能改变原本怠惰的行动。

"完美的沟通"也能指南化?

制作指南,既可以按照不同的工作进行制作,也可以按照不同的目的进行制作。

指导下属时、与上司对话时、与合作对象交涉时,只要将这些制作成指南,或许就能保证对话顺利进行。

当然,交谈的对象是人类,不一定会像指南上提到的那般顺利,但只要规定了基础,自然就方便发挥了。请尝试想象一下,给自己制作接待客人的指南。

这里就试着做一份"警告下属"的指南吧。

何谓"警告下属"

何物:纠正下属错误和矛盾的行为;

何为:让下属认识到失误和矛盾的原因,并通过反省获得成长;

何时:下属失误或引发矛盾时;

何人:自己。

■警告下属前的准备

·尽量选择周围只有自己和警告对象两人的场合；

·最好在会议室等单独的空间谈话。

■警告时的态度

·不要跷二郎腿，抱胳膊；

·不要边工作边说话，要与下属面对面；

·对方站立时自己也站立，对方落座时自己也落座；

·不要感情用事。觉得快要失控时先深呼吸，或者暂时离席平复心情。

■警告时的顺序

①先听下属的说法

·在警告前，先听本人解释；

例：对重复犯同样错误的下属说："最近你错误犯得有点多啊，发生什么事了吗？"促使下属进行解释。

·下属说话时不要中途打断,要听到最后;

·下属说话时适时做些简短的回应,鼓励对方继续说下去。

②告诉下属自己对那些错误和矛盾的感觉

·以自己为主语发表感想;

例:我一直都很看好你,所以难免有些遗憾。

·不要劈头盖脸地训斥。

<警告时的禁句>

× 你是不是不够认真啊?

× 到底要我说你多少次。

× 真是高估你了。

③询问对方的想法

·"你是怎么想的?""你觉得为什么会出现这种情况呢?"——了解对方的想法。

·无论对方如何回答,都不要加以评判。只需无条件接受。

④让下属思考该如何进行改善

·不要自己提出解决方案。一旦说出来，下属就不再想依靠自己的努力解决问题。

·若对方无法当场想到解决方法，就让他"回去好好想想"。

无法与下属进行良好沟通的人，光是想到这样的事情就会心烦意乱了，不过一旦制作出指南，就能大大减轻压力。

避免感情用事，而是顺着这个流程进行交流，基本就能顺利解决问题。若效果不佳，还能尝试换一种说法，从另一个方面切入。

一旦加入了禁句和推荐语句等自己独特的重点和诀窍，就能制作出拥有流通血液的指南。把新员工和老员工分开对待或许也是可行的。

其实，每个人心中应该都有这么一套类似的处理办法，只是没有将其指南化而已。

之所以将其明文化更好，是因为这样一来，就能时时自省平日的行动了。

对下属的解释充耳不闻，只会一味斥责的人，在考虑怎么骂人之前，先想想那些步骤，或许就能发现自己的指导中存在什么问题了。在制作过程中能够发现问题，这才是指南的真正目的。

就连家务也是有了"基础"就能轻易实现"应用"

从二〇一一年起,无印良品连续三年进入了"'我最喜欢就职的公司'排行榜"前二十五名。

公司招聘员工时并不设定男女人数,而是论能力聘用,并且很早就制定好了完善的生育和养老制度。想必这就是被员工喜爱的地方吧。

日本经济长期持续低迷,如今已经进入了女性结婚后也不得不出来工作的状况。

而双职工家庭必定会遇到的问题,应该就是家务分担了。尤其在孩子还小的时候,育儿更是加重了家事负担。

身处这样的家庭,何不制作一份指南呢?

你觉得我在开玩笑吗?即便如此,也万万不能怠慢了这些事情。即使在工作之外,有许多事情也是只要奠定了"基础",其后的"应用"便会顺利很多。

比如上述的"家务指南",或许有很多人认为女性根本不需要那种东西，但对男性来说，那则是非常有必要的。

如果被夫人们吩咐"去洗衣服""去扫地"，先生们很可能不知道用哪种洗涤剂、放多少、晾衣服的架子在哪里，等等，只能像没头苍蝇一样手忙脚乱。

如果因为分担家务而吵架，甚至积累压力，还不如制作一份指南，让两个人都知道家务的做法，就不容易再引发矛盾了。

何谓"洗衣服"

何物：用洗衣机洗涤家人衣物的家务；

何为：为了让家人穿上干净衣物；

何时：每天早晨或晚上；

何人：每周一、三、五是某某，二、四、六、日是某某。

明确了"洗衣服的概念"，接下来就要考虑"洗衣服的顺序"。不能只写"洗"，而应该列举出"衬衫类彩色要跟白色分开洗涤（为了防止移色）"之类的注意点，如此便能顺利地完成工作。

在制作指南的过程中，会发现仅仅是"用洗衣机洗衣服"这个家务，就包含了各种各样的流程。进行到晾晒衣物的阶段，搞不好还需要另外的指导。

对夫人们来说，平时无须动脑筋就能完成的家务有可能在先生们看来是完全未知的工程。若不做出事无巨细的指示，就无法达到预期的结果。

这样的MUJIGRAM不仅适用于夫妻分担家务，还能在孩子帮忙做家务时成为参考。因为是家庭用的MUJIGRAM，我建议一家人热热闹闹地制作更能增进感情。

而且，MUJIGRAM还是时时更新的指南。以前一直由单人完成的工作，在有了家人分担以后，可能会出现"洗衣服这样分类会不会更好"的想法。而且随着孩子的成长，指南可能也会发生变化。

每到那种时候，只要全家人聚在一起，商量最合适的方法就可以了。

或许各位会觉得这只不过是洗衣服而已嘛。据说史蒂夫·乔布斯有一次购买洗衣机,还跟家人商量了好几个星期。全家人每天晚餐时间都会讨论,是欧洲产的比较好,还是美国产的比较好,最后才决定要买欧洲产的。

由此可见,只要改变对家务的看法,它还能成为促进家庭感情沟通的契机。

作为不断创造利益之原动力的"指南"

俗话说：初心不可忘。

想必再没有比坚持这句话更难的行动了吧。

我爱吃爱喝，一不注意就会导致体重飙升。最高峰时甚至达到了八十四公斤，体检时还被查出了脂肪率过高导致血液黏稠的情况。

于是我产生了危机感，开始每天早晨跑步或散步。由于工作性质所致，许多时候都要陪客吃饭，因此，每周都会有两三天以蔬菜沙拉等简单食物为晚餐，有时甚至不吃。减少进食量一开始确实很痛苦，但只要坚持三个月，胃容量就会缩小，也能保持令人舒适的空腹感了。

慢慢地，我的体重减少了十三公斤，身体比以前更轻盈，体检也能顺利通过，因此安心了不少。可是，过不了多久又因为一时不注意，回到了之前的生活，三年后体重又渐渐开始增加，十年后待我回过神来，又增长到了八十公斤。我的三十岁、四十岁、五十岁这几个十年，就是在同样的循环中度过的。

健康（体重）管理和企业（工作）管理有着共通之处。

到这里为止，本书已经介绍了在无印良品内部流通的各种指南的制作。可是，无论多么完美无瑕的指南，都不可能坚持超过十年。

就算那个指南能给企业带来很好的发展力，也会随着时代的变迁慢慢劣化。所以，如果不让 MUJIGRAM 时时更新，有一天它就会变成没有了流通血液的指南，只能再次被束之高阁堆积灰尘。

我在无印良品的公司集会等场合也无数次对员工强调了本书的内容。

可是，过一个月再问，就会发现 98% 的人已经忘记了我说过什么。这并不意味着员工缺乏干劲，而是人的本性如此。

人总是会遗忘，就算改善了，也会很快重蹈覆辙。

经营散漫的企业慢慢无力支撑，只能寻求专业的企业重振顾问，大费一番周折改善经营状态，等状态稍微稳定后又翻脸不认人，让顾问不要多管闲事。这样的中小型企业还为数不少。正如俗话所说：好了伤疤忘了疼。人一旦经历过苦难，很快就会将其遗忘。

为了能够一直重新审视自己的初心，就必须不断实践。因此我也不厌其烦地一直埋头于机制的创建，并且今后还会继续下去。

不管是制作自己的指南，还是创建部门的机制，那都并非终点，而是开端。时刻注意将问题解决在萌芽阶段，不断实践下去，就能让自己的工作方法更加精练。

遇到挫折是理所当然的，得不到预期的结果也不是什么怪事。就算那样，也不能回避问题，而要不断思考，不断行动，这样一来，必定能实现自身的进化。

而好的指南，就是让自己**不断前进的原动力**。

结语

不急，不躁，不骄

莫烦恼——这是我刚上任社长时在记事本里写下的一句话。

镰仓时代的幕府掌权人物——北条时宗就曾因为蒙古"元寇"的侵略而苦恼不已。在"元寇"第二次进犯前，他拜访了建长寺的无学祖元，当时祖元就在纸上写了"莫烦恼"三个字交给时宗。

不要烦恼。不迷茫不烦恼，一心投身于眼前的现实。这就是我从那三个字中学到的道理。

领导者在实施改革时，必定会遇到许多障碍。

下属的反对，成本问题，甚至股东的反对。即使碰壁，作为一个领导者也绝不能退缩。必须坚信自己的战略，并坚定地执行下去。

"无法教好下属""自己领导的团队迟迟没有成果",想必很多人正在这样的困境中挣扎。

我认为,困境才是最珍贵的财富。

我认为,比起顺风顺水的时期,倒是遭遇逆境时,自己的成长更加快速。

本来我从西友调到无印良品,是属于降职。

我在西友工作时,并不是那种看上司脸色行事的性格。不愿从属于主流派系,只在集团一角以自己的风格做事,所以,上司也对我没有好脸色。我认为,那可能就是自己被降职的原因。

当时,无印良品从属于西友,以在西友卖场里开店为主要经营手段。当我得知自己被调到无印良品时,说句老实话,确实有些受打击。因为我性格中更大一部分,就是难以忍耐自己所处的环境无法让自己发挥全部实力。

调到无印良品后,我先是就任了总务人事部的课长。当时面临的课题堆积如山,我也马上便开始埋头工作,想做出一些成果。

慢慢地，我的工作开始受到好评，职位也一层一层往上升了。

我常在新员工的入社仪式上说这样一句话：

"不急、不躁、不骄。"

这三种态度非常重要。不仅仅是新员工，无论对谁，这些都是非常重要的态度。如果坚持践行这三种态度，就有可能抓住机会，若不践行，那就永远只能与机遇擦身而过。

塞翁失马，焉知非福。现状下一刻会往什么方向发展，这是谁都无法预测的。就算觉得自己的人生陷入了谷底，说不定下一个瞬间就会好转起来。

无论状态好坏，都要将其理解为锻炼自己的机会，毫不气馁，一步一个脚印，并且确保留下成果，只有这一条路。

有许多人一旦担任管理职位，就会霎时傲慢起来，把下属当成小弟来使唤。甚至有的管理者还把下属的功劳据为己有，这样的人，是不可能获得人心的。最后大抵都是被评价为无法管理下属，随后被降职。

一骑当先、努力达成目标并非领导者唯一的工作。创造让下属率先发起行动的机制，逐渐改变下属的意识，才是领导者更重要的使命。

对组织来说，"不急、不躁、不骄"的态度也是非常重要的。

所以才要制作指南，避免绝望和傲慢的态度。

逆境中总会有一条生路。改革并非一朝一夕就能实现，不急、不躁、不骄，坚持不懈地前进，相信总有一天，能踏上自己所坚信的道路。

MUJIRUSHIRYOHIN WA,SHIKUMI GA 9 WARI SHIGOTO WA SIMPLE NI YARINASAI
© 2013 Tadamitsu Matsui
Edited by KADOKAWA SHOTEN
First published in Japan in 2013 by KADOKAWA CORPORATION, Tokyo
Simplified Chinese translation rights arranged with KADOKAWA CORPORATION, Tokyo
through JAPAN UNI AGENCY, INC., Tokyo
Simplified Chinese edition copyright © 2019 New Star Press Co., Ltd.
著作权合同登记号：01-2018-6458

图书在版编目（CIP）数据

无印良品成功机制／（日）松井忠三著；吕灵芝译. —北京：新星出版社，2019.3
（解密无印良品）
ISBN 978-7-5133-3166-1

Ⅰ. ①无… Ⅱ. ①松… ②吕… Ⅲ. ①轻工业-工业企业管理-经验-日本 Ⅳ. ① F431.368

中国版本图书馆CIP数据核字（2018）第162312号

无印良品成功机制

（日）松井忠三 著；吕灵芝 译

策划编辑：	东　洋
责任编辑：	李夷白
责任校对：	刘　义
责任印制：	李珊珊
封面设计：	broussaille 私制

出版发行：	新星出版社
出 版 人：	马汝军
社　　址：	北京市西城区车公庄大街丙3号楼　　100044
网　　址：	www.newstarpress.com
电　　话：	010-88310888
传　　真：	010-65270449
法律顾问：	北京市岳成律师事务所

读者服务：010-88310811　　service@newstarpress.com
邮购地址：北京市西城区车公庄大街丙3号楼　　100044

印　　刷：	北京盛通印刷股份有限公司
开　　本：	889mm×1092mm　　1/32
印　　张：	6.875
字　　数：	57千字
版　　次：	2019年3月第一版　　2019年3月第一次印刷
书　　号：	ISBN 978-7-5133-3166-1
定　　价：	158.00元（全三册）

版权专有，侵权必究；如有质量问题，请与印刷厂联系调换。

無印良品が、世界でも勝てる理由　世界に"グローバル・マーケット"は、ない

无印良品

Tadamitsu
Matsui

[日]松井忠三 —— 著　吕灵芝 —— 译

新星出版社　NEW STAR PRESS

解密无印良品 3

世界观

目　录

Contents

前言

序章　MUJI 在世界上究竟有多受追捧？
无印良品不以"海外迅速扩张"为目标 _002 / 为何法国"有许多与 MUJI 思想产生共鸣的人"？ _008 / 欧洲的"制胜模式"很难找到 _012 / 中国乌鲁木齐市"最想要的店铺"第一名 _016 / 为什么文具品类在澳大利亚大受欢迎？ _020 / 利用 MoMA 实现理想开端的美国 _023 / 加拿大一号店开张时"热泪盈眶"的原因 _027

Chapter One
坚持不懈，直到成功——"尽早"进军，"切实"进军
"MUJI"在世界腾飞之日 _032 / 海外的 MUJI 曾经"连续十一年赤字" _037 / "不屈的灵魂"与"房租精算" _043 / 商标之争——无法在中国开店的原因 _048 / 一号店出现赤字——既不撤退，也不再开 _054 / "早期进入"这一大原则 _058 / 没时间烦恼"是否要进军海外" _063

Chapter Two

用"巡航速度"扩大经营吧——七种方法，决胜海外！

方法一 保持独特性 _069 / 方法二 入乡随俗 _076 / 方法三 确立全球化的三个条件 _080 / 方法四 永远将成本放在首位 _091 / 方法五 构筑不会失败的机制 _098 / 方法六 让开店节奏适应各地的品牌渗透度 _104 / 方法七 如何选取适合海外工作的员工？_112

Chapter Three

"日本之好"也能成为武器吗？——"概念"很重要

世界追求的"日本式服务"究竟是什么？_118 / "这样'就'好"——重视这种理念 _121 / 销售的不是"商品"而是"生活方式"_126 / "为简而简的商品"无法决胜 _130 / "香薰"为何人气如此旺盛？_136 / "日本人的协调性"也能成为力量！_139

Chapter Four

"商品被追捧的方式"在海外是不一样的——应重视"发现"多于"制造"

"能够代替任何东西"的商品力 _146 / 收纳盒，棉花糖……"出人意料的人气商品"的秘密 _150 / "白色"也有很多种类 _157 / 无印良品一直在磨炼的"发现力"_161 / 并非"制造"，而是"发现"——FOUND MUJI_165 / 那双"直角袜"是这样诞生的！_167 / 孕育了世界最前沿的设计——WORLD MUJI_175 / 在日本畅销的商品"会成为常设商品"_180

Chapter Five

"MUJI 主义"没有国界——如何渗透品牌哲学理念

当地员工聘用标准是"喜欢 MUJI" _184 / 当地员工用"主流"来培养 _189 / 品牌理念"彻底共享"的机制 _194 / 让海外员工浸染 MUJI 主义 _200 / 不用广告的"宣传"方法 _204 / 对顾客也要"明确说明"理念 _210 / "与全世界顾客进行交流"的互联网活用方法 _215

Chapter Six

能找到"各国独特常识"的人——"活跃在世界舞台的人"的心得

能在海外活跃的人具备"八个条件" _220 / 要学会游泳只有"下水一游"才行 _231 / "各国独特的常识"该如何寻觅 _235 / 当地"人与人的关系"非常重要 _239 / 如何深入当地人际网络 _243 / 去海外赴任前需要准备的东西 _246 / 消灭海外发展的大敌"OKY" _250 / 日本的常识并非世界的常识 _253 / 热情能促使人展开行动 _259

特别访谈

"在海外不断取胜的 MUJI"之关键人物,良品计划社长松崎晓先生问答

西友时代交涉离婚,良品计划时代交涉结婚 _267 / 无印良品海外事业部的重构 _270 / 让交涉成功的三个基本条件 _274 / 第一年度出现赤字也能在三年内转为盈利 _276 / 在其他国家建造"展示厅"的创意 _278 / 向海外发展必须先把握自己的长处 _281 / 留在我心中的一句话 _284

前言

无法在世界成功的企业，在国内也难以生存

每每听到"在世界舞台上战斗""到海外发展"这样的话，人们总是很容易觉得那跟自己没什么关系。而拿起本书的各位想必也不会例外。

"我们公司的商品是面向国内开发的，顾客也都是日本人。跟'全球化'这个词没什么关系。"

可是，即使是在日本国内从事商业活动的人，如今也不得不将目光投向世界了。"没有在世界取胜的力量（不得其法）的企业，在国内也无法生存"——这便是如今这个时代的写照。

无论什么行业的人，都有必要具备在世界舞台上战斗的思考

方法。例如，"到新地区开发时，需要注意到'与那片土地相适应的速度'""要开发无论走到哪里都行得通的商品，不仅要重视'制造'，还要重视'发现'""日本的常识并非世界的常识"……

如此这般，无印良品通过海外发展学到的思考方法，对任何业界的经营活动都很有价值，即使只在日本工作也能够应用得到。

另外，目前正在探讨向海外发展的企业，以及单纯对无印良品的海外发展感兴趣的读者应该也很多吧。我在演讲和采访中也经常被问及："为什么无印良品在海外发展得如此顺利呢？"

确实，无印良品的海外店铺正在稳步增加，渐渐成为受到各地消费者喜爱的品牌。报纸上也经常会出现"良品计划，海外好评"之类的标题。这是为什么呢？

关于这个问题的解答将在正文中叙述，在这里，我先介绍两个要点。

①"无印良品的海外发展，其实存在着鲜为人知的失败历史"

无印良品的海外店"MUJI"目前已经发展到了营业额将近

一千亿日元的规模。可是，在到达那个里程碑之前，是一段漫漫长路，也经历了无数的失败。而那种不断失败的经验，无论对无印良品还是对我，都是不可替代的"财富"。"这样做会输"的认识，不经过实践是无法获得的。我已经于二〇一五年五月从良品计划会长一职退任下来，趁这个时机，我想在本书中与大家共享我们的"财富"，这也是我写作的目的之一。

② "在世界取胜存在模式，无论哪个日本企业都能实践"

在积累失败模式的同时，也能够从中抽取出某种制胜模式。而这个制胜模式，一经语言叙述便是非常基本而简单的东西。目前在海外取得成功的企业还是少数，不存在"在那里怎样战斗才能赢"的教科书。所以，我也希望本书能够为读者提供一些灵感，为日本经济的发展做出一点贡献。

那么，接下来我就从商品、企业理念和品牌战略、经营以及人才等方面进行叙述。序章里首先以媒体报道为依据，介绍了目前世界是如何看待无印良品这个品牌的。或许读者会觉得里面全是好话，但请注意，在到达那个层次前，我们经历了许许多多的失败。

我认为无论海外还是日本，商业的本质都是不变的。无印良品的海外战略可以说是所有企业都能使用的基本方法，只要熟知"基本"，构筑"机制"，必定能在世界通用。最重要的是在获得成功之前不懈地努力。我相信，那样一来，就算要花些工夫，最终也必定能在世界打开一条通途。

松井忠三

* 本书在论及海外店铺与品牌时采用"MUJI"表述，除此之外皆表述为"无印良品"，两者运营公司均为"良品计划"。

序章

MUJI 在世界上究竟有多受追捧?

无印良品不以"海外迅速扩张"为目标

从无印良品进军海外到现在,已经过去了二十四年。在此期间,无印良品的业务发展到了二十五个国家及地区,设立了三百零一间店铺。

海外的MUJI经常被拿来跟优衣库一起报道。截至二〇一五年八月底,优衣库已经在十五个国家开设了七百九十八间店铺。优衣库自二〇〇一年才开始进军海外,仅用十四年时间就发展出了MUJI两倍以上的店铺。

仅从数字进行比较,或许有人会认为"MUJI在海外的发展没有优衣库好"吧,但我们却觉得"这样就好"。这种速度甚至可以说充满了无印良品的风格。

MUJI的开店速度绝对说不上快。因为**我们会确保每家店铺收回了投资成本并实现盈利后,再设立新的店铺**。我们就是靠着这种办法,坚定而脚踏实地地增加店铺数量。同时,这也是为了减少经营赤字,防止最终不得不从海外撤回的"失败模式"。

另外，百元店大创自二〇〇〇年开始进军海外，目前已经在二十六个国家开设了一千四百间店铺（二〇一五年三月统计）。

大创在海外也很少有直营店铺，而是采取加盟方式（加盟者成为店铺所有人，向加盟总部支付加盟费，总部将旗下开发的商品和服务、方法等提供给加盟者）增加店铺。他们和当地企业缔结加盟合约，由那个企业从日本采购商品进行销售。

虽说是"百元店"，但在海外由于地域不同价格也会不一样，据说在美国是一美元，加拿大是两加元，而在中东地区则约等于二百日元。美国还有另外两家企业正在发展一元店业务，这让大创目前陷入了苦战，不过因为日本百元店的商品质量优良，在那边的评价似乎很不错。二〇一二年他们进入中国内地，目前已经开设了三十四间店铺。据说因为中国顾客对日本产品的品质特别信赖，店铺门口甚至会排起长龙。

能够保持如此高的开店节奏，应该还是归功于加盟方式吧。

同样，经营便利店的7-11和罗森在海外好像基本上也都采取了加盟方式，将运营交付给每个国家的加盟商。7-11目前在海外已经拥有超过三万八千间店铺,"全家"拥有超过五千间店铺,罗森也已经开设了超过五百五十间店铺,其店铺数量和规模是其他行业的企业难以比拟的。

可是与此同时,"全家"于二〇一四年取消了与韩国当地加盟商的合作关系,从韩国市场全面撤退。当时其在韩国店铺数量已经高达七千九百二十五间,是海外最为庞大的店铺网络。根据报道,由于撤出的两年前,当地法人将店名改为"CU",开始了自主经营,使得两者之间龃龉渐深;而韩国的规制强化使得二十四小时经营变得更加困难,这也成了取消合作的原因之一。

果然,将运营完全交付给当地加盟商的方式难免会出现疏漏,且难以建立企业独特的风格和运营方法。进军北京的7-11在二〇一四年爆出了两亿日元的赤字,看来就算是大型连锁便利店企业也在苦战之中啊。

MUJI之所以不以快速扩张为目标,是因为我们的目的并非独占市场。

无印良品本来就不是追求"一人独胜"的企业。就算店铺数量少,但唯有无印良品在各地都拥有死忠粉丝。不像经营服装的优衣库,会与H&M和GAP等店铺形成竞争关系,光顾那种店铺的人们应该也不会产生"我只愿意在这间店买东西"的想法吧。

至于MUJI,无论在哪个国家都能获得"买了MUJI的文具之后,再也不想去别的店买了""这么方便的收纳小物,在其他地方根本找不到"这样的评价。只要能获得那种"只愿意在这里买东西"的粉丝,店铺就能在那个国家得到长久的喜爱。

而MUJI在海外还有一个卖点,那就是"日本色彩"浓重。

优衣库和H&M、GAP等品牌是无论在哪个国家都能穿着的时尚服装,自然拥有走到任何地方都能被接受的长处,但相对而言就缺乏了那些品牌原生国家的特征。又如宜家,其店铺内销售的商品也并没有非常强烈的北欧风情。

可是MUJI却在世界上打响了只诞生在日本、来自日本的制造商这个名号。

那是因为,以禅和茶道等为代表的日本美学意识和高度精神性，在 MUJI 的商品中得到了鲜明的反映。

要开发出能在海外得到普遍接受的商品，关键在于如何打造出品牌的个性。或许是通过融合无印良品特色和日本特色，我们成功地在顾客心中留下了"日本品牌 MUJI"的印象。

虽然 MUJI 的海外事业目前总算是步入了正轨，可是在开始进军海外之后的这二十四年间，仍有十一年经历了连续的失败。详细情况我会在第一章进行说明，总之，当时的 MUJI 不慎陷入了"失败的模式"。尽管如此，那十一年也绝对没有被浪费。因为我认为，**唯有将失败模式积攒到一定程度，才有可能找到制胜模式。**因为只有经历了各种各样的失败，才有可能找到成功的方法。

世界上并不存在从一开始就能成功的海外事业教科书，我们只能一边失败一边学习。

现在，MUJI 在美国、法国、中国、韩国等国陆续开设了旗舰店（开设在大都市一等地段，代表了企业和品牌的大型路面店铺）。这意味着我们总算拥有了能够在海外做到那一步的能力，同时也意味着我们的海外战略迈上了一个新的台阶。

然后,在不久的将来,海外店铺数量应该会超过国内店铺数量吧。到那个时候,无印良品就会变成"世界的日本MUJI"了。

为何法国"有许多与 MUJI 思想产生共鸣的人"？

MUJI 在法国开设第一间店铺，已经是十七年前的事了。

在法国，由于我们开店过于急躁，在某个时期甚至出现了八间店铺中有四间不得不关闭的情况。至于现在，全部十二间店铺都在顺利运营。

全世界最理解无印良品的哲学理念、最能与之共鸣的国家，说不定就是法国。还有顾客说："每次进入店铺都能感受到 ZEN（禅）的思想。"通过简约而不浪费的商品设计和店内展示，他们一定是感受到了无印良品自创始以来便一直非常重视的品牌哲学吧。

因为那里的顾客连我们的品牌哲学都能够深入理解，法国成了世界第一个进行 "FOUND MUJI" 的国家。

所谓 FOUND MUJI，是从全世界人们日常生活中使用的物品里，发现"良品"，再遵循其生活和文化、习惯的变化进行些许改良，加入"无印良品特色"，配以合适的价格进行商品化的活动。

日本在东京、青山开设了相关店铺，其他店铺也有部分FOUND MUJI的商品销售。青山店铺里搜罗了包括日本在内的世界各国自古传承的道具、布料和衣物等商品进行销售，在无印良品中也属于独树一帜的店铺。

在法国也存在"细心而专注地使用喜欢的物品，让它长久陪伴自己"的传统理念，我们认为，那与FOUND MUJI所追求的观念非常吻合。

于是，二〇一四年九月，我们在巴黎一区开设了欧洲旗舰店MUJI Forum des Halles Place Carrée，并在店铺一角设置了FOUND MUJI展柜。当时，我们与当地的杂货店"merci"合作寻找了许多法国人知道却不熟悉的传统厨房器具，比如具备调节颗粒大小功能的椒盐瓶、二百八十年前就已出现的传统陶盆、用砂岩制作的葡萄酒醋壶等，都是一些简约而实用的小物，把那个角落装点成了充满法国特色的FOUND MUJI。

以前有人给我介绍过一篇报道，说"巴黎和伦敦的人们对MUJI的印象都是'传统'"（*COURRiER Japon*二〇一三年三月刊）。

曾经随处可见的正统良品，在欧洲也已经被忘却了。特别是欧洲的都市，是时尚最前沿的阵地，想必人们都在追求更新颖更独特的事物吧。

而在二〇〇八年的雷曼事件后，那种潮流似乎开始倾向于回归原点。**剔除冗余，将基本的使用功能优异的东西认作"好东西"的人越来越多了。** 而日本的禅和茶道精神，可能与这种理念形成了呼应。

在开设法国旗舰店时，我们采取了以前从未尝试过的策略。

我们让三位法国艺术家构思了开张宣传用的海报。然后，再委托印制了毕加索和马蒂斯作品的巴黎老牌版画印刷工作室 idem，用和纸进行印刷。这些美丽的海报很快就成了世界性的热门话题。因为在日本也做过展示，想必有的读者看到过吧。

应邀参加这个项目的菲利普·威斯贝克（Philippe Weisbecker）、保罗·考克斯（Paul Cox）、让-米歇尔·阿尔贝罗拉（Jean-Michel Alberola）三人都是对 MUJI 钟爱不已的粉丝，他们非常爽快地接受了我们的委托。

　　法国与日本有点不同，那些对时尚和室内装饰更加敏感的人会更深入地接受 MUJI。例如 *Marie Claire Maison*、*Glamour* 等杂志都介绍过 MUJI，其中 *Marie Claire Maison* 就是一本家装杂志。另外还有一本名叫 *Intramuros* 的介绍建筑和家装最新消息的杂志，也给 MUJI 做过特辑。这说明，MUJI 在法国已经超越了生活杂货，其设计性本身受到了极大关注。

　　然后，读过那些杂志的人又能继续向外传播 MUJI 的好处，因此才让法国的 MUJI 被定位在了具有考究艺术性的店铺这一属性上。

欧洲的"制胜模式"很难找到

在欧洲，我们还在英国、意大利、德国、瑞典、西班牙等十一个国家开设了店铺。每个国家对 MUJI 的"理解方式"都有点不一样。

比如在意大利，甚平衫和足袋袜、筷子、便当盒等洋溢着"日本"感觉的商品很有人气，让人觉得顾客对 MUJI 的产品普遍很有共鸣。

意大利是"慢餐运动"的发祥地。所谓慢餐是与快餐相对的概念，关键在于使用传统食材和传统烹饪方法，守护本国的传统料理。这个想法与无印良品"避免像快餐一样的商品"这一理念是共通的。或许因此，意大利人才会对 MUJI 的商品产生共鸣吧。

在德国，二〇〇五年，MUJI 的电话机、碎纸机和 DVD 录影机等五种商品获得了专门为优秀设计而颁发的"iF DESIGN AWARD"金奖。这是世界上最权威的设计奖项之一，不仅是德国国内，世界各地都会有许多参选者。而二〇〇五年以后，MUJI

开设法国旗舰店时制作的海报（上）和店中模样（下）

的产品又多次获得了金奖。

尽管 MUJI 在欧洲的评价很高，但是所有开设的店铺都没有像预想般开始盈利，这才是最大的难题。因为欧洲每个国家的"个性"都不一样，导致"制胜模式"也很难确立。

即使在能够深度理解无印良品哲学的法国，巴黎分店虽然运转良好，但开设在其第三大都市里昂的店铺却经营状况不佳。这让我们渐渐明白，每个国家的第一、第二大城市或许会有 MUJI 的顾客，可是到了一些地方城市，那样的顾客就不太多了。

在进入一个国家五六年后，我们就能慢慢抓住该国的偏好，可是在从来没有开过店的地方开拓，却经常会陷入产品完全卖不出去的惨境中。

德国的第三号店铺柏林分店渐入佳境，汉堡、法兰克福等地的分店也进展顺利，可是在汉诺威这个位于德国中央偏北地区的大都市，我们的店铺却陷入了苦战当中。当时在汉诺威行人众多的街头进行"你知道 MUJI 吗"的调查时，有很多人回答说"知道"，因此开店时我们感觉到了切实的把握，但结果竟是营业额不尽如人意。

在亚洲国家，只要按照交通量、平均收入和人均 GDP 等指标来把握市场开设店铺，通常都能在某种程度上进展顺利，可是这在欧洲却行不通。**尽管在处于经济成长途中、收入不断增加的地区发展不错，但在经济增长停滞、高龄人口众多、失业率偏高的欧洲，MUJI 的成长十分缓慢。**另外，居民心中的"价值观"会随着地域改变而出现差异，这也会对店铺的成功产生影响。

我认为，要在欧洲地方城市找到制胜模式，还需要花上一点时间。

中国乌鲁木齐市"最想要的店铺"第一名

当中国乌鲁木齐市的开发商向我们发出"希望能把 MUJI 开在这里"的邀请时,我和当时的海外事业部部长松崎晓都结结实实地吃了一惊:"啊?在那里开 MUJI?"

尽管心里想着"在那里开店确实是有点困难吧",松崎还是去造访了开发商。结果从对方那里得知,乌鲁木齐某座高端商城改造时,曾经在当地进行了"你最想要什么店铺"的调查,最后第一名便是 MUJI。在中国西部的一座城市里,MUJI 被选上了。我打心底感到惊讶,原来 MUJI 的知名范围已经如此广了吗?或许是通过 SNS 等渠道传播开来的吧。

在中国,我们很早就进入了香港开店。品牌渗透度之深,甚至让 MUJI 成了香港大学生就业人气排行第七位的企业。这种热议程度,或许也极大地提升了 MUJI 在中国内地的知名度。

我们几乎从来没在中国做过任何开店的打探,一般都会等对方主动发出邀请(因为我们申请开店和对方邀请,两者的条件会截然不同。接到邀请后再展开行动能够在很多方面获得主动性，因此我们采取了坐等邀请的策略）。尽管如此，来邀请我们开店的人还是络绎不绝。

决定进入中国时，也有人提出"那个钟爱华丽事物的国家会不会喜欢MUJI啊"这样的意见，但最终证实那只是杞人忧天。在中国，购买MUJI的也不是富裕阶层，而是中产阶层的顾客。MUJI早已是人们心中"想买来看看"的品牌。目前，中国中产阶层人群的工资逐年上涨，而MUJI的粉丝也与之成正比增长。

最近，中国的人们对无印良品哲学的理解也超出了我们的想象。

"中国服装网"这个中国时装网站上，曾经大篇幅介绍过MUJI。上面说MUJI受到了"禅"思想的影响，还评论道："中国禅宗经历两千余年，从日本回到中国，再次征服了中国民众。"这确实是非常中国式的报道。而且，网站上还介绍了无印良品的顾问原研哉先生所说的"无印良品产品的美学意识中，蕴含着'空'

的思想"这句话,让人感觉在中国,我们的商品也不再仅是以形式简约知名,顾客们开始体会到其中的哲学理念了。

从这个意义上说,**中国或许也即将迎来从大量消费的社会转变的时期了。**若真如此,也就无怪有越来越多的人会被日本的禅和茶道精神所吸引。

二〇一四年十二月,成都的MUJI世界旗舰店——成都远洋太古里店开张了。这家店坐落在总面积九百五十坪[1]的土地上,不仅在中国,在所有海外店铺中都是规模最大的,同时还设置了中国内地第一家Café&Meal MUJI和IDÉE卖场。

因为欧洲市场已经成熟,属于"成长渐渐下滑的市场",而以中国为代表的亚洲市场却是"不断上升的市场"。这也就意味着,其中还蕴含着无数的机会。我们在中国开设店铺的速度也是整个海外市场中最快的,二〇一四年度达到三十间店铺,甚至已经超

---

[1] 面积单位,1坪约等于3.3平方米。(译注,下同)

过了同年日本国内的开店数。

只是，刚刚进入中国市场的时候我们还是受了不少苦，详情会在第一章进行介绍。总之，受苦的原因就在于"有许多日本人觉得不合常理的事情，在中国人看来却是常识"。尽管如此，**中国作为世界最大的市场，根本不存在"不进入"这个选项**。同时，中国也是与欧洲各国相比，更容易使我们找到制胜模式的国家，因此，我想让各位读者以我们的失败为参考，毫不畏惧地挑战这个市场。

为什么文具品类在澳大利亚大受欢迎？

或许读者会感到很意外，MUJI 是最近才开始进入澳大利亚的。二〇一三年，我们在墨尔本开了第一家店。

澳大利亚对有机产品非常重视，甚至被称为有机产品发达国家。MUJI 的有机棉等商品也获得了"善待环境的想法很好"这样的评价。而大多数顾客因为再生 PP（聚丙烯）材料的塑料袋是石油制品而要求使用纸袋的现象，恐怕也只有在澳大利亚才能看到吧。

在澳大利亚人气爆棚的商品是 USB 风扇和男用内裤。刚开店的那段时间，这两样东西只要一上架就会被一扫而空。

在澳大利亚也有青睐日本产品的倾向。买车就选丰田、买家电就选索尼这样的想法深入人心，实际上只需说明产自日本就能占据很大的市场优势了。

澳大利亚的日用品向来都被认为品质欠佳，特别是文具。圆珠笔很快就写不出字来了，笔记本的纸又薄又容易让墨水洇开，长期使用这样文具的人们一旦接触到日本产的文具，自然会大呼

"好用得不想离手"了。据说,如果带日本文具给澳大利亚人当礼物,他们会高兴得不得了。

而且,由于澳大利亚物价高昂,销售低价质优商品的大创在那里非常受欢迎。这样想来,澳大利亚对日本企业来说,不也是一个充满机遇的市场吗?

MUJI 在澳大利亚获得的关注度非常高,连世界著名的时尚杂志《时尚》(*VOGUE*)旗下的家装杂志《时尚生活》(*VOGUE LIVING*)澳大利亚版都用大篇幅报道了 MUJI。

标题使用了 "MUJI, the cult homewares" 这样的表述。所谓 "cult",指的应该是 "拥有狂热死忠粉丝" 的意思吧。这让我们感觉到,MUJI 的传闻也漂洋过海到了澳大利亚。

这篇报道中最让人印象深刻的,是当地员工用 "素之美" 来介绍无印良品的概念。因为素之美被直接说成了 "su no bi[1]",

---

1 "素之美"的日语发音。

这个词说不定能像"Wabi-sabi[1]"一样在海外广为流传。

或许人们对澳大利亚都抱有"位于南半球,快活而浮华的国家"这样的印象。但实际上,那里的人们都过着质朴的生活,很少在外用餐,不会将金钱花费在无用之事上。据说,无论是家具、家电还是服装,他们都倾向于长久使用,不轻易购置新品来替换。用电和用水也非常节约,搞不好是比日本人还厉害的"节约家"。

或许,正因为是那样的国度,才通过MUJI对简约而质朴的日本生活方式产生了共鸣吧。

---

1 日本茶道精神的"詫び・寂び"(侘寂)。

利用 MoMA 实现理想开端的美国

二〇〇一年,美国纽约现代艺术博物馆(MoMA)向我们发出"希望在博物馆商店里销售 MUJI 商品"的邀请,当时公司内所有人都吃了一惊:"那个 MoMA 吗?!"

MoMA 是在日本也经常举办展览的世界著名博物馆。那里的博物馆商店中,搜罗了策展人通过自己的审美精心挑选出的艺术商品。顺带一提,发现群马县桐生市的松井编织技研制作的色彩鲜艳的竖条纹围巾,并使之成为博物馆商店销量第一的热门商品的,也是那些策展人。这或许说明,日本的产品中存在许多能让世界最前沿的艺术家青睐的高品质商品吧。

MUJI 被选中的理由是"考究的设计和对环境友好的商品"。从二〇〇二年二月起,我们在那里销售了大约六十种商品,都受到了一定的好评,于是两年后,我们在博物馆商店一角开设了 MUJI 店铺,并在里面销售大约二百种商品。

这对我们来说,是求之不得的美国市场开端。尽管当时还没正式在美国开设店铺，我们却在世界各地人们都会造访的博物馆商店里取得了实绩。走进博物馆商店的主要都是对美术有一定兴趣的人，如果MUJI的好评在拥有优秀审美感官的人群中扩散开来，我们在美国成功的可能性就会提高。终于，二〇〇七年，美国一号店开张了。

或许在MoMA的成功仍留有一定影响，在美国直到最近还存在将"MUJI"与"艺术"联系在一起的倾向。二〇一四年圣莫尼卡分店开张时，由蜂鸟美术馆展览部部长布鲁克·霍奇（Brooke Hodge）女士担任主持，UCLA（加利福尼亚大学洛杉矶分校）建筑系教授阿部仁史先生和当时的良品计划社长金井政明在美术馆进行了一次对谈。

霍奇女士是当代艺术的行家，自从在伦敦发现了MUJI的商品后，就成了我们的粉丝，而且还在MUJI好莱坞店开张时为《纽约时报》撰写了一份稿件。得到富有艺术造诣的人给予的高度评价，仅此一举就能让品牌地位得到确立。**即使不是奢侈品牌，只要拥有切实的概念，以及从那个概念中孕育出来的商品，就算是在海**

外也能打动人心。我认为，这是在海外取胜的一个要因。

话说回来，尽管日本常常把"欧美"放在一起谈论，但其实美国与欧洲的思考方式和感受方式还是有着很大的差异。前面已经提到过，在法国无须任何说明，就能得到人们"MUJI是禅"的评价；美国却拥有更为直截了当的、以价格和品质决胜负的特点。在美国，现在应该是"Made in Japan（日本制造）"这个因素使我们得到了顾客的信赖，但若对商品的背景故事进行说明，顾客们也能够理解。因此我考虑，不如多花些时间，让MUJI的哲学理念也渗透进去。

此外，还有一件值得关注的事是MUJI在美国因"商业"而受到了瞩目。我们曾被《彭博商业周刊》（*Bloomberg Businessweek*）这份杂志报道过。二○一四年，商业杂志《福布斯》（*Forbes*）也刊登了MUJI的介绍文章。

在那篇报道中有这样一段话："MUJI的商品并没有注明设计师姓名。作为公司的一位员工，他们的设计师领的是月薪，据说还没有额外奖励。这种匿名性可谓是 MUJI 的特征。此外，在不进行过多宣传这方面，更有人认为'MUJI 的低调便是卖点，或许国外有些人认为那是一种酷，但我们自己并不会这样说'。"同时，《福布斯》还尖锐地指出："正是 MUJI 的非品牌性铸就了他们的品牌地位，这不就与名称本身产生矛盾了吗？"

面对凡事讲究逻辑的美国人，"为抗拒大量消费的社会"而诞生的"无印"这种理念实在是很难传达。可是，美国或许已经迎来了需要从大量消费的社会蜕变的时期。

在美国，现在越来越多人对禅着了迷。苹果公司的史蒂夫·乔布斯凭借禅的理念进行产品开发，这已经是很有名的故事了，此外，好像有越来越多的 IT 企业也开始实施以禅为核心的项目了。

富足而方便的生活一旦过剩，人们或许就会开始向往简朴而剔除了冗余的禅意生活。在这样的大潮流中，不远的将来，日本人的精神或许会得到新的认同。

加拿大一号店开张时"热泪盈眶"的原因

那是二〇一四年十一月,加拿大一号店开店时的事情。金井和当时的海外事业部部长松崎晓去了当地,据说开张当天早晨,当他们正优哉游哉地吃着早餐时,MUJI加拿大的员工突然打来了电话,语气中难掩兴奋:"有很多客人在门口排队,能不能提前开店呢?"

原本预定的是十点开张,但门外已经排起了长龙。加拿大是个寒冷的国度,那天的气温是 -1℃。就在那样的严寒中,店外却聚集了大约三百位顾客。或许是因为我们在宣传中提到开张当天头一千位顾客可获得托特包作为礼物吧,排在最前面的人好像早上七点半就到那里了。那真是出乎意料的强烈反响。

金井和松崎急忙赶到那里,彼时客人已经增加到了六百位左右,店门前排起了一条长龙。看到那样的光景,两个人都流下了感动的泪水。

在日本,恐怕有超过九成的人都知道无印良品吧。因为已经扎根到了这种程度,就算在以前从未开设过店铺的日本地区新开店铺,也不会有人在门口排队。就算排起来,充其量也就五十个人左右。而在异域国度,并且还是首次登陆的情况下,却有那么多顾客在等待我们。MUJI在国外竟成了期待值如此之高的企业,这让我不禁感慨万千。

当天从开店到打烊,客流从未中断,据说还惊动了当地电视台,扛着器械跑来看看"发生什么事了"。一经电视报道,更帮助了我们宣传,第二天又有更多顾客来光顾了。

那天的情况连加拿大发行量最大的报纸《多伦多星报》(*Toronto Star*)都进行了报道,上面还形容MUJI开店"如同苹果公司发售新产品般受到狂热的欢迎"。

《环球邮报》(*The Globe and Mail*)则策划了一个"设计师们为何喜爱MUJI"的特辑,收集了加拿大建筑师和设计师等MUJI粉丝的声音。此外,加拿大当地的广告制作集团Creators' Lounge官网上也大张旗鼓地刊载了当时MUJI加拿大分社长角田彻的采访。MUJI在加拿大的确受到了狂热的欢迎。

当我们还在美国发展业务时,加拿大的顾客就一直在抱怨"为

加拿大一号店开张当天排起的数百人队列

什么不到加拿大来"。在加拿大既有茶道教室,又有能剧活动,许多人都对日本传统文化深感兴趣,或许他们是受到了日本人纤细的美学意识的感染。

我们打算在二〇一五年内,于多伦多市内开设二号店铺,想必今后还会陆续增设店铺吧。

MUJI在世界各地收获了狂热的粉丝,影响力在不断扩大。二〇一五年度的海外营业额预计将首次突破一千亿日元大关。可是,尽管在中国的经营进展顺利,在欧洲各国开店、销售、库存管理等方面存在的诸多难题也是不容忽视的事实。MUJI的海外战略始终不会固定下来,今后也将继续一边试错一边不断向前摸索。

本书主要介绍MUJI在海外是如何构筑起"不败方法"的。在到达那个高度前,我们当然经历了无数次失败。首先,我想从那些失败开始谈起。

Chapter One

坚持不懈,直到成功
—— "尽早" 进军,"切实" 进军

"MUJI"在世界腾飞之日

二〇一五年秋季，我们终于在纽约开设了旗舰店 MUJI Fifth Avenue。其实我们已经在纽约开设了包含 MUJI to GO 在内的五间店铺，但那是第一间卖场面积超过一千平方米的大型店铺。不仅如此，地点还在曼哈顿的第五大道，那可是与巴黎香榭丽舍大街齐名的世界屈指可数的高级商店街之一啊。

当此事最终决定下来时，我感到了前所未有的兴奋。MUJI 终于走到这一步了，这让我有种看到自己的孩子长大成人般的感慨。

同时我也意识到，MUJI 的海外发展迎来了一个新的阶段，那便是"腾飞"的阶段。

回首 MUJI 迄今为止的海外发展，可以分为以下三个时期：

· **低迷期**：一九九一年至二〇〇一年。刚进入海外发展，却经历了连续十一年的赤字时期。同时，那也是毫无计划性，只知道乱开新店铺的莽撞时期。

·**成长期**：二〇〇二年至二〇一二年。重新审视早期开店的问题点，改变战略之后，二〇〇二年第一次达成了盈利目标。其后一点点增设店铺，顺利地打好了根基。

·**飞跃期**：二〇一三年至今。二〇一三年，海外事业部的营业额达到了二百八十四亿九千一百万日元，比前期增长了19.0%，实现了飞跃性的提升。二〇一四年的营业额与上年相比增长了64.3%，达到四百六十八亿一千六百万日元。可以说，无印良品已经开始展翅高飞了。

二十四年的海外发展之路，绝不是一条康庄大道。**MUJI的海外发展，从一开始就是一条布满荆棘之路。**

MUJI的海外一号店，是一九九一年七月在伦敦自由百货的别馆开设的。

一九九一年三月，我从西友调到了良品计划。此前在人事部门待了很长时间，就是为了给这次调动做准备。建立新的人事制度、计算薪酬、招聘员工、组建工会，这些就是我的任务。于是调动之后，我马上便与海外一号店的负责人开始了商讨。

自由百货是一八七五年开创的元老级高级百货商店。它并不像日本的百货商店那样包含很多店铺，而是只有一间店铺。现在的大楼是一九二四年建造的，是一座充满了厚重古典气氛的三层木制英式建筑。在日本也很有人气的许多花纹和佩斯利纹（paisley）自由印花（liberty print）便是这座自由百货原创的。其创始人与英国设计师一道参与了工艺美术运动（Arts & Crafts Movement）和新艺术运动（Art Nouveau，以法国和比利时为中心展开的国际艺术运动）。

顺带一提，所谓工艺美术运动，是为反对产业革命带来的粗劣商品大量生产行为而产生的运动，其主旨在于重新重视手制工艺品。这与日本的民艺运动（思想家柳宗悦发起的，在无名匠人制作的日用品中寻找美学价值的运动）有些相似，或许也跟无印良品的原点是相通的。

如此富有历史的百货店竟表达了对无印良品的认可，表示"适合在我们店中展示"。当时良品计划的母体西友也已经开始了海外发展,但如果没有得到在那座百货商店一角设置店铺的契机,我认为无印良品是不会发展到今天这个盛况的。

很快,无印良品的初期顾问成员之一,设计师田中一光先生和创意总监小池一子女士便赶往英国,开始策划店铺的设计了。光是听到这两个名字,就能看出当时的无印良品下了多大功夫。最后完成的卖场与现在的MUJI不同,是以黑色为基调的厚重感觉。

当时考虑过用无印良品的罗马字来表记店名。可是,那对欧美人来说实在太难发音了。于是,自由百货的一个女制作人提议省略成"MUJI",而"MUJI＝素色"这一词汇上的意义也正与"无印良品"相通,大家都认为非常合适,最后便一直在海外使用至今了。

此外,当时的卖场里摆放的都是在日本销售的商品,例如服装、寝具、收纳小物、文具等,甚至还有味噌和酱油这样的日本食材。

初开店时,获得了当地顾客很大好评。MUJI去除了冗余的简约商品对伦敦的人们来说似乎很是新鲜。

毕竟Wedgwood和Minton一类诞生于英国本土的高级餐具都是奢华风格的设计，同样来自英国的Burberry则以苏格兰格纹而出名。没有任何纹样图案，颜色也以黑白为主的，更偏向于基础款的MUJI商品因此而获得了"简练""摩登""创新"等好评。虽然销售时没有特别强调禅和茶道精神，但伦敦市民好像还是从MUJI的商品中自然而然地感受到了日本人的美学。

之所以会如此，应该是源于发起了工艺美术运动的英国人的国民性吧。英国陶艺家伯纳德·利奇（Bernard Leach）还参加了日本的民艺运动，英日两国之间，感受美的心灵应当是共通的。

想必当时的相关人员也切实感觉到了，MUJI在海外能够被接受，而且说不定还能获得比国内更多的思想共鸣者。

海外的 MUJI 曾经"连续十一年赤字"

最初的一步虽然很顺利,但海外发展并不是那么简单的事情。

之后,我们又在英格兰的利物浦和苏格兰的格拉斯哥开设了分店。

利物浦是甲壳虫乐队诞生的地方,也是历史悠久的港口城市。可是,在伦敦如此受好评的 MUJI,在这里却意外地吸引不到客人。因为都没有顾客去碰商品,卖场从早到晚都干干净净,没有丝毫凌乱。

听说利物浦最近开了一家很大的商城,但在 MUJI 登陆的时候,那里还是一座安静的小城,晚上十点过后连吃饭的地方都很难找到。那里的生活方式与伦敦截然不同。

当时 MUJI 的商品都是从日本出口的,价格是日本的三倍左右。早已习惯使用廉价铅笔和笔记本的当地人可能都会想:"这么贵的笔和本子谁会买啊。"

格拉斯哥的情况也一样,营业额惨得可怜。最后,这家店早

MUJI 海外一号店，伦敦的 MUJI West Soho

早便被关闭了。

至于伦敦那间值得纪念的一号店,开业六年后,由于出资50%的自由百货经营陷入困境,不得不与之解除了合作关系,店也关张了。我们刚进入欧洲,就迎来了持续四五年的愁云惨雾。

在英国开设分店的同时,我们也在中国香港开设了一号店,开始进军亚洲市场。因为亚洲对MUJI的接受程度更高,因此开店频率比欧美更快。

对亚洲的顾客来说,MUJI是其非常向往的品牌。他们并非像欧洲人那样被MUJI的思想所吸引,而是有一种热衷于购买"质量优良的日本商品"的心理。

当时亚洲分店的商品售价也是日本的三倍以上,当地人可能无法轻易下手购买。但不顾价格高昂而购买了的人,似乎都爱上了方便而优质的MUJI商品,因此出现的MUJI忠诚粉丝比欧洲要多得多。

可是,我们在亚洲不断开店的同时,也在不断关店,因为在

当地的运营存在很多漏洞。

我们与一家名叫永安集团的香港公司成立了合资公司,把当地运营全权委托给了他们。而永安集团的人都是按照不动产公司信口开河的价格租下店铺,租金自然非常高昂。不仅如此,建立卖场的还是对 MUJI 一无所知的当地店员,负责销售的也是对销售一无所知的人。因此最终只得到了一个非常遗憾的结果,营业额毫无起色。

更不幸的是,一九九七年爆发了亚洲金融危机,店铺租金猛涨,当时在亚洲开设了店铺的日本百货店都齐齐撤退。永安集团的经营也瞬间恶化到了连货款都无法支付的程度,最后我们只能解散合资公司。高峰期开到了十三间的店铺,也全部关闭,从这个市场彻底退出了。

如果我们能在这一阶段就从根本上重新检讨海外发展策略,最后的结果或许还不至于那么糟糕。

可是,当时国内的无印良品势头实在太好,营业额超过一千亿日元,利润超过了一百三十亿日元,别说是"踩刹车"了,简直是要一脚油门踩到底才甘休。一九九八年前后,甚至还放出了"在海外开设五十间店铺,让营业额增长十倍,海外营业额目标二百亿日元"的大号令。于是,在此之前,一直只在欧洲保持每年开设一两间店铺的步调,一下变成了一九九八年开设五间店铺,一九九九年开设八间店铺,二〇〇〇年开设七间店铺的快节奏。

正如突然膨胀的气球容易炸裂,坠落突然降临了。二〇〇一年,良品计划出现了三十八亿日元的赤字,经营一度陷入了危机。

那个时期还在担任无印良品网站(MUJI.net)社长的我,突然被调到了良品计划担任社长。

在我马上要到中国出差时,公司突然找我谈了调动的事情,我连冷静思考的时间都没有,刚一回国就接受了社长职位。我以前没在销售和营业这种主流部门待过,所以那对我来说简直就是措手不及。虽然职位是接过来了,但由于毫无准备,我是一点自信都没有,现在再看就职仪式的照片,会发现当时连眼神都是迷茫的。

到底该从哪里着手呢?

虽然当时没有定下任何方针，可单凭数字就能看出，不仅国内店铺需要整顿，连海外事业也同样需要一番大修整。MUJI 走出国门后从未有过盈利，整整十一年全都是赤字。

在那种状态下，其实也可以选择从海外全面撤退。而且，还可以等待国内店铺稍微稳定一些后，再考虑新的海外战略。

可是，我并不打算把那十一年的海外战略整个放弃掉。

我反倒在想，**如果细心探索失败的原因，说不定还能找到成功的可能性。**

于是，MUJI 的逆转大戏开场了。

"不屈的灵魂"与"房租精算"

我成为经营者后切实地感受到一个道理,那就是做生意有九成都是不顺利的。迅销公司的柳井正社长出版过《一胜九败》(新潮社)这本书,道理就是如此。只是,那唯一的"一胜"才是最关键的。就算反复失败,只要最后成功,那一切失败就都是有价值的了。

那么,该如何取得那"一胜"呢?

其中并没有特殊的方法,只有不断坚持直至成功的不屈灵魂而已。

就任社长不久后,我就去视察欧洲店铺了。当时法国有八间分店,大号令发出后开设的四间分店全都经营惨淡。

比如法国迪士尼乐园旁边的购物中心欧洲谷(Val d'Europe)内开设的店铺。我到那里一看,发现店员比顾客还多。就算这里是人来人往的旅游胜地,大家也都只会把钱花在迪士尼乐园,根本不会跑到旁边的购物中心去购物。

MUJI还在卢浮宫美术馆的地下购物中心里开设了店铺。当地人和游客在欣赏完美术作品后，都会到购物中心走一走，而MUJI对有点审美疲劳的顾客们来说应该会显得耳目一新吧——一开始在那里开设店铺的设想或许是这样的。可是，这里也依旧是门可罗雀。到美术馆来的人都会在购物中心买买纪念品，吃吃东西，却不会想走进一家日用品商店里去。搞不好还会有人想："我凭什么要专门跑到卢浮宫来买日本商品啊！"

而且，两间店铺因为地段很好，房租自然也非常高，就这样都变成了制造巨额赤字的店铺。

我马上做出决断："这里必须关掉。"最终只留下了能够盈利的四间店铺，关掉了其他赤字店铺。

只是，法国这个国家比日本更加注重保护劳动者权益，解雇当地店员必须得到工会委员长的签字。此外，他们那里还有类似日本的劳动基准监督署这样的行政部门，若得不到那个部门的许可，连店都没办法关张。

越是了解这些情况，越是令人头疼。最终，我们不得不花费十七亿日元的费用撤出。彼时我真真切切地感受到了，**原来无论是开店还是闭店都需要花钱**。开店对公司来说是一种投资，但闭店带来的只有损失。只凭气势使劲开店是不可能船到桥头自然直的。同时我也领悟到，在开店前的地点选择上必须慎之又慎，要预先定好夺取胜利的战略。

亚洲方面，在我成为社长前，前任社长就已经下令全面撤退了。可是，正好在那个时候，中国香港方面开始不断发出"请再一次开店"的邀请。我看了当地工作人员的电子邮件后，逐渐坚定了"既然对方百般邀请，我们自然应该再次开店"的想法。

当时已经在香港沙田开店的西友也向我们发出了开店邀请。尽管如此，开店却不是轻易就能决定的事情，并且开店的"方法"是非常重要的。通过以往的经验我们深知，一切必须自己来进行操作，最关键的是令租金保持在一个合理的水平，否则只会重蹈覆辙。那时沙田的租金是六十四港币，计算出的收益比率是12% ~ 13%。经过仔细预测和计算，确定这样能行得通后，我们于二〇〇一年再次进入了香港。

虽然那是一个需要紧急"止血"、让陷入赤字危机的良品计划重获新生的阶段，但如果只是单纯地舍弃失败的市场，不仅难以提升员工士气，最终也会让企业失去活力。那时我开始思考，若不从失败的模式中建立起制胜的模式，企业是不可能重现生机的。尽管当时的状况非常严峻，我还是做出了判断，此时应该种下在未来会开花结果的种子。

重新开设中国香港一号店是良品计划旗下的 MUJI 香港用自己的员工进行操作的，同时也实践着日本最前沿的店铺经营方法。这一战略很是成功，店铺的销量非常不错，第一年度就实现了盈利。

同年，我们在利舞台大厦又开了一家店。这里原本是被思捷环球整租的大楼，但当时那家公司的经营状况不佳，便向 MUJI 发出了分租半栋楼给我们开店的邀请。

那里地段极佳，但我们租借的是大楼三层和四层，最为关键的房租因此而便宜了不少。开在那里的 MUJI 创造了连我们都大吃一惊的营业额纪录，在其影响下，利舞台大厦本身也重现荣光。

这两间店的成功变成了让公司整体复活的原动力。员工们真切感受到了世界依旧喜爱无印良品,这让公司内部顿时变得朝气蓬勃。这次成功再加上欧洲赤字店铺的关闭,海外事业部分自二〇〇二年起开始盈利。我们终于从笼罩了十一年的赤字阴云中解脱了。

其后的海外发展便一直以巡航速度一点一点推进。尽管如此,却并非意味着我们闭店数量为零。在亚洲,以中国为中心,我们每年的开店数字保持在两位数,并没有怎么闭店;但在欧洲,尽管我们开店的速度极为缓慢,每年还是要关掉两三间店铺。就算事先经过缜密分析,但由于欧债危机等不可抗因素,店铺营业额还是会受到重创。

因为经商从不存在正确答案,所以凡事都要通过实践才能知晓,挑战过后更有可能会迎来无数的失败。然而重要的是不放弃,不忽视自己的失败,同时也不重复自己的失败。只有让失败转化成下一次挑战的契机,才真正有资格说出"失败乃成功之母"这句话来。

商标之争——无法在中国开店的原因

现在,我们仅在中国就开了近一百三十间店铺[1],但曾经有一段时期,MUJI 无法在中国开店。

一九九九年十一月,我们打算进入中国内地,因此提出了商标申请,但最终返回的审查结果却说"这个商标已经登记过了"。原来,中国香港的盛能投资有限公司(JBI)早在一九九四年到一九九五年间,就为服装和鞋帽等第 25 类商标的商品注册了"MUJI"和"无印良品"这两个商标。

那对我们来说简直如同晴天霹雳。

于是,我们在二〇〇〇年五月向中国国家工商行政管理总局商标评审委员会提出了撤销 JBI 注册的商标的申请。可是,在漫长的裁定过程中,JBI"无印良品"的店铺越开越多,与无印良品的商品似是而非的 T 恤和包袋,都被打上了"MUJI"和"无印良品"

---

[1] 截至二〇一六年十二月,MUJI 在中国的店铺数已近二百间。

的商标卖了出去。

各位无印良品的爱好者们想必都知道,无印良品的商品上本来就不会印上自己的品牌商标,也从来没销售过印着硕大"无印良品"字样的包袋。那连抄袭都算不上,根本就是完全不同的商品。然而,我们若在那个时期进入中国内地,可能被斥为冒牌商品的反倒会是我们自己的东西。

我成为社长时,公司已经与JBI开战了。后来我也始终没有改变方针,采取斗争到底的态度向JBI发出了警告文书,却被一口回绝了。

不仅如此。当时无印良品有九成服装都在中国工厂制作,并出货到日本和欧洲。没想到JBI竟跑到港务局去告状,说"'无印良品'的伪造商品似乎正在被大量出口"。为此,我们的商品一度滞留海关。我们的真货被当成假货,却只能"哑巴吃黄连"。

只是,我们也绝不会一直那样束手无策。很快,我们找到中国实力排名第二的律师事务所进行咨询,决心用尽一切手段奋战到底。

我们在中国知名报刊上以"严正声明"为标题发出声明，还用图片广告申明了"现在市面上销售的'无印良品'和'MUJI'并非我公司制品"的主张。简言之，我们以一种高调的姿态表明了中国内地销售的"MUJI"商品全是冒牌货。

就在那时，上海市人民政府向我们开出了"可以设立三间店铺"的许可。这个大好机会，绝不能放过。

二〇〇五年七月，一号店在上海开张了。

这是为了宣示"我们才是真正的无印良品"而建立的店铺。由于当时争议尚未解决，某些商品上还不能悬挂带有"无印良品"和"MUJI"名称的价格牌，于是我们决定制作一批"良品计划"的挂牌进行销售。店铺里集中了一千五百七十种单品，向所有人展示了MUJI的决心。

开张时我也赶到店里，强调了"这才是真正的无印良品"。

这样一来，也推动了商标评审委员会认可我们的主张。二〇〇五年十一月，我们总算拿到了裁定JBI撤销商标的结果。

我认为，这很大程度上也受益于上海市人民政府对我们的支持。

"这下终于熬出头了。"我们都松了口气。

可是，JBI却不服商标评审委员会的裁定结果，上诉到了法院。是该说他们硬气，还是不知天高地厚好呢？总之，我们做好了准备再次应战，律师事务所也为我们精心规划了辩护方案。

中国采取两审终审制度，经过中、高两级法院的审理，历时近两年，二〇〇七年，我们终于在高院胜诉，JBI的起诉被驳回了。

自从开始申请商标起，经过八年苦战，我们终于赢得了胜利。

于是，第二年我们在上海完成了盼望已久的正式开店。随后以上海和北京为中心，我们加快了开店的步伐。

其实，无印良品和MUJI是在中国商标注册之战中获胜的第一个日本企业，此前的所有官司均以失败而告终。就连日本著名动画片《蜡笔小新》，也在中国被人抢注了图片和标题商标。为此，双叶出版社不得不奋起抗争。这一抗争也持续了八年，终于在二〇一二年胜诉了。由此可见，在海外市场的斗争是多么的艰难。

但是，商标注册这个事情，无论在哪个国家都是先到先得，日本也如此。而且这已经是国际原则，需要大家牢记在心。

像把"劳力士"篡改成"劳刀士"那样的假货，人们还能轻易分辨出来，但目前的主流似乎已经变成了抢注品牌名称和商品名称。那样一来，正品一旦进入那个国家，反倒会被斥为"冒牌货"，情况非常棘手。我们在获得最终胜利前，也花费了不少成本。

据说，最近的日本企业也会在初期便注册好几种版本的商标以规避风险。尽管其中的费用会增加不少，但今后的商场，讲究的就是比别人领先一步。

话说回来，二〇〇五年好不容易开业的上海一号店却给出了令人遗憾的业绩。因为当时开店的目的并不是销售，而是宣示自己才是正品，我认为那样就可以了（不过那间店第二年便实现了盈利，也让我们得到了在中国能成功的预感）。我们赢回商标后，这间店铺也于二〇〇八年结束了自己的使命，功成身退了。

若没有那次纷争，我们或许会更早进入中国内地吧。

可是在一九九九年，我们的企业体制还不算太好，也有可能会马上撤出。或许正因为在实现正式登陆之前，我们已经在其他地区构筑起了成功模式，因此在二〇〇八年正式进入中国内地以后，才得以顺利地增加店铺。

一号店出现赤字——既不撤退，也不再开

有人说，凡事重在开端，如果刚见面的第一印象太差，到后面就很难改变了。

海外发展也是同理。一旦在头一次登陆的地区栽了跟头，有可能就会被戴上"这个厂商（店铺／品牌）也不怎么样嘛"的帽子，所以无论在哪个国家，开一号店的时候都最让人紧张。

有时候即使慎重选择了地点、事先预测了大概的营业额、迎合顾客类型决定销售品类并进行店员培训，做好一切准备后把店开起来，也会出现营业额达不到预期目标的情况。

MUJI 登陆美国的时候就是这样。

二〇〇七年，我们在纽约开设了一号店。我们当时可是做好了万全的准备。

如前所述，在美国市场，我们得到了纽约现代艺术博物馆（MoMA）的邀请，于二〇〇四年在博物馆商店一角开设了店铺，销售近二百种商品。一年后，我们又在另一家博物馆店铺开店，

销量也十分喜人。

一号店的开设也迎来了店门口排起长队的开门红。据说还有一位顾客拿着我们的马桶刷感叹："我之前的日子都是怎么过的？"原来那位顾客只见过又大又笨的马桶刷，从来没见到过小而精致，甚至带盖子的同类产品。那些小小的刀叉和炊具也非常畅销，因为美国找不到同样的产品，而且品质又这么好。此外，从欧洲和亚洲到美国来旅游的游客们大都知道MUJI这个品牌，会带着"啊，这里也有MUJI"的想法高兴地进店购物，这也使美国顾客见状产生了到店里看看的想法。

于是，第二年我们就在时代广场、肯尼迪国际机场和切尔西地区一口气开了三间店。

然而，二〇〇八年九月发生了雷曼事件，情况剧变。从那之后，营业额很快直跌三成，一号店也陷入了赤字状况。

一般来说，遇到这种情况可能会自认倒霉，并在形势没有恶化之前撤退，或者增加新店来填补赤字。我们的看法却是**在恢复**

盈利前，用这四间店坚持下去。

从 PL（损益计算书，清楚列出每年支出和收益的表格）可以看出，汇率受雷曼事件的影响暴跌明显是导致赤字的主要原因。于是我们做出的判断是，利用营业能力渡过难关。

尽管如此，无印良品本来就不在电视上打广告，而且在国外也不能像在日本那样做报纸广告。优衣库在纽约的所有地铁车厢上都打上了"优衣库"和"热感技术"的字样，还在公交车身上做广告，但我们并没有如此雄厚的资金，更何况那种大张旗鼓的宣传本身就违背了无印良品的哲学理念。

所以，首先，我们完善了卖场的摆设，争取让更多美国顾客知道 MUJI。为此，我们以"What is MUJI"为主题，从产品手册、店内展示和网络等方面着手，宣传自己的概念。其次，又在商品上悬挂"原来如此 POP"（无印良品店铺中使用的商品说明 POP）吊牌，介绍商品所使用的素材和商品概念。美国顾客本来就具有经过多方询问、自己认同之后再购买商品的特点，那样的 POP 也成了让顾客对无印良品哲学理念产生兴趣的契机。

同时，我们又重新审视每一项经费，尽量减少浪费，以坚持脚踏实地工作来应对危机。就这样，到了二〇一一年，我们终于恢复了盈利。尽管没有爆发性的热销，但回头客越来越多，风评似乎也越来越好了。

我们认为只要能在三年内消除赤字，就无须从那个地区撤退，便一直坚守了下来。二〇一二年，MUJI又在旧金山市的南市场开了新店，截至二〇一五年，我们已经在美国开设了九间分店。

在经营过程中，有时确实会出现不得不一直忍耐的时期。

问题是如何度过那个时期。大多数情况下，很多人都会选择降价促销或者在电视上打广告，但如今，更需要摸索些与前人不同的做法。

不过，会破坏品牌形象的摸索却是不可行的。只顾着追求利益而忽视了品牌的哲学和概念，就是因小失大了。**就算营业额能够恢复，品牌形象一经破坏则很难复原。**

因此我认为，在困苦时期竭尽全力完成眼前的工作，其实是解决困境的最佳途径。

"早期进入"这一大原则

应该在什么时期进入什么国家呢？

判断时机是非常困难的。可是**有一个原则，那就是在别的企业尚未出手时抢先进入（早期进入）**。

到印度尼西亚考察市场时，我们发现大街上到处都是摩托车，甚至比汽车还多，一辆辆汽车都不得不在摩托车群中穿行。

看到那个光景，我决定"要出手必须趁现在"。因为摩托车数量众多，意味着那个国家正处于经济发展的初期。

我们在二〇〇九年决定进军印度尼西亚，当时优衣库和宜家都还没来到这个国家。同为日本企业的大户屋则在我们开店的前一年在印度尼西亚开设了一号店，目前已经确立了印度尼西亚日料餐厅的先驱地位。

印度尼西亚最近十年一直都保持着 5% ~ 6% 的经济增速，属于新兴经济体之一。人口数量居世界第四，拥有超过两亿人的巨大市场。只要经济持续增长，总有一天汽车数量会超越摩托车吧，

到那个时候再进入这个市场就太晚了。因为在经济尚未完全成长，正处于上升阶段时进入市场，成功率会更高。

印度尼西亚的MUJI商品现阶段还略显昂贵，并非所有人都能随意购买。因此我们的顾客主要是中产阶层以上的人群。可是，随着国民生活水准上升，中产阶层人数增多，他们就很有可能成为MUJI的顾客。

在经济新兴的国家，MUJI也是备受人们憧憬的品牌。过去处在高度成长期的日本憧憬着美国的生活。黑白电视机、冰箱和洗衣机被称为三大神器，拥有这三样东西的家庭都会被人们羡慕。现在的日本何止这三大神器，所有家庭几乎都配备了差不多的家电，每家一辆车也成了很普通的事情。在经济新兴的国家，总有一天也会迎来那样的生活吧。虽然他们现在还买不起MUJI，但那已经成了人们有一天想买来看看的品牌。为了那个"有一天"的到来，必须尽早开店，让品牌渗透到那些地域。

关于"早期进入"还有另外一则具有代表性的故事。

中国四川省成都市最高端的百货店当属伊藤洋华堂。伊藤洋华堂在一九九六年作为外资零售企业，成为全世界第一个得到中国政府许可在其全境开设店铺的品牌。也就是说，他们第一个登陆了中国市场。

据说当初伊藤洋华堂招聘当地人作为员工，向其传授日本式的服务时，还是有很多人非常抵触对顾客低头微笑的举动。尽管如此，他们还是坚持不懈地进行了指导。此外，他们还成功在中国实现了本土化。虽然一开始完全照搬日本方式进行操作，但伊藤洋华堂很快发现，中国是个重视品牌入驻的国度，若没有实力超强的品牌入驻，生意很难做得下去，便进行了大手笔的方向调整。

通过这些努力，加之日本制产品本身的信赖度很高，伊藤洋华堂的生意兴旺起来。目前已经在成都开设了六间分店，营业额比位居第二的北京王府井百货高了不少。

然而，于二〇一一年进军成都的伊势丹在一开始却经历了严峻的困境。那虽然是在日本和上海知名度很高的百货商店，在成都却几乎没有人知道。

二者是相邻的店铺，规模也大致相同，伊藤洋华堂的顾客每天摩肩接踵，伊势丹却门可罗雀。想必其中原因就在于伊势丹错过了开店的最好时机吧（尽管如此，伊势丹每年的营业额似乎也都在上升，最近还开了二号店）。

果然，第一个登陆某个地域是最好的制胜模式。

只要能够尽早渗透那个地域，就能在竞争企业出现前巩固好自身的地位。中国街上的高级轿车绝大多数都是奥迪，那是因为大众汽车（奥迪的母公司）最早进入了中国。

如果能第一个登陆对日本服务和日本产品尚不熟悉的地域，就能给当地带来"感动"。没有任何东西能够胜过那种冲击。

顺带一提，进入经济新兴的国家时，人均 GDP 也是参考指标之一。人均 GDP 与上年相比有所增长，意味着那个国家的经济正在成长。**虽然要登陆人均 GDP 负增长的国家很是困难，但 GDP 略低、发展率却很高的越南和柬埔寨也都是有潜力的市场**，这可以成为一个判断的参考。

中产阶层人数的增加能够拉高人均 GDP，这也使其成为一个判断标准。MUJI 的消费者集中在中产阶层,如果那个阶层人数增多,店铺开设后得到当地人认可的可能性也会变高。

如此这般,用数据分析配合实地考察,根据城市的情况来决定是否开店便是我们工作的基本指针。

没时间烦恼"是否要进军海外"

早在我就任社长之前就与我司关系很好的 Shimala 于一九八八年登陆中国台湾市场。顺带一提,他们在台湾的正式名称是"思梦乐",在中国大陆则是"饰梦乐"。

Shimala 在日本也从不到一等地段开店,而是将店铺集中在从车站开车约有十分钟车程的郊外地段。直到最近,他们才在东京都内二十三区[1]这样的中心地段开店。

Shimala 的特征是廉价品类多,而之所以能够盈利,是因为他们的房租非常便宜。此外,他们还几乎不花费广告宣传费用,并且构筑起了跳过批发商直接配送至店铺的系统,大量削减了经费。其营业额在服装专门店中排名日本第二、世界第八,是一家极其优良的企业。

言归正题,MUJI 和优衣库在台湾都选择了进驻繁华市区和

---

1 指位于东京都中心的二十三个特别区,同属"东京都"这一行政区划的还有多摩地域的二十六个市及伊豆诸岛等地。

大型商业设施，但 Shimala 却将店铺单独开设在了郊外。

只是，在日本郊外可以寻找无人使用的农田，将土地租借过来开设店铺，并将租金压缩大约 5%，到了海外却不能这样了。就算在郊外租到土地开设店铺，他们的商品也比日本要昂贵，更无法像在日本那样控制物流成本。换句话说，在日本的商业模式到海外就行不通了。因此，海外开店十三年间，Shimala 一直无法摆脱赤字。

现在，他们在台湾开设了三十九间店铺，在上海开设了九间店铺，完全不能算多。并且听说他们在中国大陆的困境比在中国台湾还要严重。中国大陆市场竞争激烈，但凡在租金昂贵的市中心开店便会马上陷入赤字。于是他们又尝试到郊外开店，结果租金虽然下来了，营业额却上不去，还是会陷入赤字。目前他们正在困境中挣扎，摸索着盈利的途径。

尽管如此，Shimala 的顾问藤原秀次郎先生还是说，必须要走到海外去。

"不断尝试，直到成功，绝不撤退。"他一直坚持着这点。

如果Shimala因为自己的商业模式在海外并不适用，因此而放弃了努力，他们就永远都无法进军海外。那样一来，就不得不在日本渐渐缩小的市场上苦斗，相当于选择了一条让企业不断衰败的道路。

因为意识到了这一点，他们才会一边苦战，一边学习在海外战斗的方法吧。

今后的时代，无法在世界成功的企业，在日本国内也难以生存下去。这一点已经变得越来越明显了。

目前已经到了没有时间烦恼"是否要进军海外"，而应该烦恼"该如何进军哪个地域"的阶段。

企业走出国门后，需要花费很长时间才能到达可以称为成功的阶段。

优衣库迅速发展海外事业，仅在二〇一五年度就让海外店铺数超过了国内。但他们在刚进入英国时，也曾经因为快速扩张，开设了二十一间店铺，而背负庞大的赤字，最终只能将店铺数缩减到六间。果然，无论什么企业，都要在失败中寻找自己独特的制胜模式。

关于海外发展,只能在不断试错中,一边实践一边经历失败来寻找制胜之道。无印良品在一些地域也还在摸索着自己的制胜模式,当然也有失败的案例。

尽管如此,走出去还是唯一的生存之道。

在商界,多数人的想法都是尽量避免失败和风险。这确实没错,但我们真的没有滴水穿石的时间,因此还是必须尽快展开海外业务。

然后,更重要的是不断尝试直至成功。

从我的经验来看,就算要经历苦战,最终也一定能够找到突破口。而越是不停尝试不断犯错,就越能尽快找到那个突破口。在海外发展这件事上,我希望所有人都能够不惧失败,勇敢挑战。

Chapter Two

用"巡航速度"扩大经营吧
——七种方法,决胜海外!

MUJI之所以能够跨越国境，受到广泛支持和喜爱，是因为许多顾客对我们的品牌概念产生共鸣，并到店消费。

可是，仅有这些是不够的。

作为一个企业，若没有制胜的战略和战术，是无法在世界舞台上保持胜利的。

接下来要介绍的，**是无印良品在海外从"失败"中学习到，并转化为"成功"的一些方法。**

这些并非只适用于无印良品的特殊方法。对各行各业应该都有借鉴价值。

在此，我总结了七点，希望能够给准备进军海外的各位读者提供一些参考。

方法一　保持独特性

· "没有竞争的领域"在哪里

日本企业要在海外获得事业成功，独特性是不可或缺的。

或许有人会觉得"这是最困难的"吧。可是，我们不能因此就逃避。**独特性能够避免"不必要的竞争"。**

所谓独特性其实就是字面意思，别人没有、自己独有的东西。拥有以前从未有过的商品、服务或者商业模式都是成功的关键。

日本企业在海外陷入苦战的其中一个理由，就是无法在与对手企业和商品的竞争中获胜。例如山田电机在二〇一〇年进入中国，却只开设了三间店铺。其中两间店铺还在二〇一三年关闭，如今只剩下了一间。

在中国，将 LAOX 收归旗下的苏宁云商集团这家家电量贩企业占据了零售企业第一位的位置。第二位是国美电器，同样是一家家电量贩企业。仅仅这两家企业就在中国国内拥有超过三千二百间店铺，营业额相加超过五兆日元。

面对这样的强敌，在日本国内营业额达到两兆日元的山田电机就算进入了，也无法轻易获胜。简单来想，对手的竞争力是自己的 2.5 倍以上。

山田电机试图用日本的家电制品来决一胜负，但好像销量并不怎么样。确实，现在到日本来的中国顾客都会大量购买日本家电制品。可是那些家电制品仅限于电饭煲和照相机，这并不意味着其他商品也能畅销。那么，这是为什么呢？

在中国人气最高的是中国、韩国、德国的家电产品，日本产品中较受欢迎的只有大金和TOTO而已。日本家电虽然性能很好，但价格偏高，使中国当地顾客很难出手购买。人们在选购时，大型厨房家电选择德国产品，生活家电则选择没有多余功能的中国或韩国产的廉价产品。日本家电制品其实并不符合当地人的需求。

与此相对，LAOX 如今在日本却如日中天。

LAOX 曾经一度面临倒闭的危险，后来接受了苏宁云商集团的出资，将业务形态转换为主要面向中国顾客的综合免税商店，目前销售的商品有高级钟表、奢侈品箱包、化妆品、纸尿裤、电饭煲和照相机等日本制品。中国游客会乘坐大巴来到秋叶原和福冈的店铺中"狂买"。店内可使用中文，也能使用中国信用卡，因此很受中国顾客欢迎。

与那种资金实力雄厚，又在逐步构建起商业模式的企业竞争，若非拥有同样资金实力的企业，恐怕是十分困难的。

后期加入竞争对手众多的市场，是一项非常困难的挑战。若顾客已经对先来者的商品和服务感到满意，那更是难上加难。

扫地机器人 iRobot 之所以能够在日本扎根并大受好评，是因为在它刚刚发售时，日本还没有能够自动扫地的家用机器人。

如今，各个家电制造商都在开发具有高性能、适合日本住宅状况的扫地机器人，但在销售时，所有商品都会被加上"像 iRobot 一样"的标签。由此可见，独特性的力量是极其强大的。

商品和服务的魅力固然重要，但最具价值的还是"独一无二"。可以说，MUJI 之所以能在海外成功，也是因为 MUJI 这个品牌拥有其他品牌所不具备的独特性。

· **没有独特性的企业"无法取胜"**

那么,作为无印良品制胜武器的"独特性"究竟是什么呢?

通过日常生活中使用的物品,"提出新的生活方式"这一品牌概念本身便是一种独特性。

比如无印良品供应的"简约而经济的家具"本身便彰显了"简约而经济的生活";再比如使用棉屑制作的抹布等"环保商品"也彰显了"环保的生活态度"。此外,使用方便又美观的食器也默默地主张了方便的生活中也要重视机能美。

让选择使用无印良品的商品这一举动本身,成为一种生活态度——这便是我们所强调的经营方式。

另外,商品的品类也能做出自己的独特性。

例如当被问到"无印良品的竞争对手是谁"这个问题时,能列举出的名字有优衣库、H&M、GAP、ZARA等。只是,这些企业仅仅是无印良品在服装领域的竞争对手。我们还经常被拿来与宜家、Habitat和francfranc进行比较,但这也仅限于家具和杂货、日用品部分。虽然存在与无印良品部分领域有竞争的企业，却从来没有哪个企业能在所有品类上与无印良品竞争。

也就是说，拥有"对衣、食、住全方位提出独特生活态度"这一商业模式的企业只有我们一家。**没有竞争对手，这无疑对无印良品的海外发展极为有利。**

无印良品的商品基本上无论在哪个国家都一样，但根据生活习惯和市场成熟度不同，同样的商品也会出现各种不同的使用方法。比如，陶制器皿可以作为餐盘使用，也可以作为置物碟使用，甚至可以用来当烟灰缸（当然，无印良品并没有刻意推荐那些使用方法）。使用的人根据自己的价值观进行选择，然后使用，这是成熟市场中的商品实态。

单看某种商品，文具类的营业额占据较大比例也是无印良品的特征之一。到目前为止，专门经营文具类商品的跨国企业唯有无印良品一家。虽然存在诸如高仕（CROSS）这样的文具制造商，但在零售行业，却是没有先例的。因为文具类商品无论在日本国内还是海外都属于主力商品之一，这也可以说是无印良品的一种独特性。

长期以来，总有人说虽然日本人擅长改良既存商品，使其小型化或多功能化，但并不擅长发明全新的东西。日本企业在海外遭遇苦战的原因之一，就在于不能在原创性上决胜负。可是，看到这里各位便能明白，**就算不去开发能够申请专利的功能和划时代的崭新商品，也能够做出自己的独特性。**

相信有很多企业都总结了战胜竞争店铺、竞争企业的智慧，但只要一开始就不存在竞争对手，就没必要去思考那些了。这样一来，就能避免与对手竞争产生的不必要消耗。

拥有他人无法模仿的独特性，好处并不仅仅止于避免与其他企业的竞争。相反，有时还能令与其他企业"共存"成为可能。实际上，在MUJI进驻的大型购物商城中就算有优衣库和H&M进驻，在许多情况下也能各自取得成功。

正如在日本国内，许多顾客会被"世界首创""日本首创"这种宣传语吸引，那些前所未有的崭新事物在海外也会备受瞩目。

有句俗语说"宁为鸡口,不为牛后",选择还没有人做的事情,坚持走出自己的路线,这样有百利而无一害。如果自主商品和服务中不存在独特性,就必须从那里展开反思。

方法二　入乡随俗

·世界只存在"本土市场"

我一直反复强调"世界不存在全球市场，只存在本土市场"。

谈到海外发展，多数时候企业都会高举"全球视角""向全球市场传递信息"这样的标语。可是，这个全球化究竟是什么呢？就算听到"要拥有全球视角"，很多人也会不知所云。说到底，**成为全球化企业，指的就是能够进行适应各个地域的经营**。能够在世界各地进行本土化的企业，就能成为全球化企业。

只要想想从海外进军日本却最终失败的企业案例就很好理解了。

无法适应日本市场的企业，通常过一段时间就会撤出。法国大型超市企业家乐福便是其中一例。他们失败的原因就在于无法让自己的商业模式适应日本的市场。在海外发展时，必须进行能够被那个国家的人们所接受的经营调整，否则就无法成功。

在全球发展的企业，经常被认为无论走到什么地方都会以同样的方式销售同样的商品，但事实并不完全如此。每个企业都会开发一些适合当地的商品，或是改变销售方式，甚至让部分公司机制迎合当地特色。

进入日本的可口可乐公司开发了许多诸如罐装咖啡"乔治亚"、绿茶饮料"绫鹰"这般日本独有的商品。星巴克也有大量像"抹茶星冰乐®""煎茶拿铁"和春日限定的樱花系列这样的日本原创商品。因为将在美国销售的商品完全照搬过来并不适用，他们就开发了符合日本人口味的商品。

MUJI虽然不会制造只在海外销售的商品，但每个国家的人事、劳动关系都各不相同，我们会根据具体情况进行相应的调整，也会在不同国家应用不同的商品调配方法和退款、换货流程。

配发到日本所有店铺的指南手册MUJIGRAM还分别制作了英文版、中文版、韩文版和新加坡版、澳大利亚版。因为其中存在"单纯从日文翻译过去"无法适用的部分，我们还会随时进行改善，创造适应各个地域的MUJIGRAM。

我认为，这种灵活应对才是真正的全球化。如果只是把日本销售的商品原样照搬到海外,是不能称为全球化的。

再举另外一个例子。

MUJI 开店时虽不会进行大规模的市场调查,但还是会进行一定程度的实地考察。MUJI 在进入中东地区的科威特时,曾将当地店员邀请到有乐町的店铺听取意见。直到那时我们才知道,在科威特使用的都是特大尺寸(约 2m×2m)的床。因为科威特的住宅面积很大,即使在单人房间也不会配置单人床。此外,我们还得知,连桌子等家具也是越大越好。

于是,我们便决定在中东开发原本无印良品没有的大床(虽然这是特例)并进行销售,随后又补充了更多大尺寸的桌子款式。调整自身的商品来适应科威特顾客的需求,这也是 MUJI 风格的本土化行动之一。

· "这个应该很好卖"并不可信

在海外发展中,存在许多不到那个国家便无法知晓的东西。还会经常出现与预料相左的事态。

例如，在日本几乎卖不出去的螺丝刀套装在欧洲却卖得很好。因为欧洲家庭普遍倾向于DIY，很多家庭都配有自己的工具箱。可是，适合女性"把松掉的锅把上紧""更换遥控器电池"这种小作业需求的、紧凑而实用的螺丝刀套装却并不存在，所以MUJI的螺丝刀套装才会成为长期畅销的商品。

另外，通常会有人认为，在全年高温的泰国，毛衣和外套一类衣物不会卖得出去，但实际并非如此。泰国人去如日本和韩国这种有寒冷冬季的国度旅行时也会需要用到防寒衣物，因此还是存在销路的。

在日本思考"这个应该能畅销""那个可能卖不出去"而设计的商品品类，到了当地往往会遇到超乎预料的情况。有时候某些意想不到的商品却会获得众多人气。因此最重要的是，不要抱有先入为主的观念，要先到当地去看看。

在海外是否能成功，关键在于是否能适应那个国家的市场进行灵活应对。为此，当地员工能进行什么程度的状况判断和行动便成了重中之重。

方法三 确立全球化的三个条件

要在海外事业成功,必须确立以下三个条件。

①品牌;

②商业模式;

③执行力。

若这三个条件不能同时具备,就无法顺利实现全球化。这是MUJI在海外发展事业时学到的。

·如何培养"品牌=信誉"

"品牌"基本上等同于"信誉"。所以我认为,没有品牌影响力就很难参与竞争。

在品牌这一点上,CHANEL和GUCCI这样的奢侈品牌跟无印良品(MUJI)其实是相通的。正因为品牌影响力得到了认可,顾客才会进入店铺,把商品拿在手中。

要在海外获得成功,就要推广品牌,使其渗透到那个国家的人们心中。为此，就必须考虑品牌战略。当然，在进行海外渗透前，在日本国内积攒品牌影响力是一个大前提。可以说，**在国内无名的品牌，几乎不可能在海外获得成功。**

在那个过程中，如何构筑自身品牌的立场，这一品牌定位就显得尤为重要。

在MUJI，从刚开始进军海外时起，便一直贯彻着既定的品牌路线：提倡以融会在"禅"和"茶道"中的日本传统价值观为基础的生活态度。

并非华美而功能众多，而是去除了冗余的朴素，这一方向性正是对"用之美"的诉求。

在禅学中，经常会用到"知足"这一概念。那是来源于《佛遗教经》中下面这句教诲的词语。

"知足之人，虽卧地上，犹为安乐；不知足者，虽处天堂，亦不称意。不知足者，虽富而贫；知足之人，虽贫而富。"

相传为千利休所说的"家有顶，食无饥，为足也"也有同样的意思，告诫人们应该戒除无尽欲望。我认为这是体现了人们对待生活的美学意识的话语。

无印良品一直提倡的不要"这样才好"而要"这样就好"的理想的原点,也是那种"朴素之中孕育丰盈"的思维方式。

当然,商品和服务满足一定质量也是很重要的。我们一直都在研究和完善能够彰显无印良品品牌的商品制作方法、品质和功能。并不是单纯化繁为简,而是致力于创造外形优美并且能够被长期喜爱和使用的终极设计。

与最初进军海外时相比,现在MUJI的品牌已经渗透到顾客之中,更容易在新的地域实现成功。这就是所谓的品牌影响力。

可是,无名企业并非一朝一夕便能构筑起品牌影响力,只能一点一点逐渐积累。**首先在那个国家的首都或主要城市选择地段较好的地方开店,是获得品牌影响力的第一步。**

以日本为例,就是在东京或大阪的好地段开店这种感觉。当然租金协商是必不可少的,但首先要开在容易引起注意的地方。若不尽量让更多人知道这个品牌,就无法开展后续行动了。我担任社外董事的外食连锁店大户屋在中国陷入苦战的原因之一,我认为就是突然在郊外开设了店铺。中国对日料的需求还是很高的,即便把大户屋的定食菜单直接拿过来用也不会有问题。只是,它作为一个品牌尚未完成渗透,无法轻易招徕顾客。因此我认为,一开始尽管租金稍微昂贵,还是要在北京或上海的中心地段开店,待知名度上去之后再把店铺开到郊外,情况应该会好一点。实际上,大户屋关闭了郊外的两间店铺,重新开设的上海店确实生意很不错。

开店成功的案例应该可以列举开展一千日元理发业务的"QB HOUSE"。他们一度与海外代理商合作并失败,现在则自主开设店铺,已经发展到了在中国香港拥有四十八间店铺的规模。

QB HOUSE 的开店特征是,在地铁站中三坪左右的空间开设店铺。这一方法即使在香港中心地段也能将租金控制得较为低廉。而他们的服务与日本相同,都是以快捷廉价的理发服务来博取人气。再加上店铺数众多,好像当地人也都知道这个日本品牌了。

只要品牌被认识,就能获得继续开展长期业务的优势。无论什么行业，都会在时代的发展中迎来自身商业模式不再适用的时刻。但是**品牌却拥有更具普遍性的力量，能够承受商业模式的变更。**

例如 BMW 集团旗下的"MINI"，是经历了数次企业兼并依旧能够留下来的系列。就算经营方式顺应时代发生了改变，品牌影响力依旧能保证事业持续，这就是一个经典的例子。

·海外"适用"的商业模式是什么？

海外适用的商业模式之一，便是高收益的商业模式。

可能有人会想："要是真能得到高收益，我们早就用了！"可是，试想那种商业模式如果连获得高收益的可能性都没有，要在海外运用应该是非常困难的。

事业发展到海外，会出现超乎想象的成本。无论哪个国家的租金都比在本国高，特别是经济正在成长的国家，租金更是连年上涨。物流机制一旦有所不同，成本也会增加，还要花费人员费用。如果没有在那种条件艰苦的地方也能获得收益的商业模式，就无法在海外生存。

目前拥有最强商业模式的还是CHANEL、GUCCI和LOUIS VUITTON这些奢侈品牌。

他们坚守能够迎合"王室"和"贵族"需求（后文详述）的超高质量，在自有工厂一件一件精心制作产品，这一传统被延续到了今天。尽管有着大量需求，供给数量却非常少，不会顺应需求进行大量生产，并且只按照定价销售。不仅如此，各国的直营店都不会租借一等地段商铺，而基本上都是建造自己的大楼。即便如此还能保证盈利，并确立了能够保证令人难以置信的高收益的商业模式。

无印良品的商业模式被称为SPA（制造零售业），也就是自己制造自己销售的业态。SPA这一业态的优点就在于能够通过销售直接听取顾客的需求，并反馈在商品中。此外，与向制造商下订单相比，毛利更高也是优点之一。

打个比方，售价为一千日元的商品，从中间商采购需要六百五十日元，自主生产却可以控制在五百日元。由于省掉了中间商的利益环节，也就形成了高收益的结构。

只是，因为无印良品全都是原创商品，一旦商品开发和销售不理想，就存在大量积压库存的风险。在这一点上，或许可以称其为高风险高收益的商业模式。

要进行高收益的经营，恐怕只有从结构上控制制造和销售成本，或者增加营业额这两条路吧。

· 迎合当地需求的执行力

执行力是指进行商品销售和提供服务，实际贯彻企业目标的能力。

把在日本构筑的商业推向海外时，具体指的就是迎合当地需求和商业习惯的实地应变能力。

在海外，因为各种合同缔结方式和法律法规的不同，很容易带来困惑，同时也容易被当地从业者欺骗，无法根据日程安排进行开店准备。

当地员工并不一定会像日本人一样工作。在日本国内，订购十个商品，就会送来十个商品，在海外却经常会缺斤短两。

在这种环境下，若没有适应不同地域特点展开业务的能力，就无法在海外取胜。这时最需要的是企业的执行力，以及实际在当地工作的员工的力量。

迎合各地市场的特征，灵活地修正自己的商业模式也是非常重要的。

无印良品旗下拥有名为"Café &Meal MUJI"的咖啡简餐店，在有乐町、南青山、新宿等部分店铺中并行开设。有乐町的MUJI餐厅拥有将近一百坪的店面，经常会有顾客排队，年营业额是无印良品同规模店铺平均值的近两倍。

只是，这些店铺原本就是"咖啡厅"，夜晚的集客能力并不强。因为很少有人来这里喝酒，适合作为晚餐的餐点也不多，与白天相比顾客数量就会变少。

可是进入亚洲之后，情况却发生了翻天覆地的改变。我们在中国香港开设的MUJI餐厅即使到了晚上也依旧人气旺盛。因为香港盛行外食，晚上就算不喝酒也习惯到外面用餐，因此顾客们在晚上也会光顾虽无酒水却能够吃到健康料理的MUJI餐厅。虽

香港的 Café&Meal MUJI 到了晚上也生意兴旺

然店铺面积只有三十五坪左右，但每坪的平均营业额却是MUJI卖场平均值的1.5倍，成了非常重要的盈利来源。看来，香港的顾客们认为"MUJI的饮食也很不错"。

无论什么地方的人，在吃这方面都容易变得保守，很难接受外来的饮食文化。MUJI餐厅在海外开店一开始算是一场冒险。可是，中国香港曾经是英国殖民地，欧美化的程度很高，跟中国内地相比与日本的饮食情况更为相似。再加上那是一个拥有外食文化的地区，因此我们才做出了开店的决定。

尤其在食品方面，必须迎合当地文化和习惯来考量调味、菜单和提供方式等方面的工作。例如吉野家的牛肉盖饭，在日本被划为价格较亲民的B级美食，在中国消费者眼中却成了价格较贵的食品。而且，中国吉野家最好卖的似乎是鸡肉系列，其次是猪肉，而牛肉竟排到了第三。在日本普遍有着牛肉最贵最好吃的印象，但在中国，鸡肉却是最受欢迎的。此外，中国的调味也比日本要稍微浓厚一些。

顺带一提，中国也有诸如7-11这样的日本便利店，在那里，搭配各种小菜的便当几乎卖不出去。相比这种一次能尝到多种菜式，装盘也很好看的便当，顾客们似乎更青睐米饭上面铺着偏甜猪肉的便当。

由此可见，构思适合不同地域的菜品非常重要。只是，这仅仅是一方面。唯有那些真正具备了能够顺应当地特色、灵活改变商业模式的"执行力"的企业才能称得上强大。

方法四 永远将成本放在首位

· "忽略盈利"在海外同样NG

发展海外业务时,固然会想就算有点赤字也要开店,可是,过于忽略成本是失败的源头。

也有人认为,就算海外出现赤字,只要用国内盈利补上就没有问题。但每个月都会产生大量赤字的店铺,总有一天会给整个公司的经营造成负担。没有希望回收成本的店铺,就必须考虑尽早关闭,这是我在MUJI过去的失败中得到的切身体会。

在考虑成本时,最应重视的是租金,但综合考虑营业额和品牌影响力的提升也同样重要。从这个意义上说,想在海外成功,关键就在于"到什么地方去"。

此前在谈论品牌影响力时也有提到,要在海外确立自己的品牌影响力,一个必要条件就是到那个国家的首都或主要城市去。英国的伦敦、中国的北京和上海、法国的巴黎、意大利的罗马和米兰、美国的纽约和旧金山等城市都属于目标范围。

在那样的首都和主要城市中,还必须选择被称为一等地段的地方开店以吸引顾客的注意,否则就无法变成大家都知道的品牌。为了确立品牌影响力,最好还是谨慎选择登陆地点。

罗多伦咖啡在银座四丁目的交叉路口这一日本地价最高的地段开了一家咖啡厅,名叫"Le Café Doutor",在罗多伦这个品牌中也属于高端店铺。因为坐落在银座中心,店里总是很难找到空座,内部装潢和菜单好像也比一般的罗多伦要高端得多。一般罗多伦的咖啡一杯只要二百日元,那里则定为了三百八十日元,尽管如此,还是比银座其他的咖啡厅要便宜。

我不知道那家店有没有盈利,但在日本,跑到"一丁目一等地"开店,其风险和影响在某种程度上是可预测的,还算安全,并且可获得的品牌认知效果简直难以计算。不过在海外开店则需要多加注意。由于对土地的行情和风险难以预测,因此存在更大的危险。有的国家甚至有可能爆发内乱和大规模暴动,或者像几年前的泰国那样发生大洪水这样的自然灾害。在海外,必须随时准备应对一些难以预料的事态。

·是否考虑到了"租金变动"

既然是一等地段,租金自然会很高,若不尽快实现盈利,就会难以维持。我们在进军海外的初期阶段,也一直难以消除赤字。赤字的原因自然是营业额迟迟不能提升,但相对于营业额,租金太高也是原因之一。

为了不重复失败,我们采取的一个行动便是尽量控制租金。正因为需要进入租金昂贵的一等地段,才更要做得彻底。一旦签下合同,租金就会变成"无法削减的成本",因此在做出决定前必须慎之又慎。

具体来说,MUJI原则上不会在租金比例无法控制在营业额15%以下的地方开店。自从贯彻这个原则后,无论在亚洲还是欧洲,新店铺都能在一年半左右的时间内实现盈利,因此我认为,这或许可以成为制胜的模式之一。

海外的租金合同条件与日本完全不同,而且每个地区也各不相同，因此更要格外注意。

伦敦地少人多，一般都会给出二十年甚至二十五年合同这种强势条件。中途不能解约，若想撤出，就必须找到愿意接手的人。可是还有一个条件，一旦那个接手人撤出，支付租金的义务就会再次落到我们头上。

当初在伦敦开店时，负责团队可能并没有意识到那样的合同会变成多么沉重的负担，又或许他们想的是"不会有问题的，MUJI一定会变成伦敦顾客持续热爱几十年的品牌"。

可是，商场是时刻在变动的，不能设想巅峰时期来进行考虑，而应该预见到低谷，并在此基础上考虑合同条件。

另外，我们最好牢记，**通常世界主要都市的租金在几年后都会翻倍**。其实，日本的不动产合同算是很有良心的了。

中国香港生意最好的MUJI新港中心店签的是三年合同，但在更新合同时，对方提出要把租金提高两倍。因为MUJI生意很好，房东一定认为把店面"分成小块"租给我们就能成倍抬高租金吧。

可是租金涨成那样，我们实在是不划算，便干脆关掉了那间店,在旁边的大楼里开了新店。那里至今仍是生意最好的店铺之一。至于新港中心,后来好像马上就有新店铺入驻了,不过现在却门可罗雀。

在海外,这种进退选择也是常有的事。

·在"一等地段"中寻找"二等、三等"

人人都想控制成本(租金)。可是,同样也想进驻一等地段——要两全其美自然是非常困难的,但方法并非没有。

那就是在一等地段中,摒弃"一丁目一等地",而去寻找第二、第三等的地点开店。

有能力在一丁目一等地,也就是最能招徕顾客的一楼临街店面开店的,还是只有 LOUIS VUITTON 这样的高端品牌。他们就算支付了昂贵的租金,想必也能维持盈利。可是,若不是那种高端品牌,考虑到营业额和租金的平衡,就实在是下不去手了。换句话说,我们并非不愿意在一丁目一等地开店,而是开不起。

实际上,中国香港的海港城就是一楼 PRADA,四楼 MUJI

这样的布局。在中国其他地方，一楼高端品牌，二楼 MUJI 这样的布局也很常见。

还有另外一种稍微变通的方法，就是在租借大楼的一层和二层时，**租金高的一楼只租个小店面，便宜的二楼则多租一些，在整体上控制租金。**

这么一来，就算无法在一楼开店，只要在进驻了高端品牌的大楼中开起店铺，也能制造 MUJI 处在高端品牌延长线上的印象。这在日本是不可能实现的，因为高端品牌只进驻百货中心内部或是干脆在自有大楼里开店，只有在海外才能这样做。当然，作为一个品牌若不能得到相当的认同，是不可能与 PRADA 进驻同一栋大楼的。

"就算在一等地段,也不追求其中的一等地点,而是寻找二等、三等"这一开店基准，并非为了强调自身的独特个性，而是与倡导"这样就好"的节制生活的无印良品概念相符合的做法。

正如有的店铺会故意开在小路上，营造"酒香不怕巷子深"这种气氛，选择与品牌相称的地点，在事业成功的进程中具有重要意义。

　　不仅是租金，还有夸张的广告、宣传性的促销活动和过高的折扣等，在这种性价比可能较低的地方投入成本时，必须慎之又慎。若没有把握今后能够收回成本，我认为就不要轻易在这些方面投资。

方法五　构筑不会失败的机制

·商业没有"偶然"

商业中几乎不存在"偶然"或"碰巧"。特别是在海外发展时，依靠"运气"是很难持续经营并获得成功的。所谓"撞大运"或许正如字面意思，虽然一时形势不错，但很快便会露出马脚，一溃千里。

当然，先随便开几间店，把盈利的留下，赤字的撤走，也算得上是一种方法。可是，这在经营上就会形成不稳定的局面。想必能够承受得起赤字的企业并不太多吧。

尝试与失败固然必要，但若不将经验转化到下一步行动中，那些失败就没有意义了。

这在 MUJI 也是同样的道理，从失败中找到某种模式，一点一点提高成功的概率，只有这样才能在真正意义上获得胜利。

我认为，**要将失败经验运用到下一次尝试中，构筑相关机制是非常重要的。**经历了惨痛失败的人自己或许能够在之后工作中融入独有的经验法则。可是，若仅仅依靠这样的经验法则，就会陷入离开那个人就什么都做不成的状态。

对企业来说，拥有一个优秀员工自然对其有利，但相反，正因为员工优秀，便也产生了被其他企业挖走或是独立出去的可能性。从员工个人所经历的成功和失败中抽取出重要部分将其标准化，让所有人都能借鉴得到，这才是真正对企业有长远价值的做法。

与业务有关的知识不应该只让个人掌握，而应该作为企业共同的财产积蓄下来，转化成让任何人都能做到同等水平的机制才是重中之重。若没有那样的机制，那么失败对企业来说就成了纯粹的浪费。

还有别的例子可以证明，将个人经验转化为公司机制能够提高成功的概率。

在进驻不熟悉情况的国家时，很多人都会依靠当地中介进行市场开发，但其中却存在陷阱。中介的收入来源是中介费用，因此会优先考虑大量签订合同。那样一来，必然就会被劝说选择地段良好租金高昂的地方，或者被催促尽快签订合同。

MUJI在刚开始发展海外事业时，也曾经依赖过中介，因此在店铺选择上遭遇了挫折。现在，我们基本不再通过中介，而是自主寻找开店地点。这就是防止失败的机制之一。

· **制作开店的指南书**

那么，在不依靠直觉的前提下，到底该如何决定是否开店呢？

拙著《无印良品成功机制》中曾经介绍过，无印良品内部存在着MUJIGRAM和业务规范书这两本工作手册。一切业务都以指南为基准进行，而且这两本手册还会经常更新，保证员工能够适应社会和需求的变化，选择最合适的方法。

我认为，发展海外业务也能制作手册。

不同地区有不同的市场状况，其中的法律法规和社会环境也都大不一样，尽管如此，还是存在像"租金"这种能够加以规范化的部分。我的想法就是，寻找能够规范化的因素，构筑起不靠个人直觉，让所有人都能进行是否开店的判断的机制。

现在，MUJI在开店时都使用"开店基准书"这一表格来进行判断，这是国内同时也在使用的"开店基准书"的海外版本。

在这里，我介绍一下其中部分内容。

商业设施

☐与最近车站的距离：在"直达至一千米"中，分为五个等级

☐车站客流量：在"不足五万人"至"三十万人以上"中，分为五个等级

☐超市面积："一千平方米以上"2分，不足则1分

☐有无KTV：有则加2分

☐有无影剧院：有则加2分

☐商户入驻数：在"不足五十店"至"二百店以上"中，分为五个等级

☐有无知名商户：优衣库、ZARA、H&M、GAP等店铺数，分为三个等级

☐商业设施总营业额：在"不足十亿元"至"二十五亿元以上"中，分为五个等级

这是进入中国内地开店时使用的开店基准。各个项目的分值是与北京大学共同研究制定的。

"开店基准书"各个考查项目可划分为"市场""周边环境""商业设施""店铺环境"四个大项。我们会对所有二十八个考查项目进行打分，再用合计分数来评价开店候选地段。在中国，我们没有考虑过开设路面店铺，因此开店候选地一般都是综合商区和大型商业设施。

将KTV和影剧院的有无加入判断基准可能比较少见。不过在设有这种文化设施的地方，必然存在很多有能力为兴趣花费金钱的人，他们也很有可能会走进MUJI的店铺。

基准书满分为100分，根据分数合计，分为"S、A、B、C、D"五个等级。S级的地域将成为开店的优先候选地。

此外，从这份评分中还能推算出年度收益。

因为会事先预测出大概的营业额，自然也能推算出合适的租金。

像这样根据评分来开店的结果便是，到二〇一三年为止，在中国开设的店铺中约有60%获得了成功。只是，日本国内的开店成功率已经超过了80%，所以其中还存在很大的改善空间。

我们时刻都在更新"开店基准书"，随时修正预测不准的地方，以便让今后的开店成功率更上一层楼。

顺带一提，"**营业额超出预期**"**这一情况也会被判定为"×"（不成功）**。我们并不会用"生意比想象中要好啊"这样的话一笔带过，而会分析在预测阶段有哪些方面考察不足，以致"开店基准书"的精确度下降。

如此这般，在开店前后时常观测，就能提高基准书的准确性。只要有了这样的基准，无论让谁负责海外事业，都能以与之前一样的精确度开设店铺。

这应该算是让海外事业持续成功的秘诀之一吧。

方法六　让开店节奏适应各地的品牌渗透度

· 在欧洲采取"缓行"最好

几年前，7-11 宣布将在四个国家登陆的消息，成为人们一时热议的话题。

说到 7-11，现在无论在哪个车站都能看到好几家店铺，堪称便利店业的巨头。

或许有很多人以为，他们在全国每个角落都开设了店铺，但实际上，直到二〇一三年，他们才在四国开设了首家店铺。7-11 的经营原则是，便当等商品的制造工厂必须三小时内将产品送至店铺，因此在开设店铺前，必须先协调好工厂和配送系统这些基础设施。或许是因为这个，才影响了他们在四国开店的时间。

同样，7-11 在海外也没有采取闷头开店的策略。7-11 本是发祥于美国的便利店品牌，在美国拥有超过八千间店铺，但除了同样拥有八千间店铺的泰国和超过七千间店铺的韩国，他们在中国只开设了约两千间店铺，而墨西哥和马来西亚只有约一千八百间店铺。从数字可以看出，他们的"业务开展十分慎重"。在英国、法国、意大利、德国等国家，甚至还没有一间7-11的店铺。

我认为，这种会思考开店速度的企业，其海外战略也会更顺利。

当无名企业到海外发展，增加店铺数时，**必须让开店的速度适应其品牌在该地的渗透速度**。基本上，日本所有企业在海外都没什么名气，这也就成了所有企业都适用的法则。

在日本国内，只要选择在地段好的地方增加店铺，就能让品牌渗透进去，但是，在海外却没有那么简单。如果一股脑儿地增加店铺，也有可能最后会一片赤字，不得不马上撤退。准确分析品牌在该地渗透的时机，等待铺开业务的机会才是上策。

海外发展时，品牌在一个地区的市场会以什么样的速度进行渗透，不同地域是不一样的。

在品牌完成渗透之前，就算开了店铺，当地顾客也不会来光顾。对于MUJI也不例外。

在欧洲，优衣库后来也走上了与MUJI类似的道路。与MUJI

不同的是，优衣库专门开设了旗舰店，花了大笔钱进行宣传，加快市场渗透。MUJI则是一点点增加店铺，让客人亲自接触商品，然后成为我们的粉丝，从不进行大规模宣传。

尽管如此，优衣库还是没能得到令人满意的品牌渗透度，一度从伦敦退出了。在美国，优衣库也采用了同样的方法，但似乎也迟迟未能实现盈利。这也就证明，日本品牌要渗透到欧美市场中是非常困难的。

特别是欧洲人，他们对自身的历史和文化都满怀骄傲，因此有可能会对来自亚洲的品牌产生抵触心理。

欧洲大体崇尚贵族文化，人们都趋于保守。

到爱马仕的工房和美术馆去，能看到许多大行李箱。那都是过去贵族旅行时使用的，里面装着名牌碗碟和葡萄酒杯，还有一整套银制刀叉等餐具。然后，由仆人拿着这些用具，贵族们会去湖畔铺好野餐垫，如同置身城堡中一般享用美酒佳肴。在欧洲绘画中，也经常能看到那样的光景。

贵族们所追求的"真正"高品质，是与我们截然不同的超高品质。像GUCCI、CHANEL、LOUIS VUITTON这样的品牌，其产品也都迎合了上流阶层的要求。大部分商业模式都会在一百年内崩溃，但迎合上流阶层需求的高端品牌却没有那种担忧。今后，他们无疑还是会为了这类客户而继续存在下去。

另外，欧洲的老百姓没有如此雄厚的资产，轻易不会购买奢侈品。随便什么人都拎个奢侈品包的好像也只有日本和中国这种战后经济迅速发展的国家的人们了。

里昂是法国第三大城市，但那里就算有"巴黎春天"这样的大型百货商店，也见不到LOUIS VUITTON的卖场。因为对当地人来说，奢侈品实在是过于昂贵了。这种买得起与买不起的界限泾渭分明其实是欧洲的一个特征。

一般人都会长时间细心使用质量稍差的廉价制品。笔尖不顺滑的笔，写上去墨水会洇的纸张，这些便是他们日常生活的一部分。其中可能并不存在日本所谓的"中产阶层"。

在欧洲的家庭里，人们的生活意外的简朴。餐桌上并不如我们想象那般摆满了豪华的意大利或法国风味的食物，许多人都依靠自己喂养的鸡、自己种植的蔬菜和自己家制作的干酪和黄油生活。这对他们来说就是值得骄傲的生活。在那些地区，就算MUJI突然出现，也明显无法顺利经营下去。

在这种情况下，MUJI既得不到上流阶层的青睐，又因过于昂贵而让一般人难以出手，品牌渗透需要花上更多时间。正因如此，我们才一边观察情况一边缓慢开店。

· 亚洲是能够用"特急速度"攻占的市场

在这一点上，亚洲可谓是"易攻"了。

对亚洲人来说，日本的商品和服务都是他们憧憬已久的，因此品牌本身被认知的速度非常快。如果把欧洲的品牌渗透速度比喻为"每站停车的慢行列车"，那么亚洲便是快如"希望号[1]"了。

现在，我们即使在中国台湾保持每年三间店铺的开店速度，也不会令既存店铺营业额下滑。而这个营业额本身也已经超过了

1　日本东海道新干线列车的一种型号。

一百亿日元。我们意识到，中国台湾是品牌渗透度快于欧洲三四倍的市场。

而这到了中国大陆就会变成十倍速。

中国大陆城市根据人口和经济规模，被划分为一线、二线、三线城市（分类方法似乎不止一种）。一线城市和二线城市合起来共有三十三个，这些城市各自拥有千万规模的人口，可以将其想象成跟东京都差不多的城市。三线城市规模较小，人口大约为三百万。

在那三十三个城市中各开设一间店铺，再从三线城市中选出五个城市开店，这样一来，一年就能新开三十八间店铺了。中国经济目前仍在持续发展，愿意购买MUJI商品的中产阶层人数也在不断增多，因此就算店铺增加，也不会影响既存店铺的销量，能实现独立发展。

在经济成长中的亚洲各地，手头掌握金钱的绝大多数是年轻人，这一点想必与日本国内正相反吧。那些年轻人购买欲旺盛，通过SNS等渠道获取信息的能力也非常强，因此，在那样的地区，

法国巴黎分店的印章专柜里还会销售埃菲尔铁塔的印章（上）
中国成都分店利用 PP 盒进行展示（下）

渗透速度自然会快很多。

并且未来这些年轻人的下一代也有可能成为 MUJI 的顾客。因为能够实现这种循环，这个市场的前景无疑非常大。

不过另一方面，因为成长速度快，也有可能像日本一样出现泡沫经济的崩溃。考虑到这个情况，必须保证企业自身能够随时应对变化才行。

MUJI 把过去的失败作为教训汲取，先保证每一间店铺实现盈利，再去开设下一间店铺。在中国，我们也坚持"只在实现盈利的地区开设多间店铺"的原则。观察第一间店铺的情况，随后再进行下一间店铺的开设计划，这样就能防止盲目开店，提高开店成功的概率。

方法七 如何选取适合海外工作的员工？

·首先创造"见识海外"的契机

海外事业能否成功，很大程度上也取决于把谁派到当地去。

我经常听到"被流放到海外了"的说法。那是员工明明不希望去海外上班，却因为跟上司关系不好而被调到海外去的情况。若因为这种事情被调到海外分店，当然不可能在当地顺利工作下去。作为公司本身，向海外输送员工会产生成本，若因为个人感情而决定调动人员，便会导致莫大的损失。

所以我认为，最优先考虑的还是把希望到海外工作的人派到海外去。

尽管如此，却有人说最近的年轻人大都不喜欢到海外工作。因为待在日本生活也能过得足够优渥，无须走出国门就能获得各种海外信息，并且无论是汽车、时尚还是 IT 领域海外最尖端的产品，都能轻易在日本得到。在这种大环境下，想必已经没有那么多人像过去那般憧憬海外了。

为了让他们对海外感兴趣，最有效的办法果然还是创造实际体验的机会。

例如日立集团，每年都会派遣一千名年轻员工到海外去。他们的派驻时间是一到三个月，既有进行语言学习的，也有到当地工厂与当地员工一起工作的。

真正走出国门，接受文化冲击，这种体验比任何说教都要高效。

其中会出现"希望能做对贫穷国家的人民有帮助的工作"的人，也会有"再也不想到那个地方去"的人。不管怎么说，实践都能暴露每一个人的适应性。不直接调派到海外，而是提供一个短期体验，员工可以检验自己是否适合到海外工作，企业也可以以此考察员工。

无印良品也会派所有课长到海外进行研修。

每个人的研修时间都是三个月，到哪个国家去干什么都由本人决定。研修期间，公司总部几乎不会有任何干涉。反过来说，无论遇到什么问题，都必须要靠自己的能力解决。而这种"自己想办法解决问题的能力"便是胜任海外工作的一种重要潜质。

课长海外研修是为了让日本总公司保持全球化的作风，而通过那种体验，也能发现适合到海外去工作的人。

· 海外工作"能考验一个人的能力"

能够在海外活跃的员工，用一个词来概括，便是"自立"。

他们在理解了公司方针和目标的基础上，自己承担风险，用自己的头脑思考并完成一件事情。我认为这种人最适合到海外去。

拥有较高的沟通能力、体力和毅力，乐于接受新事物，能积极投身到新的环境中，即使经历些许失败也不会受到精神打击，这样的人就算语言不过关，想必能力也足够了。**海外勤务考验的并非工作能力，而是综合能力。**相反，对不懂沟通、不知变通的"老实人"来说，海外应该是个艰苦的环境。良品计划过去也出现过被派遣到海外后，承受不住精神压力，最终不得不回到日本的员工。当时派他出去是因为见他在日本工作十分优秀，但最终"无法跟当地工作人员沟通，就无法在海外完成工作"。从这件事中我也学到了很多。

派遣到海外并获得成果的员工，无不给人一种很享受与当地人交流的感觉。

亚洲人工作起来喜欢偷懒，欧美人自我主张欲望太强、不听指挥。在这种时候只会抱着脑袋烦恼"为什么他们都不听我话"的人，或许在海外是没办法好好工作的。

一边心想"真是没办法"，一边盘算"不如下次换这种说法试试看吧"，想方设法让对方理解自己的意图并行动起来，这样的人似乎还能与当地员工成为可以推心置腹的同伴。因此，相比那种容易想太多的性格，这种"总会有办法"的乐观性格应该更适合在海外工作。

我的理念是："所谓的'全球化员工'一开始就不存在。"

这点在第六章还会详细叙述，简单来讲，就是精通语言与否、是否有留学经验，这些都不是能够在海外活跃的人的必备条件。

说到底，原本在国内工作的人就能担任海外工作，语言只要慢慢学起来就足够了。只要企业能尽早发现具备上述素质的员工，妥善进行安排，就能培养出能够活跃于海外的人才。

因此，将企业能否在海外获得成功，归结为经营者是否有能力选择适用者也完全不为过。

Chapter Three

"日本之好"也能成为武器吗?
——"概念"很重要

世界追求的"日本式服务"究竟是什么？

我还在良品计划时，就经常到海外各地去考察。

走出国门之后，就能深切体会到日本的好。每当发生店铺漏水或照明故障等情况，在日本只要打个电话就马上有人过来维修，只需一两天就能重新使用了。可要是换成在拉丁语系国家，就算等上十天也不一定有人会来维修。无论打多少个电话，对方都会说"OK，马上就到"，然后若无其事地放我们的鸽子。

在日本之外，德国人跟日本人同样勤奋守规矩，会迅速上门排除故障，并且德国的交通机构也会按照时刻表准确运行，非常值得信赖。

而在拉丁语系国家，飞机晚两三个小时简直是家常便饭。我通常也会在安排行程时多算上三个小时左右的空余，但还是曾经因为飞机晚点而没有赶上下一趟航班。时间无法预测，真是让我伤透脑筋。在中国成都也曾发生过同样的事情，每次都会让我感受到海外与日本的差别。

相对地，来到日本的外国人都会为我们的服务质量感到惊讶。

看到百货商店店员包装商品的情形，他们会感叹"太厉害了"，在便利店拿到一次性筷子和湿毛巾的时候也会非常高兴。国外电车晚点一小时左右是家常便饭，日本却会严格按照时刻表运行，而且仅仅是迟到几分钟，就会说："电车晚点，非常抱歉。"还有，只要走进店铺里，就能听到自动发出的"欢迎光临"的声音。这些对日本人来说理所当然的事情，对外国人来说却是新鲜的体验。

这样考虑下来，能够以"日本"为卖点的服务和商品应该还有很多吧。我不禁想，**出口"日本之好"也是一种商机。**

海外的 MUJI 也经常得到顾客们"店员非常亲切"的评价。

只是，无论在日本还是海外，无印良品的店员都不会黏在顾客身边反复劝说"现在买这个很划算"。发现面露困惑的顾客，我们会主动走上前去招呼，但平常则会保持一定的距离，这便是无印良品的待客风格。

海外的 MUJI 基本上也是一样的。我们对当地店员也进行了跟日本一样的接待培训，为了让店员理解无印良品的理念，还反复对他们进行了说明。

无论在哪个国家和地区，刚刚开店的那段时间都很辛苦，就算教育员工要面带笑容对顾客说"欢迎光临"，他们也迟迟无法做到。有时，由于我们对店员的指导不够彻底，他们全都面无表情地应付着工作。那样一来，果然就有当地顾客投诉："这样跟这里的其他店铺没有区别啊。"让我们感觉到，在海外，日本企业依旧被要求着日本式的服务。

说到底，MUJI 并不只贩售商品，同时也在销售无印良品的精神，因此破坏店铺气氛的待客方法是万万不可的。虽然不会用指南手册将员工们束缚得死死的，我们还是会坚持不懈地进行教育，直到当地员工能够提供真正属于无印良品风格的服务。

"这样'就'好"——重视这种理念

贵公司的经营理念是什么呢?

恐怕很少有人能在听到这个问题后马上回答出来吧。

所谓理念,就是贯穿经营整体的基本概念,可谓是构成一个组织之核心的想法。

MUJI在海外最受好评的是其"简约"。无论哪个国家都一样,不仅仅是商品,顾客们还经常说,连店铺装潢都十分简约。

剔除冗余的设计,实用的机能——这恐怕就是MUJI在世界范围内得到的评价吧。

无印良品拥有超过七千五百种商品。

从文具到饮料、咖喱这些食品,再到清洁工具等日用品,还有家居用品、家电,以及化妆品和时装,最大的商品甚至有住宅"无印良品之家"。恐怕再也找不到别的店铺销售如此范围全面的商品了吧,并且,每一件商品都贯彻了简约这一特质。

就算种类不同,无印良品的商品都一定带有"无印风格"。

公司内部的会议中也经常能听到"这很有无印风格""这一点都不无印"这样的话。可是,那个"无印风格"到底是什么,要用言语来解释却实在很困难。就好像每一个员工隐隐约约意识到的无印良品风格松散地串联起来那种感觉吧。

这个"风格"的根基,便是理念。

无印良品自成立以来,自身的理念就非常清晰,无论在日本还是海外,我们的"风格"都得到了人们的接受,并深入人心。

孕育出这一理念的人,是赛松集团"总帅"堤清二先生和平面设计师田中一光先生。二人秉着抵制大量生产、大量消费社会的理念创建了无印良品。特别是堤先生,经常在公司内强调"无印良品是反体制的商品"。选取构成生活基本的真正必需的东西,重新评估其真正必要的形状和素材,削减生产过程中的冗余,让包装保持简朴,由此便孕育出了简约美丽的无印良品风格。

田中一光先生认为,"以经商贡献社会"是无印良品的经营目的,他的想法至今都未曾改变。不依靠品牌名(这里并不指品牌)和设计师名称诱导消费者的方针,商业化要素和冗余的排除,以及将个性交由使用者定义的大方向,这些都与创建之初别无二致。

因此,无印良品并不是根据"畅销""赚钱"这些理念来开发商品的。仅仅是畅销的商品,不应该在无印良品制造。无论那种商品的设计多么完美,只要没有在无印良品销售的理由,我们就不会将它放到店中。

以前我们开发丹宁裤时,当时的社长金井政明对负责商品开发的人说:"为什么无印良品要卖丹宁裤?如果仅仅是为了提升裤子销量,我们是不会卖的。我希望你能考虑考虑,无印良品出品的丹宁裤会给现在的社会带来什么样的结果。"结果就诞生了追求舒适性、选用立体剪裁、以有机棉制成的丹宁裤。

连一条丹宁裤我们都会如此要求。若理念不够清晰,无印良品就不会进行商品化。这便是保证无印良品风格遍及每一个角落的机制。

有段时期,海外的商品会在海外进行设计和销售。

可是那样一来,一些无印良品不用的颜色就被使用了,甚至有些用起来险象环生的野营用品也被做了出来。这样无疑有损无印风格，我们马上就制止了。现在基本上所有设计都是在日本完成的。

无印良品在设立之初曾经使用过"有理由，所以廉价"这一宣传语。

可是，像百元店和优衣库那样价格更加低廉的店铺渐渐铺开后，无印良品的个性就被埋没了。

于是，当我就任社长之后，就做出了**子理念必须与时俱进**的反思。"对社会的反思"这一核心理念和"以经商贡献社会""不做个性和流行商品"这些企业哲学部分并不改变，因为这是绝对不可改变的部分。在明确了不可改变的部分后，其余的子理念就可以与时俱进。

结果，宣传语就改成了"不要'这样才好'，只要'这样就好'"。"这样才"与"这样就"两者看起来似乎意义相同，但实际并非如此。"才"当中暗含着微妙的自我中心和不协调感，而"就"却显示出了内敛和让步的理性。此外，这个字眼说不定还能让人体会到某种近似于达观精神的东西。通过提升到"就"的层次,来激励自身制造能够让人心满意足地说出"这样就好"的商品。这也是新生的无印良品的课题。

理念同时也能成为企业的个性。

优衣库的品牌理念是"高品质基础款",大户屋则高举着"家庭料理代理业"这一理念。乐天更是拥有"时时改善,不断前进""贯彻 Professionalism""速度!!速度!!速度!!"等五个理念。若没有这样的理念,就算走出国门也无法凸显自己的个性。

构成理念根基的哲学一旦决定就不能更改,但子理念却必须随着时代的变迁不断进化。只有这样,企业才能持续发展下去。

在考虑海外发展前,首先应该明确自己公司的理念究竟是什么。

销售的不是"商品"而是"生活方式"

如前所述,MUJI 在海外得到顾客接受的理由之一,便是对生活方式的倡导。我们卖的不仅仅是商品,而是在倡导使用简约的商品、尝试简约的生活这种生活方式。

那也就是说,我们在通过物品提倡生活。

原本就不喜欢奢华生活的人最适合"这样就好"的生活方式,或许还会有人通过无印良品领会并喜欢上"这样就好"的生活方式。

再没有比能够影响生活方式的商品更"强大"的东西了。人的喜好可能会轻易改变,但思想和观念是不会轻易产生变化的。或许正因如此,无印良品的粉丝们才会一直使用我们的商品。

其他的品牌可能很难做到这个程度。"因为昂贵所以值得信赖""因为便宜所以质量低劣",我想,他们可能会止步于用价格判断东西好坏的程度。也就是说,对人们的生活方式不会产生任何影响。

对无印良品的粉丝们来说，使用无印良品既是自我表达，同时也凸显了自身的原则吧。

只是，若当地文化没有成熟到一定程度，无印良品是无法被接受的。

即使在日本，无印良品刚刚成立时也只有在东京都中心地区能产品畅销。因为在中心地区畅销，后来便把店开到了地方上的购物中心，产品却滞销得令人咋舌——这样的时期确实存在过。

二十世纪九十年代初期，一些地方城市依旧以"到百货商场买大沙发大床"为主流，无印良品的简约对顾客们来说可能有点不太过瘾吧（不过现在，无印良品在地方上也很有人气了）。

在中国和其他经济新兴的国家，我们也走过了跟在过去高速发展期的日本同样的道路。

以前的日本，大家都拥有"总有一天要开上皇冠车"这样的共同目标。而学生背着CHANEL或GUCCI的包上学，也是那个时代的反映。现在的中国，也流行购买奢侈品、花大钱出国旅行。

大家都想要一样的东西，想过上一样的生活。

那样的市场只要再成熟一些，人们的需求就会开始多样化和细化。到时候就会进入"以自己的价值观挑选想要的东西"的时代。日本也在泡沫经济崩溃时进入了那个阶段，从而诞生了各种各样的生活方式。所有人不再憧憬同一个目标，而是十个人就有十个目标。人们的需求开始细化，独特性开始受到重视。

无印良品的商品也在那个阶段开始受到欢迎。

或许会有人想，既然如此，那干脆直接进入文化已经成熟的市场不是更安全吗？可是，如果老老实实地等到那个阶段到来再进入，就实在太晚了。**趁着人们愿意因为"日本制造，安全安心"而选择我们的阶段进入市场，待文化成熟后就能让顾客在更深层次上与我们产生共鸣。**为此，我们必须趁现在打好基础。

顺带一提，在欧洲这些成熟的国家里，今后可能不会出现像MUJI这般提倡生活方式的企业了。因为欧洲很早以前就开始在各个领域发展出了专门店，像百货店的这种什么都卖的业态已经很难立足了。MUJI 的成功应该只是极为罕见的案例吧。

在已经成熟的国家和依旧在发展的国家都能被接受，这可能是 MUJI 的灵活性使然。

"为简而简的商品"无法决胜

我喜欢做料理,也喜欢享用美食,甚至在四年前凭着这个兴趣开了一家意大利餐馆。顺带一提,凡是居酒屋的料理,我只要吃过一次,基本上就都能自己做出来。

我通过料理悟到了一个道理:西洋料理是基于加法的美学,而和式料理则是基于减法的美学。

举个例子,法国是盛行肉食的国家。过去肉类的保存状态并不太好,但这也成了他们想方设法将其变成美味的出发点。或是用药草去除肉的腥臭,或是腌起来,或是浇上味道浓郁的酱汁,以这种做加法的方式来制作料理。连汤也会用大量肉和蔬菜来一起熬煮。

但是,和食重视食材本身的味道,倾向于"做减法",刺身只用酱油和芥末,想方设法尽量简单地去体会海鲜本身的美味。天妇罗只是把食材油炸了一下,煮物拼盘也是将每种菜品单独烹煮后盛在一个盘子里,高汤只会用昆布和鲣鱼等一两种食材来调出鲜味。

我认为，这种减法的美学构成了日本文化的根基。

日本传统的会客厅只会装饰插花和挂轴，将那种剔除了冗余的空间作为一种美去欣赏。而像欧洲古堡那种历史性建筑物，经常能看到挂满整面墙的大幅绘画，家具装潢无不极尽奢华，还要在上面摆放壶和花瓶来装饰，这对某些人来说，可能感觉有点不太清爽。

据说金阁寺的纸门木架，凡是朝外的部分都是向下的，这样做是为了避免灰尘堆积。这种对性能之美的追求，恐怕只有日本才存在吧。

日本的减法美学也被延伸到了禅和茶道当中。

无印良品也以禅和茶道精神作为自己的原点。堤清二先生和田中一光先生都受到了禅和茶道之价值观的影响。因此，无印良品才会秉承"制作唯物之物"这一理念，创造出了简约而朴素，同时重视性能的商品。

自创业之初便有的纯棉"水洗衬衫",不经染色,不经浆洗,不经熨烫,甚至没有包装。只要摘掉吊牌,就再也看不出是哪家的商品了。那样一来,就只能凭借穿着的舒适度、吸湿性能、速干性能这些白衬衫最根本的价值来决胜负了。这便是我们这个品牌的原点。

MUJI在海外经常得到"minimalism(极简主义)"的评价。

可是我认为,无印良品并不是极简主义,而应该称为以质朴为主旨的减法美学;并不是将过剩的东西控制在最小限度或全部消除,而是通过对自然素材和性能的追求达到质朴。也就是说,并不是为了简约而简约,而是以哲学理念为根基的简约。

海外也有不少简约的商品。

只是,人们对单纯追求简约而没有哲学理念基础的枯燥商品已经不再关心了。

MUJI之所以被选择,可能正是因为"并非单纯的简约"吧。

特别是在欧洲,有许多人在MUJI中感受到了禅和茶道的精神。在美术领域,日本的浮世绘和工艺品也曾掀起过日本主义的风潮,因此可以推想,欧洲原本就具有接纳和欣赏日本文化的空间。

并且在欧洲,曾有过包豪斯运动。那是由创建于工业化和大量生产化最发达的时期的学校(包豪斯)发起的运动。对于艺术成为工业的一部分感到了危机的艺术家和建筑家聚集起来,以复活手工艺为目的创建了这个学校。尽管那所学校仅存在了十四年,但直至今日包豪斯风格还在影响着众多艺术家。

包豪斯的思想在很多方面与无印良品的理念存在共通之处,或许这正是欧洲接受 MUJI 的原始基础。顺带一提,MUJI 也将二十世纪二十年代诞生于包豪斯的不锈钢管椅子改造成了适应现代生活的设计,并作为商品放在店中销售。

拥有与无印良品理念共通的思想的,不仅仅是欧洲。走到中国等亚洲国家,也能发现在漫长的历史中经过不断历练,最终化身为简约造型的椅子、壁橱等物品。

也就是说,无论哪个国家,都多多少少存在着与无印良品理念相通的精神。即使那不会成为某个国家最主流的思考方式,在

二〇〇五年作为企业广告拍摄的慈照寺东求堂"同人斋"及白瓷茶碗

今后也一定会占有一定的地位。

MUJI 之所以能够一直适应全球市场，是因为拥有共通价值观的人们所抱持的哲学理念，就包含在我们的品牌中。那些人们会用感性来理解我们的品牌，并在生活中选择使用 MUJI 的商品。

MUJI 定下的顾客群就是那样的人们。也就是说，**我们不会扩大目标，而是限定目标。**

经常有人会想，要让商品和店铺人气旺盛，就要尽量扩大目标，让更多的人来使用才好。确实，那种做法能够在一定时期内增加销量，可是每年都有许多商品在风行一段时间后就默默消失了。

要创造人们长期钟爱的商品和店铺，还是限定目标更好。既可以在年龄层上进行限定，也可以像 MUJI 这样利用理念来进行限定。

"香薰"为何人气如此旺盛?

在海外打听对 MUJI 的评价,无论哪个国家都有许多客人说"'Made in Japan'的商品果然很棒"。

不仅仅是亚洲地区,连欧洲地区和美国,甚至加拿大都有不少人抱有"既然是日本制造,那品质一定很好"的想法。

在中国 MUJI,顾客们都会一边查看生产地一边购物,可能也是因为"日本制造,安全安心"这个印象。不过 MUJI 有许多商品都是中国生产的,因此又会有许多人看到"Made in China(中国制造)"的标识而心生犹豫。尽管如此,最近还是有越来越多人给予了 MUJI 认同,觉得同样是中国制造,MUJI 的产品管理更加完善,品质也很稳定,是良心产品。

最近 Facebook 上有一条人气很高的发言,说的是一个外国人在院子里找到了二十年前丢失的卡西欧手表。尽管经历了二十年的风吹雨打,手表依旧在走。不仅如此,上面显示的时间仅仅慢了七分钟。世界各地的人看到那条消息,纷纷回复说:"日本制造的东西都很棒。""我也有个卡西欧，那简直是全世界最棒的手表。""我这个卡西欧闹钟用了三十年，直到现在声音还特别响亮。"

此外，冈山的丹宁布也在世界范围内评价非常高，丹宁面料厂商 KUROKI 是 CHANEL、LOUIS VUITTON、GUCCI 以及 PRADA 等众多欧美一线品牌的供应商。世界各国至今仍对"Made in Japan"给予了莫大的信赖。

无印良品的大人气香薰产品，在海外也非常受欢迎。

原本香薰就是起源于欧美的产品，在海外也有很多卖家，但人们就是更愿意选择 MUJI 的商品。

其理由就在于——好用。

外国的香薰经常会有发不出香气的情况，也总是出现故障。

世界上几乎再没有像 MUJI 的香薰这样价格不高不低，香气种类齐全，不会出现大毛病，能够一直使用的商品。所以我们的产品即使在海外依旧人气很高。

在法国 MUJI，像荻烧、伊贺烧、榻榻米制品这种日本特色产品很有人气。此外,南部铁器也是在海外最为畅销的日本制品。南部铁器在日本就很昂贵,到了海外价格必然更贵,可因为只需要买一次就能用上一辈子,大家都会高高兴兴地来购买。而且根据地域不同,还会出现与日本截然不同的用法,例如用来泡红茶。

也就是说,有时仅仅是"Made in Japan"就能与别的商品拉开差距了。这对日本人来说,难道不是最大的优势吗?前人在家电和汽车等领域向世界证明了日本制品的性能和品质,而那个观念本身就让现在的日本人站到了一个有利的立场上。

提供不折损"Made in Japan"信誉的商品,应该也是在海外制胜的方法之一。

"日本人的协调性"也能成为力量！

过去我去巡视海外 MUJI 的现场时，深切体会到了当地店员与日本店员截然不同的特性。服装卖场一片凌乱，命令店员去叠好他们也毫无反应，这是经常会出现的情况。如果是日本店员，马上就会上去叠整齐，可是当地店员却会产生一种抗拒心理，觉得"为什么非要我去干那种事啊"。

例如法国，就算 MUJI 分公司的社长亲自到现场去说："这是社长命令，去给我叠好。"也会被店员当场反驳："我又没见过你（凭什么要听你的话）。"所以，刚开始那段时间可谓是相当辛苦。

被派遣到当地的员工，面对当地人与日本人的差异，依旧在恶战苦斗中想方设法要让无印良品风格的工作方法保持下来。

每次走出国门，我都会强烈感觉到，勤勉认真老实的性格其实是日本人的长处之一。

日本人协调性高，团队合作力好。在日本，持续了一百年以上的"长寿企业"有两万六千一百四十四家,这可是世界第一的数量。同时,这可能也是重视协调性的成果。

举个例子,近江商人讲究一种"三方共赢"的精神。

那是从江户时代到明治时代,在全国做行脚商人的近江商人独到的心得,也就是所谓的"卖方得益,买方得益,世间得益"这三个"得益"。并非只讲究卖方赚到钱的"一方得益",而是也要让买方感到满足,同时还能够为社会做出贡献,这样才算做好了生意,这便是日本买卖人自古以来的想法。同时,我们也形成了能够让那种想法得到很好发挥的民族性格。

为交易对象考虑,为顾客满足考虑,为员工福祉考虑,为地域发展考虑。若不重视这样的协调性,要想办成超过一百年的老字号企业是非常困难的。

商业之神松下幸之助留下一句名言:"企业是社会的公器,必须与社会共同发展。只求自己公司繁荣,就算一段时期能够如愿,也无法长久持续下去。"这句话充分体现了企业与社会共存共兴的重要性。能够在共存共兴环境下保证企业发展,这恐怕只有日本企业做得最好了。

我们的邻国韩国便没有一家持续百年以上的企业。

韩国人给人一种强烈的感觉，仿佛他们更重视"先把我们自己做大做强"的想法。在那样的国家，企业可以拥有像三星的前会长李健熙这样的人物——从美国研究生院取得MBA学位，引进欧美风格的成果主义，大量吸收外国员工进行大胆改革，从而实现飞跃式的企业成长。可是，那样是否能持续五十年甚至一百年？我认为比较困难。

不仅是韩国，在欧美各国这些个人主义盛行的地方也存在这样的倾向。

而且在欧美，管理者对自己的企业似乎都没什么坚守精神，通常做到一定规模后就会转手卖掉，即使是创业者，也会选择提前退休，把公司迅速交给新的管理人员，自己则去过优哉游哉的生活。而且他们还很少把公司交给自己的家人，一般是从其他企业挖来优秀人才任命为社长。他们虽然有兴趣把企业做大做强，但似乎并没有令其长寿的意识。

日本之所以有许多同族经营的企业，可能就是出于让企业长期存续的考虑吧。同族经营固然存在许多弊端，但在让公司存续方面，确实非常有效。

我被邀请开办演讲会时，只要是以日本人为对象的演讲会，在问答阶段通常只会有三个人举手。

如果是海外的演讲会，大家都会争先恐后地举手。因为日本以外的国家都是多劳多得，属于若不自己主动强调存在感，就无法得到好评的文化。因此无论在什么场合，人们都会争先恐后地举手发言。

一开始我也会发出"他们好积极啊"的感慨，但后来渐渐发现，有的人话是很多，但不一定有内容。甚至很多时候，还不及日本人那种在最后发表的三言两语的见解有效。

在海外经商，经常会觉得受到了自我主张欲旺盛的外国人的压制，但我认为，其实没必要在这点上向他们看齐。重要的是，在不明白对方说的话,或者无法接受的时候,不要含糊其词。一定要让对方解释到自己清楚为止,跟对方商量到自己能够接受为止,这种姿态是非常重要的。

日本人只要依靠协调性和诚实性这些日本人的优点决胜就好。在海外,表现出强烈的个性或许更容易做生意,可日本人独特的个性一旦遭到埋没,不就丧失了作为一个日本人决胜负的意义了吗?我认为,"模仿欧美人",并不一定能成为"全球化人才"。

Chapter Four

"商品被追捧的方式"在海外是不一样的
——应重视"发现"多于"制造"

"能够代替任何东西"的商品力

以前,我曾经光顾过日本领先的米其林二星法餐厅。

因为设计成开放厨房,可以在餐桌上看到厨房内部,那时我突然发现,里面放着一个很眼熟的盒子。

那竟是无印良品的 PP 药盒。那个药盒可以分成七块,每一块都能独立使用,也能将七块拼起来使用。而我当时看到的那个药盒,被用作了咖喱粉等香辛料的收纳盒。

"这个用法真妙啊。"我忍不住感慨道。

当初开发那个药盒时,想的是方便顾客携带营养剂和药物,没想到富有想象力的大厨,竟发现了令人意外的使用方法。

无印良品的商品正因为其简约,才拥有了"能够替代任何东西"的特征。 使用商品的人能够自由地思考使用方法,换句话说,就是具有高度的随意性。

例如到了欧洲,会发现那里有各种各样的葡萄酒杯。红葡萄酒用的、白葡萄酒用的、香槟用的,不仅如此,还有饮用波尔多葡萄酒专用的酒杯、勃艮第和霞多丽专用的酒杯等，划分得非常细致。过去人们用的都是同样形状的葡萄酒杯，但随着文化的成熟，酒杯的种类也随着人们的需求而细化了。

与此相对，无印良品只有传统的、非常简单的酒杯。其中并没有圆点或花纹装饰这样的"加法"要素，除了少部分蓝色或茶色的杯子，基本上都是无色。

那种简约的杯子在海外会被当成花瓶使用，或是放入装饰品用来装点家居环境，或是当成口红和彩妆用品的笔筒，总之被人们开发出了各种独特的用途。

也可以说，一种设计对应了多样化的价值观。面对细分化的需求，我们并没有选择开发多种商品，而是创造出了能够包容各种需求的设计。这其中也包含了公司成立之初"尊重每个人的个性，剔除广告因素和冗余，把商品个性交由使用者来定义"的考量。把商品个性交由使用者来定义，这句话也可以理解为进行以消费者为主体的设计。制作方并不给出"这个要这样用"的限制，而是给消费者自由考虑的余地。

目前世界上存在"细分化"的潮流，而无印良品则与其正相反，主张包容成熟的需求——这一点也能与"无印良品风格"挂上钩。

以前我们曾在京都慈照寺东求堂"同仁斋"、大德寺玉林院"霞床席"和武者小路千家"官休庵"等和室或茶室里摆放无印良品的器皿拍摄写真（参见第134页照片）。或许因为无印良品的器皿在简约的同时又无比丰盈，即使是在那些地方也能毫不违和地融入其中。

千利休根据自己独特的美学意识，将那些并非作为器皿被制作出来的东西"看作"器皿来使用。比如将盛水的葫芦用来插花，将打井水的木桶做成茶道具的水壶。

无印良品的商品也以根据这个"看作"发挥出无限的可能性为目标。日本家庭不仅吃日式饭菜，还会吃西式和中式等各种各样的料理。因而在器皿方面，适合任何料理的、具有随意性的设计，便是无印良品的器皿特征。

无印良品的顾问之一、平面设计师原研哉先生以前在演讲中，就无印良品说过这么一番话：

"无印良品制品的美学意识背景中蕴含的就是'空'的概念，它与西方的'简'并不相同。而这个与西方不同的美学意识，如今得到了全世界的期待。亚洲市场虽然正活跃，但全世界人都开始意识到过剩消费并不一定意味着幸福。这并不是仅凭'简'就能产生的想法。换句话说，这是因为以质朴凌驾奢华这种思考方式确实有益处，并且处在都市生活中的人们也都赞同这个想法。MUJI 在世界上如此有人气，如此受到关注，原因也在于此。"

正如这番话所说，**空，能够代替任何事物。**

佛教中有句话叫"色即是空"。"世间万物皆有形，形为假借，本质实为空，而非不变。"这种思想或许与无印良品也是相通的。

无论在什么地方，都能让所有人根据自己的想法对商品进行使用，我认为，这才是无印良品在世界各地都能得到接受的原因所在。

收纳盒，棉花糖……"出人意料的人气商品"的秘密

无印良品不会为不同地区制作不同商品，但会根据地域改变"上架商品"的种类。

欧洲较为畅销的是家具和PP收纳盒，亚洲则是健康&美容产品、文具、服装更受欢迎，其中，中国台湾和中国香港的顾客更喜欢购买食品食材。

每个地区畅销的商品不一样，可能是因为每个地区的成熟度不尽相同吧。

上文说到，在"食"这方面，各地都较为保守，如今在欧美，我们基本上不销售食材。刚刚进入英国和法国时，我们也跟日本店铺一样上架了酱油和味噌等商品，但因为不太畅销，后来即使日本料理风行世界，我们也没再上架过食材。

居住在那些国家的日本人也经常会向我们提出"在店里销售食材吧"的要求，但仅仅面向日本人销售的酱油和味噌等商品，今后恐怕也不会上架吧。通胀时期，开到海外的日本百货店都以

日本的游客为主要目标，但在泡沫经济崩溃后，也出现了陷入悲惨状况不得不撤出的案例。若不能让店铺得到当地人的认可，就无法在海外长期生存下去。

另外，我们在亚洲却上架了食材。但是，在日本很受欢迎的咖喱和意面酱等半成品食材几乎卖不出去，因为当地人没有"使用半成品食材"的习惯。当地便利店最为畅销的咖喱饭也都是已经把咖喱浇在米饭上的状态。那些地方并不存在购买半成品食材，回家煮一锅饭浇上去的习惯。

泰国的MUJI店铺也曾尝试过让顾客试吃咖喱和意面酱。那种一步一个脚印的努力或许有一天能够结出果实，但首先需要让那个国家的生活方式变得能够接受半成品食材，而这种改变不是一朝一夕就能实现的。

那么，MUJI在海外都有什么商品大受好评呢？我在这里稍微介绍一下吧。

在欧洲，有一种出人意料的人气商品，那就是PP保鲜膜收纳盒。

能够收纳食品包装用保鲜膜的简约的 PP 保鲜膜收纳盒上，附有不锈钢刃，里面的保鲜膜是可替换的。在欧洲，这类厨房耗材的品质多数都很低劣，不是保鲜膜的贴合度不够，就是切割很不方便。

MUJI 的保鲜膜收纳盒切割简便，而里面的保鲜膜本身也是日本制造，能够紧密贴合餐具。

我们在法国进行现场演示时，好评就通过顾客们传开了。

使用过这个产品的人都赞不绝口，甚至还会大量采购作为圣诞礼物送出去。欧洲人习惯在圣诞节向亲朋好友赠送一些小礼物，而不是像日本人这样互相赠送高价礼物。

这在一开始完全出乎我们意料，导致当地员工不得不慌忙发出追加订单。而那些收到礼物的人们想必又会在下一个圣诞节选择这个礼物送出去吧。到现在，只要一进入圣诞季，这个产品就会卖得飞快。

由于欧洲人的环保意识很强，他们早就普及了不丢弃收纳盒，只替换其中商品的做法。从这样的环保方面来看，无印良品的保鲜膜收纳盒也能称得上是合格产品了。

　　MUJI在每个国家都有一些意外受欢迎的商品，因此不真正到海外走走，还真是什么都不知道。

　　"出人意料的人气商品"还不止这个。

　　在巴黎，触摸屏可用的手套在全法国十一家店铺中销售量第一。

　　进入深冬，法国的气温会下降到接近零度，因此手套成了必备物品。而法国的智能手机普及率比日本要高出一倍，顾客们自然会很喜欢这款手套。

　　刚在美国纽约（曼哈顿）开店时，我们还担心日本的小尺寸家具和餐具会卖不出去，可真正开张后，我们却惊讶地发现，比单人床还小的带脚床垫竟非常畅销。因为曼哈顿与郊区不一样，有很多小面积公寓，因此顾客们也更为青睐小而紧凑的家具。

　　在亚洲地区，点心类商品很受欢迎。

　　柚子味和金橘味的糖果在中国香港一直保持着销量第一的成

绩。原本在当地并没有柚子味和金橘味的糖果，因此顾客们一开始会出于新鲜感而选购，其后，这些糖果"很好吃"的评价便渐渐传开了。

让人意外的是，袋装糖果也很受欢迎。棉花糖在海外也能买到，却不能像日本这样随时随地都能轻松享用。夜市上卖的棉花糖只要放一晚上就会缩成皱巴巴的一团。而无印良品却把松松软软的棉花糖装在袋子里销售，这种"随时都能买到"的好处在海外似乎受到了广大好评。

关于我们的棉花糖还有一件逸事。号称全球最难预订的餐厅——巴塞罗那的 El Bulli（斗牛犬餐厅）曾专门向我们订购了三百个棉花糖，理由是"想在料理中使用"。或许是单纯为制作棉花糖而特意准备机器实在过于麻烦，所以他们才看中了随时能从包装袋里拿出来使用的 MUJI 棉花糖。

而关于"意外"，还有这么一个故事。

那是二〇〇三年前后，我与无印良品的骨干、室内设计师杉

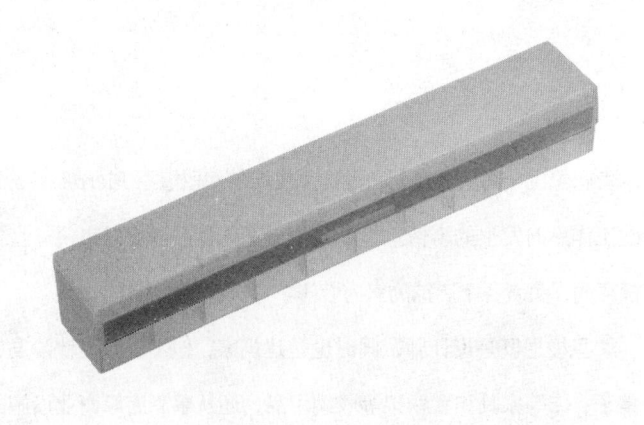

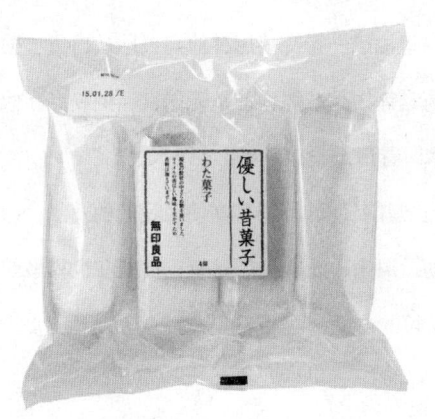

在欧洲广受欢迎的保鲜膜收纳盒（上）和获得一流餐厅订单的棉花糖（下）

本贵志先生一同造访意大利设计师皮埃尔·里梭尼（Piero Lissoni）的工作室时发生的事情。杉本先生自无印良品创业以来便一直担任顾问，负责各个店铺的室内装修。

里梭尼既是设计师，同时也是建筑家，他不仅会设计沙发、桌子、床等家具和置物架等收纳用品，还从事酒店等商业设施的空间规划。

我们与里梭尼一番交谈后，他高兴地从口袋和抽屉里拿出了名片盒与药盒等物品。那些都是无印良品的制品。他说："这是以前去日本时看到，非常喜欢才买下来的。"

得知世界知名设计师都喜欢使用我们的商品，惊讶之余我们也异常感动。原来，无印良品具有让活跃在世界最前端的设计师从感性上认可的力量。

"白色"也有很多种类

制作简约的商品,乍一想似乎挺简单,但实际上那是非常困难、博大精深的工作。田中一光先生曾经说过,追求剔除了设计感的设计,就是终极的设计。

在料理方面,米饭和烤鱼这些乍一看很简单,味道却无法敷衍的料理,才更能如实地体现出烹饪者的手艺。如果只是随便把鱼烤一烤,必然无法调出鱼本身的鲜美味道。必须选择新鲜的鱼,通过适宜的火候和适量的盐调味,才能做出最为考究的味道。

简约的商品也一样。虽然要讲究不使用夸张的色彩,让商品尽量回归简约,却又不意味着只使用白色和黑色就好。

必须从种类丰富的"白"和数不胜数的"黑"中,选择充盈的白和丰饶的黑进行巧妙运用。若不如此,就无法超越枯燥乏味的简单,实现丰盈充实的简约。

举个例子,一般笔记本的纸很白,那是因为经过了漂白。只是,那种"白"并不符合无印良品的哲学。漂白虽然能让白色明亮起来,却始终摆脱不了那种贫乏而没有品位的感觉。

无印良品的笔记本没有漂白过程，原材料呈现一种略显茶色的天然色泽。这就孕育出了自然而富有品位的白。

我们不会不经思考地使用白色。一般在表现白色的时候，会以稀薄度为指标，而**无印良品则会用它来决定"从这个阶段到这个阶段的白"这种白色的范围**。换句话说，我们摒弃了漂白的白，而追求自然生成的白。若产品样品中出现了稀薄度高的白色，员工们都会感到非常奇怪，而且早在试做的阶段，那种白色便会被刷下来。

如果我们采用了制造商建议的稀薄度高的白色笔记用纸，那做出来的就是普通的笔记本。如果把那东西放在无印良品销售，想必就无法保住品牌了。关于"黑"也一样。单纯的黑色跟丰饶的黑色是不同的。我们是在追求拥有无印良品风格的白色和拥有无印良品风格的黑色这一基础上使用这些颜色的。

穿着和服时搭配的足袋，也有人认为漂成纯白色不太好。漂出来的白色是一种肤浅的白。如果穿着那种足袋表演日本舞蹈，略微露出足袋底部的那一刻，便会让人感到某种浅薄。

此外，根据制作羽织袴裤和黑留袖的匠人们的说法，一般服装使用的黑色"不能叫作黑色"。羽织袴裤使用的是无论在阳光下还是阴暗场所看起来都一样美丽的深邃浓郁的黑。制作那些服饰的匠人们看到市场上贩卖的黑色牛仔裤，就会感到色彩略淡、有所欠缺。

不管怎么说，无论是白色还是黑色，都有各种各样的类型。

日本自古以来就为颜色赋予了多样的意义。传统颜色中，仅仅是红色便有赤红、胭脂、小豆色、桃色、樱色等几十种分类。十二单衣通过各种颜色重叠的色阶来表现其美感。日本四季分明，也拥有用颜色来表现四季迁移的文化。在常年炎热或四季多雨的国家，是很难培养起那种感觉的。

这种美感在欧美得到推崇已久，或许因为这是欧美人想学都学不来的东西吧。而无印良品的商品能让那里的顾客从中获取这样的美感，所以才会在海外也拥有如此多的粉丝。

为了达到丰盈的简约，无印良品耗费了大量时间探讨"该如何表现无印良品的哲学"这一议题,并将其融入每一件商品中。"这就是无印良品"并没有既定的标准答案,因此所有人都在烦恼和思索中寻找着前进的方向。

无印良品一直在磨炼的"发现力"

我们在谈论无印良品的历史时，必然会提到初期大受欢迎的商品——"碎香菇"。

当时，西友在销售形状完美的干香菇。西友生活研究所经过调查，发现日本家庭几乎都会用香菇来制作高汤。后来便有人提出，既然是用来制作高汤的材料，形状并不需要太完美。

此外，他们又到香菇产地察看，发现选择形状完美的干香菇非常耗费时间，碎掉或形状不好的香菇又不能作为商品销售，只能留作自用或干脆扔掉。

于是，他们便把碎掉或外形不好的香菇包装起来，起了个"碎香菇"的品名，以通常价格的七折左右出售。包装上还写着"大小各异，也有破损，但风味依旧"的降价理由，使得这种商品获得了极大人气。

这一商品颠覆了"干香菇很贵"的常识，最后库存碎香菇被一扫而空，甚至闹出了不得不把好香菇掰碎来卖的逸事。

如此这般，在无印良品刚刚诞生时，就存在**比起"制造"更注重"发现"**的想法了。我们一直在遵循的路线，就是从日本的传统良品或者日常生活经常使用的物品中发现好东西，融入无印良品的概念后进行商品化。

如今已经有很多厂商在销售"酒店规格的浴巾和床单"，这些产品早已变得不再稀奇了。可是，在无印良品刚开始销售它们时，世界上还不存在那样的创意。

在探讨该用什么材料制作浴巾和床单时，我们发现酒店用的浴巾和床单质量最为优秀，样式最为经典。就算洗上几十次、几百次，也能让客人们用得满意。于是我们想：那不正是最实用的质量吗？紧接着我们就着手开发酒店规格的浴巾和床单了。

寻找渗透人们生活，拥有一定好评，能够长期使用的物品，对其进行无印良品风格的改造，这是从一开始便已存在的做法。

又比如厨房用的深锅和平底锅，被设计成了"河童桥式样"。

在东京河童桥的器具一条街上，有许多专门为专业料理人设计的商品，可是，为职业人士设计的深锅和平底锅大多数都没有锅柄。因为木质或树脂材料的锅柄会最先老化，所以和食料理人等专业人士在烹饪时都会用像钳子一样的东西夹在没有锅柄的深锅和平底锅上使用。

于是无印良品也摒弃了容易老化损坏的部分，制作出了没有锅柄的深锅和平底锅。这就是我们寻找简约而机能性十足的商品，在其中融入无印良品风格的体现。

不仅如此。使用再生纸来制作便签和笔记本的厂商，无印良品应该也是世界首家。当时有人认为再生纸颜色难看，但我们却考虑到既然多是小孩子练习用，颜色稍微难看一点也没什么不好。

我们不仅在日本的生活中"发现"好东西，还建立起了在世界范围内寻找好东西，并融入无印良品风格的机制。

一九八四年销售的"原色"毛衣，收集了中国的开司米羊绒和驼毛、南美秘鲁的羊驼毛、土耳其的安哥拉兔毛、英国传统的设得兰羊毛和品种古老的雅各布羊毛等世界各地的优质原毛，采用能够凸显各种原毛特色的方法进行了编织。

正如"原色"这一名称,毛线未经染色,而是利用其本身颜色制成了商品。使用了羊驼毛的服装最近倒是能看见,不过在当时的日本恐怕还没有吧。

每个国家必定都有适应了当地气候与风土,深深扎根于文化之中的好东西,发现那样的东西,吸收到无印良品之中,这便是我们一直以来所坚持的商品开发原则。商品开发的队伍走遍了世界各地,寻觅着能让人由衷感叹"这个真好"的物品。

并非"制造",而是"发现"——FOUND MUJI

我们也存在一段"发现力"衰退的时期。

在世界各地寻找好东西,这样的活动会耗费时间和成本。于是,我们改为委托商社的人帮我们寻找商品。因为商社中存在各种各样的采购调配部门,拥有大量的信息和广阔的网络。

可是,商社的员工里既有能够很好理解无印良品哲学的人,也有并不理解这些的人。结果就是寻觅来的东西鱼龙混杂,从中筛选的时候,便不小心混入了以前从未使用过的颜色和设计,失去了无印良品的特色。

此外,商社不仅为无印良品,还在为其他公司提供制品。因此,无印良品里面也开始出现"以随处可见的素材制作的商品"了。

由于不再是自己亲自去发现,而是委托商社,便得到了随便什么人都能采购到的普通商品。这样即便是遵循无印良品的原则进行改造,也跟我们一直以来的商品出现了很大的不同。如此下去,我们自然会丧失与那些以"大量贩卖"为目标的厂商的不同之处。

无印良品的顾客感觉都十分敏锐，他们纷纷认为"最近的无印良品变得有些肤浅"，开始慢慢离去。这是二〇〇〇年前后发生的事情，也是我们陷入赤字危机的原因之一。

在我就任社长时进行过分析，无印良品的没落原因在于"懈怠了对品牌的塑造"。因此，必须想办法找回无印良品的风格。于是，在二〇〇三年就诞生了"FOUND MUJI"和"WORLD MUJI"。

FOUND MUJI 的理念是："发现扎根在世界生活文化和历史中的良品，从全世界的优良日用品中汲取精髓，通过无印良品进行过滤，制作成商品。"简单来说，便是比起"制造"更重视"发现"的无印良品。

这原本就是无印良品一直在坚持的理念，但我们认为，必须将其进一步精练，使其保持在时代的前端。若非如此，就会落后于世界的需求，即便拿到海外去，也会变成毫无竞争力的商品。

于是我们便开始深入世界各个角落，让员工们去寻找人们生活中的传统良品。

那双"直角袜"是这样诞生的!

只要是在某个国家和地区被人们长期制作和使用的东西,就拿到全世界任何一个角落都能得到接受。而发现那样的东西,便是 FOUND MUJI 的使命。

例如,我们在越南的农村见到有人头戴名叫"斗笠"的三角草帽,穿着用树皮和草叶染色的衣服。将那些衣服经过历史沉淀的设计稍加改进,就成了 FOUND MUJI 的新生商品。

在看见中国家庭以前使用的条凳时,负责人的第六感也发出了"这不就是 FOUND MUJI 的感觉吗"的信号。那种条凳看似普通,实则隐藏着"可以代替任何东西"的可能性。

于是,我们将原本用杂木拼接而成的条凳改成直接用原木整体切割以提高强度,作为 FOUND MUJI 的商品进行了改良。这种长凳可以放在餐桌旁,也可以放在庭院里,甚至能用来放置小物品作为室内软装使用。

中国有一种传承千年的景德镇瓷器,以红蓝为主色,描绘着

中国的传统条凳（上）和融入无印良品风格的改良商品（下）

龙与花等优美图案，但无印良品却不需要那些。舍去那些图案，只保留朴素而深沉的白瓷，就成了融入无印良品风格的商品。

存放咖喱的不锈钢壶是负责人在印度五金街一个角落一个角落地走了一圈后搜罗到的产品。那是一种口缘稍微外翻，壶身圆润的独特设计。据说那就是印度壶特有的轮廓。

如果放在日本，人们可能会想加上把手方便拿取吧。因为如果把刚做好的食物放进去，就会烫得拿不住。可是实际上，印度人就能够轻而易举地捧着装了热腾腾的咖喱的壶到处走。

为什么能做到那样呢？是因为那种壶里面是两层的。两层间空洞的部分含有空气，就成了不会将热量直接传导到壶外侧的设计。

因为这个壶完成度非常高，我们尝试了许多改良设计，但最后得出了无论如何都无法超过原始设计的结论，于是就决定直接沿用了。当然，这个壶还可以装咖喱以外的其他食物，也可以盛上水，让几朵花漂在上面作为室内软装使用，似乎还有人用它来放饰品。

像这样在世界各地寻觅好东西的过程中诞生出来的，还有我们的大热商品"舒适直角袜"。

事情始于一位捷克友人的消息："邻居家老奶奶给我织了一双直角的袜子，太好穿了！"

市面销售的袜子踵部角度都是一百二十度。据说这是因为机械量产的袜子角度只能做成一百二十度，以及那个角度能够保证袜子折叠后形状规整。

收到消息后，我们到捷克实地采购了一些袜子，发现踵部确实都是九十度的。而且，穿上那些与人类踵部角度相同的袜子会非常贴合，感觉十分舒服。

可是，我们让袜子厂商的人看过那些袜子，他们却不知道该怎么做。后来我们就把织袜子那位老奶奶的女儿请到了日本，向我们传授编织方法。然后，我们根据学到的方法去开发编织机器和素材，这才总算诞生出了FOUND MUJI风格的袜子。顺带一提，这个商品从二〇〇六年到二〇一四年累计卖出了四千五百万双，是无印良品的长青商品。

晾晒衣物用的半圆形晒衣架也是在法国跳蚤市场发现后带回来进行改良开发的商品。

其实，几乎所有发达国家都没有把衣服放到户外晾晒的习惯。基本上洗好的衣服会先放进烘干机里烘干到一定程度，再放在室内阴干。特别在欧美，人们普遍认为在户外晾衣是低收入人群才会干的事。似乎还有一些地区以破坏景观导致不动产价值下降为理由，禁止人们在户外晾晒衣物。确实，我们在美国的影视作品中也能看到，高级街区的住宅就算庭院很大，里面也不会有晾衣服的竹竿子。

出于这些原因，为了方便将衣物挂在室内墙壁上晾干，海外的晒衣架都是半圆形的。毕竟做成完整的圆形就无法贴合墙体了。

而在日本，也有许多人会把内衣裤放在室内晾干，梅雨季节和冬季，大多数家庭都会选择室内晾衣。因此，半圆形晒衣架在日本应该也是有需求的。

于是，我们就选择了不会生锈、方便回收利用的铝制材料进行开发。此外，晒衣架上的夹子都是由聚碳酸酯制成的，因为无

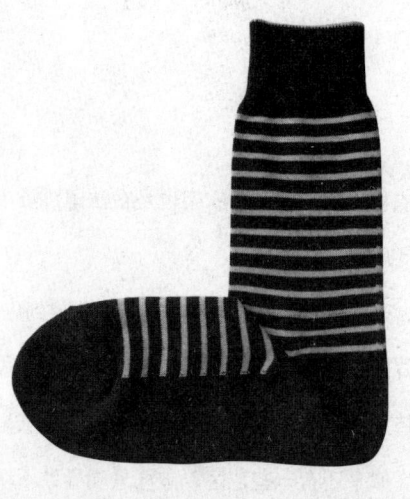

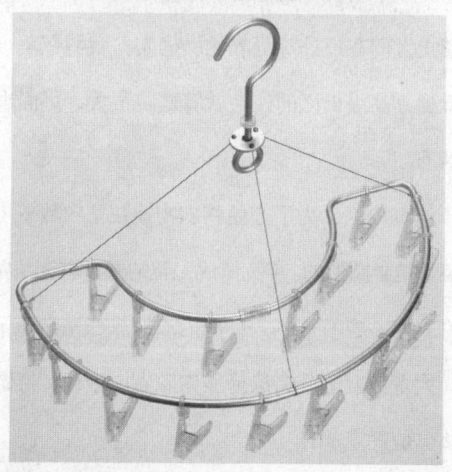

根据捷克的袜子改良的"直角袜"(上)和在法国跳蚤市场发现后开发出来的"墙面用晒衣架"(下)

印良品不会使用夸张的颜色,就只能做成乳白或透明的了。老实说,这也是开发的瓶颈之一。

一般晒衣架的夹子都会做成黑色、红色和绿色这几种颜色。这是因为上色用的颜料可以反射紫外线,让夹子不容易因日晒而老化。反之,如果不上色就容易受到紫外线侵害,变得很容易老化。尽管如此,作为无印良品的商品,我们还是不能使用鲜艳的颜色。于是我们就把夹子做成了可拆卸式,这样一来,就算夹子老化,顾客也能购买新夹子换上去。

这样开发出来的商品,不仅在日本备受欢迎,到了海外也很有人气。

由此可以看出,在海外得到人们长期使用的物品,都具有一定的"缘由"和"为人们所喜爱的力量"。要如何发现那些东西,再进行改良,就成了使无印良品在海外保有竞争力的大命题。

现在的 FOUND MUJI 和诞生初期的 FOUND MUJI 实质已不同。从前那种所有厂商都能模仿的 FOUND MUJI 商品,如今已经被时代淘汰了。由此可见,提升"发现力",关键是看能够"深入"到什么程度。

越是仔细深入各地寻找,商品总体的等级就会越高。而那些商品也会被全世界的顾客所接受,应该说,是不由自主地接受。

正在进行类似活动的企业中,比较有名的应该算是麒麟的"来自世界厨房"系列。他们也是去寻找各国家庭自己制作的饮料,再进行具有麒麟风格的改良。

此外,FOUND MUJI 也在重新审视日本国内传统工艺品的优点。

青山分店不仅集中了从世界各地搜罗来的生活用品,同时也在销售日本传统工艺品等商品。那是一间在无印良品中也属另类、被许多手工制品狂热爱好者所青睐的店铺,请各位读者有机会一定要去看看。

孕育了世界最前沿的设计——WORLD MUJI

WORLD MUJI是对"无印良品如果诞生在海外会是什么样子"这一疑问的回答,是一个邀请世界知名设计师开发商品的项目。

意大利、英国、德国等地一些与无印良品的思考方式产生共鸣的一流设计师会"匿名"进行商品开发。

为了让那些在生活中被人们长期使用的东西变得更加方便、更加丰富,我们借来了世界知名设计师的力量。这样说不定就能做出超越那些东西本身的商品,这便是WORLD MUJI成立的目标。

即使是同样的商品,一旦公开设计师名字,就会卖到三四万日元。而在无印良品,只要不公开姓名,就能以三千到四千日元的价格进行销售了。WORLD MUJI的商品就是让人在看不到设计师名称的情况下,单纯感觉"这个好像很好呢",然后买回去。

在开展这项工作以前,我们也请过永泽阳一和加贺谷优这样的一流设计师来为我们设计产品,那时候同样没有公开他们的名字。

不公开制作者姓名,这便是"无印"之印。这是在邀请世界知名设计师参与工作的 WORLD MUJI 也丝毫不会改变的重要原则。

现在,无印良品的顾问之一深泽直人先生所设计的壁挂 CD 播放器成了受到世界好评的大热商品。这是通过对人类"看到眼前有根绳子,就忍不住想拉一下"的本能进行观察后诞生的商品。

这个 CD 播放器同时也是无印良品将自己的造物转向"追求设计本质"这一方向的契机。所谓追求设计的本质,也可以称为对"探寻物与人的关系"的尝试。

英国的贾斯珀·莫里森(Jasper Morrison)帮我们设计了钟表、沙发、金属餐具和水壶等商品。他是一位涉足家具、餐具、厨房用品、电器和钟表、鞋靴乃至公共空间设计的设计师,参与过瑞士定制家具品牌 Vitra 和西班牙鞋靴制造商 CAMPER 等一流品牌的商品设计,同时也设计了福冈县太宰府市宝满宫龙门神社的长椅和凳子。

他的设计理念是"极致平凡",属于经过精练的简约风格,跟无印良品的世界观很是符合。他为 Rosenthal 这个餐具品牌设计的餐盘和马克杯都显露出了其简约经典的设计力量，我个人认为，那是能够与德国历史悠久的瓷器品牌 Meissen 相媲美的设计。

无印良品的水壶简约而具有强度，是一件同时满足了设计与质量要求的商品。可是很多人都不知道那是贾斯珀·莫里森的设计，只是觉得"无印良品的商品真是简约又实用啊"。换句话说，我们在 WORLD MUJI 进行的都是极尽奢侈的尝试。

另外，德国的康斯坦丁·葛切奇（Konstantin Grcic）也是我们众多设计师中的一员。他每年都会为世界知名家居厂商设计新作品，同时还为无印良品设计了"能做记号的伞"，那件商品成了畅销十年以上的长寿商品。

这把伞的伞柄上有一个洞，只要在上面系一个什么东西，就能当成自己的标识了。经常会有人把伞弄丢，或者分不清伞架上究竟哪一把是自己的伞，只要有了"自己的标识"，就能避免这种情况的出现。

从上述例子中也能看出，世界知名设计师都拥有"把人们无意识的行动加以视觉化",或者说"用看似随意的设计创造新的长销商品"这样的力量。

打个比方。被称为世界第一好吃的德尼亚产西班牙红虾,用网捕到后放进加入了海水的沸水中烫三十秒,马上捞起来放进盐水冰块中,然后把虾壳"啪嚓"一声掰开吃,如果这种吃法可以比作寻找传统好物的 FOUND MUJI,那么米其林三星餐馆的大厨使用这种虾制作复杂料理,或许就能算作 WORLD MUJI 了。

不过,在多数时候,用最简单的方法食用素材才是最好吃的。能够制作出胜过素材天然美味的料理的厨师,全世界恐怕屈指可数。就算是米其林三星餐馆的大厨,一百人中能做到的或许也不出十人。

而把那十个人找出来,请他们精心制作料理,便是 WORLD MUJI 的使命。

深谙设计之道的人和数百年来一直被不断制作、使用的物品,在某种意义上是非常相似的。融入各个国家生活中的传统物品和世界最具代表性的创作者所设计的物品,两者同时存在的世界,便是无印良品的世界。其中既存在朴素的一面,也存在最为洗练、最为前沿的设计。

无印良品之所以受到世界各地人们的支持,原因与其说是设计,更不如说是我们试图孕育出的这种"文化"得到了人们的共鸣。

在日本畅销的商品"会成为常设商品"

无论走到哪间无印良品店铺都能看到香薰机和 PP 收纳盒等畅销商品，这些是全世界共通的。

我认为，在日本畅销的商品，无论拿到世界哪个角落都会畅销。因为我们与世界对"良品"的概念是一样的。

也有其他厂商生产 PP 收纳盒，还拿到海外销售，但无印良品的收纳盒密封度却与众不同。

桐木制的橱柜密封度好，关闭抽屉时就会感觉到空气阻力。与此类似，无印良品的抽屉式 PP 收纳盒关闭时也会感觉到来自盒内的空气阻力，可见它也有很好的密封度。不仅如此，无印良品的收纳盒还能整整齐齐地叠放在一起。若换成国外的普通产品，就会出现互相不匹配、叠起来摇摇欲坠的现象。

换句话说，即使是海外已经存在的产品，只要我们的品质够高，价格合理，也能与之决一胜负。

柯尼卡美能达和佳能在欧洲实力强劲，是因为欧洲没有性能足以媲美日本产品的办公室复印机。

另外，日本的家电和汽车不好卖，恐怕是因为欧洲普遍青睐质感厚重的产品吧。梅赛德斯-奔驰和BMW车身结实，车门极具厚重感。在家电方面，德国的西门子（现在已经退出家电行业）和博世这样企业的产品，虽然不像日本家电那般功能众多，但是结实不易坏，更受顾客的青睐。欧洲建筑物的大门也都结实厚重，强壮的欧洲女性轻易便能将其拉开，而相比之下略显羸弱的日本男性甚至要费上九牛二虎之力才能打开。这样的文化，与日本存在着根本上的不同。

由于文化差异，有些东西能够被接受而有些则很难被接受，但只要是在那个地区没什么人涉足的领域，还是会存在机遇的。

可是，若完成度不高，就无法达到世界的标准。**唯有品质优良，设计完善，经过时间和人们使用的考验而最后留下来的东西，才是真正的良品。**

Chapter Five

"MUJI 主义"没有国界
——如何渗透品牌哲学理念

当地员工聘用标准是"喜欢MUJI"

凡是到海外发展的企业必然都有一个烦恼,那就是当地员工的聘用。

刚进入一个国家时,该如何募集员工并进行选择,都要在盲人摸象般的状况中进行。

MUJI会从日本派遣一名员工到当地,负责建立法人。在这里我想强调一点,基本上我们只会派遣一名员工。而且有时候还会把从未到过那个国家的员工毫不客气地"砰"的一声往那里一扔,办公室的选址和本人住所的寻找都由他自己来处理,也就是说,公司会从零开始把一切都交给那名员工。

这样乍一看显得有点有勇无谋,但就算是三十出头的年轻员工,最终也能凭着自己的能力建立起法人。这就是无印良品风格的人才培育方法,详细情况已经在拙著《无印良品育才法则》中进行过介绍,请各位读者参考。

法人代表(社长)就由日本派遣过去的员工担任,但副社长和财务等辅助社长工作的职务都会聘请当地人负责。有人会选用自己认识的人，也有人会让熟人介绍一些合适的人选。

在打好这样的基础之后，就要开始招聘在店铺工作的店员（包括店长）了。

我们会采取常见的做法，在官网和招聘媒介上刊登信息来募集求职者，然后由人事部门进行笔试和面试筛选。

求职者的应聘理由多数都是"喜欢 MUJI"。他们中有人是到日本或欧洲旅游时购买过无印良品商品的顾客，在已经开店的国家，也有人是既存店铺的粉丝。不管怎么说，那都意味着他们对无印良品的品牌理念产生了共鸣，这也是我们的一个非常重要的采用标准。

我本以为会有更多人说出"需要赚生活费""离家比较近"这种更为现实的应聘理由，但其实并非如此。MUJI 对国外的应聘者来说，或许也是一个不仅仅是为了赚钱而工作的、极具魅力的企业。

热爱自己的品牌，积极投身工作的员工越多，对企业来说就越有利。这同时也是员工离职率较低的原因之一。

举个例子，中国 MUJI 的离职率目前是 12%。而一般中国企业的平均离职率是 25% 左右，这样一对比就能发现，MUJI 的离职率非常低。

MUJI 的海外员工工资绝对算不上高。一般都与当地水准齐平，而在房租水涨船高的中国上海等地，甚至比其他企业还要低一些。尽管如此，还是有许多员工愿意长期做下去。

而离职率低的另一个原因，可能就在于只要愿意努力，无论是谁都能得到升迁的机会。

日本无印良品不问性别学历年龄，建立起了凭实力从兼职员工一路往上发展的机制，这在海外店铺中也同样适用。**一开始作为兼职员工进入店铺，之后转为正式员工，到几个地方担任副店长后升任店长的例子在海外店铺也不罕见。**

海外企业都会给人一种强调员工实力的印象，可是在法国，聘方会更加重视学历，名校出身的人会占据高层，其他人则鲜少能够升迁。对法国人来说，MUJI 的员工发展系统是"难以想象"的。为此，大家都会觉得"自己也有机会"而努力工作。事实上，还有人从店员一路升到了运营经理的职位。

在海外，跳槽到工资更高的公司这种情况并不罕见。中国 MUJI 的员工好像也会接到其他公司的邀请。尽管如此，还是有很多人选择继续留在 MUJI，这就证明了他们的工作动机并不仅仅是为了钱。

在工作中寻找价值和意义，这应该是全世界共通的。

有的 MUJI 店铺中会同时存在多个人种的员工。尽管如此，我们的店铺中店员之间的关系都很好。因为他们可以通过 MUJIGRAM 共享品牌概念，还能通过"热推十（热推的十件商品）"这一内部销售竞赛来进行店铺之间的竞争，让整个店铺的团队精神保持高涨。

当然，站在自己喜欢的品牌旗下的商品中间，向顾客推荐那些商品，这种工作应该无论是谁都能做得很开心。事实上，无论走到哪个国家，在 MUJI 店里工作的员工都很热爱 MUJI 的商品，也给人一种十分享受工作的感觉。

比起工资更高的企业，更愿意在销售自己喜欢的商品的企业里工作。只要这样的人渐渐增多，相信在不久之后，我们就会迎来企业本身缺乏魅力便无法招徕人才的时代。不一味追求利益，而是让更多人产生共鸣，这样才能萌生出聚集顾客、聚集人才的良性循环。这其中说不定隐含着今后企业生存的启示。

无印良品一直努力跨越国界，让MUJI主义渗透进当地，并借此来开发新市场。这种方法今后应该也会持续下去。MUJI主义作为我们的哲学，蕴含着巨大的可能性。

或许会有人怀疑，诞生在日本的理念，会让海外员工产生多大的共鸣呢？特别是MUJI的理念中还蕴含了日本独有的哲学，给人一种不是日本人或许就很难理解的感觉。

这种担忧完全可以通过建立机制来解决。创建MUJIGRAM这一机制，并贯彻执行下去，便是让海外店铺顺利运营的秘诀。

当地员工用"主流"来培养

以前我们曾经聘用在欧洲担任过 GAP 和宜家店长的人来当店长。觉得那样一来,无论是店铺运营还是人事管理,都能放心地交给他了。

但另一方面,也存在聘用了在其他国家担任过其他店铺店长的人后,他却完全无法进行 MUJI 店铺管理的情况。店员的服务态度糟糕,又不主动整理凌乱的衣服,导致店铺越来越乱。因为那位店长只懂得那个国家的服务方法,也就无法进行员工教育了。

从这些经验中我们得出了一个结论,即使在海外,我们也必须让员工学会无印良品风格的服务。

不依赖于不同国家的习惯和个人经验,而是将业务标准化,必须让所有人都能完成同样程度的工作。为此,我们制作了上文提到的 MUJIGRAM 这本指南。这就是 MUJI 最为"主流"的培育方法。

商品的摆放、服装的折叠和上架、店内清扫、库存管理和配送方法等，MUJIGRAM 对每一项业务都进行了"目的"和"意义"的说明。解释了为什么必须要进行这项工作，做了那个工作后会有什么效果。

说明"目的"和"意义"，这在文化习惯与日本不同的海外店铺中显得尤为重要。例如，如果只写"用笑容接待顾客"，在原本就没有那种习惯的国家里，很有可能会让员工心里产生"为什么非要逼我笑啊"的抗拒想法。针对那些"为什么"，我们就预先准备好了答案：

"顾客对店铺的印象，全部来自店员给他带来的第一印象。""所以有必要以笑容接待客人，为此必须反复进行练习。"手册里会按照顺序进行说明。

"和民"居食屋在中国开店时，曾经教育员工以跪姿给客人递擦手巾，却遭到了坚决的抵抗。因为在中国，跪姿就意味着"臣服于人"，基本上跟日本的"土下座[1]"意思相同。

---

[1] 下跪的同时以头抵地。

据说因为这个,"和民"不得不从"说话时要让视线保持在客人之下"开始解释,这才终于打消了员工的抵触情绪。

仅仅是命令他们"做这个",员工是不会做的,但只要让他们理解并接受了原因,他们就会遵从。此外,许多外国人都有着讲求道理的思考习惯,只要向他们解释清楚"这样做会给你带来这样的好处",对方也会更容易产生"既然如此我就试试吧"的想法。

MUJIGRAM 的内容会根据当地情况做出部分变更,但基本的指导思想还是跟日本一样的。认真学习,将其应用在工作中,自然就能渐渐让 MUJI 主义融入思想中。如果看到试衣间角落堆积了灰尘,能够自发地去打扫干净,那应该就能称得上已经领悟 MUJI 主义了。

除此之外,根据员工提议,在 MUJIGRAM 中进行调整、每月更新的形式也跟日本一样。

在上海店铺,员工提议的新项目越来越多,在二〇一四年二月还只有六百零六页的 MUJIGRAM,一年后已经增加到了一千一百页。提议被采用的员工本人想必也会很高兴吧。那样一来，他就会更加主动地去寻找能够改善的地方。这样的活动能够提升员工的积极性，无论走到哪个国家都一样。

有的国家还会从 MUJIGRAM 中抽取重点，总结在手帐大小的册子上分发给员工。虽然每间店铺都会备有一册 MUJIGRAM，但要记住全部内容是不可能的，因此只在需要的时候才去参考。不过，身在卖场时，如果手边有一本手帐大小的 MUJIGRAM，就能把它放在口袋里，随时拿出来看一看。

经过这样的努力，无印良品的"标准"慢慢渗透到了当地店铺的每个角落。但是，如果因此而过于执着于日本式做法，在海外反倒会显得不自然。那时就需要根据当地情况，对某些部分灵活应变处理。

比如在美国，客人到店时，店员们会齐声说"Welcome to MUJI"这个美国员工们自己选择的句子。虽然有的企业在海外店铺也会使用"いらっしゃいませ（欢迎光临）""ありがとうございました（谢谢惠顾）"这样的日语接待客人，但要说那样才

能体现出日本风味,我却觉得不尽然。是否要用日语来表达,并不怎么重要。重要的是希望客人满意、希望客人放松这些"心意"的部分。我认为,只要有了那种心意,无论用什么语言来表达都无所谓。因为**我们想要传达的是理念和精神,而不是"和风"和"东方神韵"**。

上文提到,本土化很重要,其实那不仅针对商品,在服务方面也同样适用。

品牌理念"彻底共享"的机制

要想让理念渗透到全体员工中间,仅凭普通程度的努力是不够的。

在日本也一样,社长在员工大会上说"本公司应该拥有这样的理想",或者在网站上大书特书"公司理念",仅仅这样是完全无法使之渗透的。正因为明白这个道理,无印良品才会充分利用MUJIGRAM。不仅如此,公司高管还会到全国各地去,创造向员工们传达无印良品理念的机会。

在海外,让人们理解MUJI的理念需要更多时间。因此,我们才选择了跟在日本一样,反复传达理念,最终使其渗透的方法。

·店长考试·店长会议

首先,最重要的是让深入了解MUJI精神的人担任店长。

总部员工一般在进入公司三年后就被交与店长的职务,在他们的升职考试中还会出现"请写出MUJI的三个特征"这样的问题。

若不理解 MUJI 的理念，是无法回答这种问题的。

此外，我们在各个国家还会每月召开所有店长都要参加的店长会议。这个会议由当地的社长们来主导。在会议中，MUJIGRAM 的修订、追加部分会交到店长们手中，较重要的项目则会由总部负责人进行说明。然后，店长们把新的 MUJIGRAM 带回自己店中，对店员进行指导。

另外，在店长会议上，还会进行对上个月更新内容理解程度考查的笔试。或许有人会觉得"那样好像学校小测"，但为了让员工深入理解公司理念，确实有必要做到这个地步。

· 经理研修

我们还会安排以区域经理为核心的当地员工，到日本进行三个礼拜左右的研修。虽然可以通过 MUJIGRAM 对每一项业务的做法进行理解和吸收，但仅这样还是不够的，因此必须创造一个补足的机会。员工们会在研修中学习到无印良品在日本积累起来的展示方法和物流等方面的经验，然后带回到各自店中。

虽然在 MUJIGRAM 里也讲述了一些店面展示的基本方法，但只是那样并不能达到百分之百的完成度。公司总部设有专门负责展示的员工，他们会为每一家新开的店铺绞尽脑汁，找出最适合那间店铺的展示方法，而其中一些较为通用的诀窍则被选入了 MUJIGRAM 中。

服装设计每年都在变化，展示方法也必须随之变化才行。但那种事情仅凭店长会议很难传达，还是请员工们真正到店铺中走走看看更好。

在一九九二年到一九九三年前后，最擅长于店铺展示的是法国人。成长在居住空间充裕的国家的人，想必对艺术和设计的造诣更深，眼光更为刁钻。为此，我们还曾把法国店员请到日本来，请他们传授那些精髓。不过现在，通过不懈努力和不断改进展示方法，店铺展示已经变成了日本人的强项。因此，现在让海外员工学习日本的做法，再带回各自的国家去实行便更有效率。

·运营检查

即使研修和会议的内容十分充实，在刚开始海外发展的时候，有的店铺还是会出现店员当着客人的面闲聊、店内布置跟无印良品的要求不一样等情况。为了避免这些问题，担任当地社长的员工会定期到店中巡视，检查商品摆放和物流、店铺运营等情况，发现疏漏会及时指出。通过这种考验耐心的做法，才总算建立起了与日本国内不相上下的优质卖场。

·高管行脚

除此之外，我们在中国和日本还进行了高管行脚的尝试。

当地的社长和高管到开有店铺的各个地方进行一个小时左右的演讲，其后要与员工一同讨论无印良品今后的方向等问题。不仅是正式员工，兼职人员也能参与其中，而且许多店员本来就是无印良品的粉丝，大家都会积极参加。

由社长本人来讲述无印良品的理念，确实能够改变现场人员的意识。员工们会更加积极地去深入理解无印良品的精神，想必也会更深刻地体会到在 MUJI 工作的喜悦吧。

·商品展示会

在日本举办的商品展示会也是贯彻无印良品理念的重要场合。

无印良品会在每年"春夏"和"秋冬"召开两次展示会，发布服装、食材、文具和收纳小物等新商品。

展示会基本上都会在东京池袋的公司总部举办，我们会邀请世界各地的店长和总部员工来参观商品。展示会期间，会场上随处都能听到英语、汉语、韩语、阿拉伯语等各种语言的对话，让人不禁产生"我们真的变成世界的 MUJI 了"的感慨。

这个展示会并不只是简单罗列新商品，而是严格按照店铺布局来进行展示，并附上"这件商品要这样摆放在货架上"的说明。这是为了确保每个店铺都能做到无印良品风格的商品展示。

展示会上，还会分发商品的照片和介绍小册子。商品标签上难以完全说明的内容全都写在那些小册子上。小册子的内容还被翻译成了英文、中文、法文等多种语言，可以带回店中供全体店员阅读学习。在让员工们熟知所有商品的"缘由"这一过程中,还能让他们渐渐理解MUJI主义的内涵。

我们就是通过建立这些机制来保证品牌理念的渗透。

毕竟MUJI并非单纯销售商品的店铺,而是向人们提出了一种生活方式,因此员工有必要对其源流思想和哲学理念进行深入的理解。

让海外员工浸染 MUJI 主义

上文提到过"日本的常识并非世界的常识",但是反过来,也可以说"世界的常识在日本不一定行得通"。

比如现在的中国,中介方普遍都会向开店方收取中介费用,日本也经历过那样的时代。在无印良品,海外事业负责人会收到许多中国中介发来的"下次请在这里开店"的邀请。

如果真的在他们介绍的地点开了店,介绍人就能抽取合约金的一部分作为佣金。就算不是无印良品直接支付给那个人,那些金额也会加在原本的合约金上。

无印良品为了避免这种情况发生,从来都不会起用中介方,也不会接受别人的介绍,而是由负责人直接与开发商交涉。

之前提到要入乡随俗,但唯独这点,是需要免俗的。

无印良品内部早已规定"绝不支付任何中介费",因此中国店铺开发的交涉直到我卸任会长之时,一直都由时任海外事业部部长松崎晓和 MUJI 上海一位非常能干的中国员工两个人负责。

如果仅使用当地聘用的人员进行交涉，恐怕会在对方提出中介费时妥协吧。毕竟在自己生长的国家中养成的"常识"是很难改变的。无论教给他们多少无印良品的哲学理念，传达多少总部的意向，都有可能最终败给当地的习惯。

既然如此，那就在还没有染上颜色（常识）的阶段，先用MUJI主义浸染他们吧。为此，我们如今正在开展针对当地大学应届毕业生的招聘行动。

他们在毕业入职后的两年甚至三年，要先到日本店铺和总部积累经验，再回到中国，在MUJI上海的各个部门担任关键职务。以此让他们学习到日本主流的MUJI主义。

换句话说，这些毕业生其实是对中国公司的经营习惯一无所知的中国人。现在的中国业界默认需要支付中介费，在中国工作，自然而然就会形成那种感觉。可是，在日本公司里成长起来的他们，接受的却是日本的常识。这样就算回到中国被要求支付中介费，他们也能够一口回绝。如果可能的话，我希望未来在这些员工中能培养出一个中国法人CEO。

在这里我想介绍下那位参与中国开店交涉的MUJI上海员工。

他在上海大学完成学业后，又到了日本都立大学深造，后来入职西友，随后调到良品计划。因为长期在日本居住，他的日语非常流畅，也能很好地理解无印良品的理念，而且还从未接触过中国的经商习惯。所以，我们能放心把在中国交涉开店的任务交给他。

他是个毫不妥协的谈判家，我每次到中国办事处去，都能看到他戴着耳机，用语速飞快的汉语与电话另一头的人交涉。我虽然一点中文也不懂，但可以猜到他应该是在说："租金十万元？不行不行，那样我们不可能入驻。你得改成五万元。"

尽管他的对手是中国企业的CEO，但他毫不胆怯，大大方方地与之交涉。如果是日本人，必然会因为语言不通的问题让交涉变得更加困难，但他却能不通过翻译直接与对方进行对话，这是一个很大的优势。我认为，正是因为有了他，我们才能在中国如此顺利地开店。

他优秀的工作成绩在中国也非常有名，现在可能每周都有很多邀请他跳槽的书信寄到他手上吧。其他公司不断给出年收入翻两倍、翻三倍的条件，向他发出非常诱人的邀请。

在很多国家，人们都是通过跳槽来提升职位和薪金的。尽管如此，他还是选择了留在无印良品。对此他的回答是："因为我对品牌的价值和上升空间很有信心。同时这也是为了向信任自己、愿意把工作托付给自己的上司和管理层报恩。"

如果能在各地培养起像他这样的员工，MUJI就会变得更加强大。虽然现在还处于播种阶段，但总有一天我们的努力会发芽开花，为MUJI的发展奠定更加坚实的基础。

不用广告的"宣传"方法

二〇一〇年,中国杭州的中国美术学院召开了一场名为"无印良品的可能性"的演讲会。这所大学是中国第一所国立综合性美术大学,同时在中国美术类的大学中也拥有数一数二的地位。

为什么在那种地方会召开关于无印良品的演讲会呢?

说明之前,先让我介绍一下当天的豪华阵容吧。

演讲会前半场由前哈佛大学建筑学系主任、现任北京大学教授的建筑家张永和先生针对"无印良品的可能性"进行了讲话。张永和先生曾经与日本建筑家矶崎新等人合作过项目,在哈佛大学时也曾担任过丹下健三教室的教授职务。

接下来,担任无印良品艺术总监的平面设计师原研哉先生以"EMPTINESS 无印良品"为主题进行了演讲。

后半场由两位演讲者协同第一位获得普利兹克奖(建筑界的诺贝尔奖)的中国人、建筑家王澍,平面设计师刘治治,作曲家兼作家刘索拉,世界知名的当代艺术家艾未未,以及良品计划时任社长金井政明，进行了一场七人对谈。

"无印良品所追求的简约是什么？""无印良品的思想观念和生活哲学能在中国扎下根吗？""无印良品的根源'无名性'，在中国是如何被理解的？"针对各种话题，艺术家们进行了自由的发言。

这次的演讲会人气旺盛，入场券甚至被誉为"白金门票"，一下子就被领光了。会场是个可容纳约六百人的讲堂，据说当天还有人询问能否进去站着旁听。某个开发商说"如此豪华的演讲会也只有MUJI能做到了"，何况，入场还是免费的。

当地杂志和报纸、电视台等媒体当天也都前来采访。

没错，这就是无印良品风格的"宣传"。

无印良品不会花钱请艺人明星来给我们宣传。尽管不会在电视上大肆播放广告，但却会制造这样的契机，去了解当地人的感觉。

那次的演讲会就是为了纪念在杭州市万象城购物中心新开的店铺而策划的。

同时，在那座购物中心，我们还举办了中国第一次的"无印良品展",通过商品来介绍无印良品对造物的追求,并借此机会让顾客们理解我们的理念。

日本读者可能不太有感觉,但实际上,无印良品的品牌形象,在海外比在日本要高得多。

形成这种局面,原因之一便是公开表示自己是MUJI粉丝、主动支持MUJI的各国名人。在许多国家,最先理解MUJI的理念、最先产生共鸣并拿起我们商品的人,一般都是设计师、创作人和知识分子等在各个领域拥有较高感性的人。那些人把MUJI的好处传播给大众,便会出现品牌形象变得更具品位的现象。

与当地艺术家联合举办演讲会这个策划,便是MUJI打造品牌的行动之一。以前不知道MUJI的人,也会因为"让这么多艺术家一起探讨的MUJI,到底是什么"而对我们产生兴趣吧。特别是被MUJI设定为目标顾客群的年轻人,对那种话题更为敏感。

二〇一五年三月,我和原研哉先生、深泽直人先生受到邀请,前去参加"中国服装论坛"这一中国最大的时尚论坛,讨论无印良品的设计哲学和品牌理念等方面的内容。

那场讨论通过媒体和网络传播到中国全境，随后就可能引发对 MUJI 设计哲学和品牌理念有共鸣的人走到店中，拿起商品，成为我们的粉丝，这一连串的良性反应。

不仅仅是中国。二〇一二年，美国麻省理工学院举办了一场演讲会，曾作为工业设计师参与苹果及微软商品设计的哈特穆特·艾斯林格（Hartmut Esslinger）教授和金井就设计的可能性进行了发言。据说当天来自波士顿和哈佛等大学的三百名学生把会场挤得满满当当。

当金井对"不要'这样才好'，只要'这样就好'"进行说明时，仅仅因为一个字的差异而意义变得截然不同的话语让全场都不约而同地发出了感叹。

许多学生似乎一早就知道 MUJI，在问答阶段也进行了非常活跃的讨论。若参加那次演讲会的学生将 MUJI 的好评传播了出去，想必 MUJI 的粉丝又会增加吧。另外，前述的 FOUND MUJI

商品在欧洲初次上架时，我们也与法国生活概念店 merci 共同展示并销售了与法国文化息息相关，且能够给人一些新启发的传统物品。

在承担销售任务的新店 MUJI Forum des Halles Place Carrée 开张的前一天晚上，我们邀请艺术家让-米歇尔·阿尔贝罗拉、merci 的代表让-吕克·科隆纳（Jean-Luc Colonna）和原研哉进行了一场有关文化和艺术的谈话，有许多观众前来聆听。

通过在各国举办这些活动，MUJI 这个品牌今后的存在感将越来越强，甚至有可能成长为日本从未有过的企业类型。

那么，为什么 MUJI 能够做出这些尝试呢？

原因在于，艾未未和王澍这样的艺术家都是 MUJI 的粉丝。**我们邀请到演讲会上的，全都是理解 MUJI 理念、喜欢 MUJI 产品的人。**

王澍先生告诉我们："我上回去艾未未的画室，看到了很多 MUJI 的 PP 储物箱。"听到这个消息，金井和松崎马上访问了他的画室，果然看到许多 MUJI 的 PP 储物箱，并且也真的在使用。因为有了这么一个小插曲，我们才会把他请来演讲。

有影响力的人同时也是 MUJI 的粉丝，并愿意为 MUJI 发表演讲，这比普通的商品宣传带给市场的冲击要大得多。

尽管可能不如每天在电视上放广告那般冲击力巨大，但以讲座为中心，通过口口相传的方式扩散出去，这样才更像 MUJI 的风格。特别是中国的网络用户多达六亿五千万人，而且又倾向于信赖口碑传播，使用 SNS 软件的人也非常多。在那里，口口相传的影响力才是最大的。

对顾客也要"明确说明"理念

每到一个新地方开设店铺，我们都会在店铺入口和收银台后方墙面上设置大块的广告板。

广告板上写的是以"What is MUJI"为主题的 MUJI 品牌理念。里面会提到"不要'这样才好'，只要'这样就好'"的意思，也会说明"MUJI 的商品虽然简单，却如同充满可能性的空的容器"。从一号店到三号店，我们一定都会把用当地语言制成的广告板挂在店中展示。

那些文章很长，仔细读下来大约需要十分钟，但到店的人们几乎都会聚在旁边专心阅读，这让我印象深刻。不知这样能否多少让顾客们下意识地感觉到，MUJI 不是一个普通的品牌。

除此以外，我们还会在店铺天花板附近等容易吸引顾客目光的地方悬挂印有宣传语的条幅（垂幕），不断向外传递着"MUJI 究竟是什么"的信息。

在海外店铺中，每一件商品也跟日本无印良品一样挂着印有

What is MUJI?

無印良品

MUJI, originally founded in Japan in 1980, offers a wide variety of good quality items from stationery to household items and apparel. Mujirushi Ryohin, MUJI in Japanese, translates as "no-brand, quality goods."

MUJI is based on three core principles, which remain unchanged to this day:

1. Selection of materials
2 Streamlining of processes
3. Simplification of packages

The essence of a MUJI product lies in its simplicity, flexibility and modesty to fit different lifestyles and individual preferences

每到一个新地方开店，都会详细说明我们的"品牌理念"

商品名和简单说明的吊牌。除此之外，我们还有名为"原来如此POP"的小吊牌。

为什么无印良品开发了这个商品？为什么设计成这个外形？为什么使用这种素材？对普通吊牌中无法充分说明的背景进行讲述，就是设计 POP 小吊牌的目的。无印良品的所有商品都有各自的诞生"缘由"，我们通过这种方法，让顾客也共享了那些信息。

无须明言，店铺格局和店员态度也都反映了 MUJI 主义。来到店铺里的顾客，应该能从店铺整体氛围中感受到 MUJI 主义的存在。

普通品牌的店铺，几乎不会像 MUJI 这样将自己的品牌理念直接展示在顾客面前。

多数品牌销售的都是那个品牌的商品，被直接展示的自然也是那些商品。如果理念只是商品的附属物，其存在感是无论如何都无法变强的。

而 MUJI 却与之相反，我们遵循品牌理念进行商品的开发和销售，以此来提倡一种生活方式。因此，理念自然而然就成了展示的主体，让顾客理解我们的理念、认同并共享我们的价值观也成了重中之重。

此外，日本的无印良品还在各个店铺开办了工坊。"DIY纸管儿童椅"提案、手工笔记本工坊、独一无二的团扇工坊等，每个店铺都精心准备了自己的项目。

海外MUJI似乎也在各个店铺开展了诸如香薰疗法等的工坊。在那种场合，店员会直接与顾客交谈，因此也能更轻易地传达MUJI的理念。泰国的店铺每年都会制作自己独创的商品手册分发给顾客，在其中介绍商品的诞生"缘由"和CSR（企业社会责任）活动。

无论哪间店铺，都在努力向顾客传达无印良品的理念，想必今后世界上会有越来越多的人对我们的理念产生共鸣吧。

同时，正因为与MUJI的理念产生共鸣的人很多，MUJI才能在海外也依旧强大。

无印良品所推介的，并不是单纯的商品，而是一种生活方式和生活理念。顾客通过购买 MUJI 的商品,就能够表达自己的生活方式和生活理念。对 MUJI 的理念产生共鸣、认为"我喜欢这种生活"的人越来越多,是 MUJI 能够在世界市场上获得今日之地位的根本原因。

"与全世界顾客进行交流"的互联网活用方法

现在,无印良品在二十五个国家和地区发展着事业,同时也建立了官网和 Facebook 官方账号。根据国家和地区的不同,网上商城和 Facebook 账号的实际开设情况也不同,但无论在日本国内还是海外,不通过互联网进行交流,是无法将经营继续下去的。

或许各位读者已经知道,通过与顾客交流而诞生的贴合身体的无印良品"舒适沙发"在日本成了大热商品,在海外也开始销售了。这件畅销商品正是根据顾客们"要是有这么一个东西就好了"的希望而开发出来的。

房间太窄放不下沙发,那么给坐垫增添沙发的功能如何呢?接受这个创意后,我们提出了能够全身倚靠的大型坐垫、无腿椅和地板沙发等几个方案,根据人气投票来决定外形,最终进行了商品化。

通过互联网这一渠道,在企业和用户双方进行交流的环境下进行商品开发和改良,这是无印良品商品开发中一个非常重要的过程。

在海外,中国的MUJI官网上也有一个名为"生活良品研究所"的板块。其中的"意见箱"跟日本一样,可以让所有用户提出自己的意见和希望,中国的负责人会以中文进行回答。相信这里总有一天也会诞生出新的商品吧。

尽管官网还没达到与世界上所有的用户进行意见交流的程度,但今后想必会慢慢实现的。那样一来,企业和用户的距离就会更近,粉丝应该也会越来越多。

或许有人会想,开了网上商城会不会让实体店铺营业额下降啊。可是数据显示,在网上商城购买金额高的顾客,到了实体店也一样会购买许多商品。特别是在像美国和中国这样疆土广阔的国家,要人们都到实体店购买还是有点难度的。如果从日本配送,价格又会非常昂贵。因此我认为,在海外更要让网上商城充实起来,才能方便用户们的使用。

作为一种交流工具,时不时地利用一些更具活力的媒体在当下尤为重要。

今后我们应该会致力于开发 MUJI passport 这一智能手机客户端。首先还是从日本国内的专用客户端起步，二〇一五年五月，我们在中国也上线了这一客户端。不远的将来，或许我们能在世界上所有国家都建成网上商城，也有可能实现从全世界收集顾客们的意见。那样一来，我们的发现力就会更加强大，找到更多此前所不知道的、世界各地的好物。只要好好利用互联网，无印良品应该会拥有更多可能性。

Chapter Six

能找到"各国独特常识"的人
——"活跃在世界舞台的人"的心得

能在海外活跃的人具备"八个条件"

"该如何培养全球性的人才呢?"

在采访和演讲会上,经常有人问我这样的问题。

我每次都会给出同样的回答:"不存在'全球性'的员工。"

这么说可能显得太唐突直白了,可是,**能够在海外活跃的员工,跟能够在日本活跃的员工是一样的**。我迄今为止已经见过了不少良品计划的员工,能够在海外活跃的人并非具有某些特别的资质。能干好工作的人,无论走到哪里都能干好工作。"一开始就具有全球性"的人根本不存在。

在日本不活跃的员工被派到海外后突然觉醒,变得活跃起来了,这种事我无论在公司内部还是外部都从未听说过。只要能够尽早发现资质好的人,通过各种安排让那个人的资质开花结果,那么,其实是有很多人能够进行国际性工作的。

但是,这其中也有例外。

那就是沟通能力的问题。在日本就算没有沟通能力也可以默默完成工作的匠人型员工，同样会受到一定的好评。可是，海外却并不存在表扬那种工作方式的文化。更何况那本来就是进入一个周围日本人很少的环境，需要与公司内外各种各样的人来往合作的状况，若没有一定的沟通能力，就无法完成工作。

要让团队全员共享一个固定的大方向，所有人朝着目标共同努力，就要求领导者拥有一定的沟通能力。**所谓沟通能力，就是将自己的想法转换为话语传达给对方的能力，同时也是接受对方想法的能力。**只有通过交流沟通，深入理解彼此，一个团队才能团结起来，共同朝着目标奋斗。

虽然在日本，有些部分"就算不说你也明白"，但到了海外，"你不说我就不明白"才是沟通的起点。因此，必须比在日本时保持更积极的用话语表达想法的意识。

尽管其中会存在种种困难，但一定能找到突破口。不同的国家在文化、习惯、思维方式等方面都存在不同，但另一方面，诸如电影、漫画和 YouTube 的人气视频等，许多东西还是能得到全世界人的认可，因此无论哪个国家的人，都应该存在着彼此相通的部分。

这里值得注意的是,"语言能力"与"沟通能力"是完全不同的两样东西。

就算语言学得很好,若无法表达"我是这样想的",或无法理解对方所说的话,那沟通也是无法成立的。仅有语言能力,无法让沟通顺利进行。反之,即使对自己的语言能力心怀不安,只要拥有高度的沟通能力,也一定有办法攻克难关。

来自公司的安排也非常重要。如果将沟通能力不足的人派到海外,无论那是多么优秀的人才,也必然会战死沙场马革裹尸而还。因此,在人选上必须慎之又慎。

那么,该选择什么样的人呢?我在这里给出一些提示吧。

被日本企业派遣到海外工作的人,一般都会处在承担责任的地位,成为一个团队的领导者。因此,**可以把能够在海外活跃的人考虑为能够成为领导者的人。**

我认为,这样的人,通常都具有以下八个条件。

（1）创新精神

正因为要在日本的常识不再起作用的地方工作，才更需要有能力抛开既成的概念和固有观念、打破眼前的常识和常态向前推进的人。经常有人说"能创新的人，才是合格的领导者"，拥有创新精神，这一条件在海外比在国内要求更高。

（2）执行力

无论多么优秀的创意，若无人执行便没有任何意义。我向来认为"讨论不适合公司这种地方"，因为最重要的不是深入探讨，而是执行。

特别是处在周围都是当地员工的彻底孤立状态下，仅仅费尽口舌恐怕是很难得到认同的。必须首先采取行动并得到结果，才能从中孕育出信赖关系。

（3）贯彻力

这是一旦做出决定，就要尽全力去完成，不中途放弃、不自暴自弃,无论任何事都要贯彻到底的能力。在一招决胜中败下阵来,便如同武士般干脆利落地退出,这样固然很好看,但恐怕并不适合海外的环境。到了海外,最能行得通的应该还是"永不言弃"。

经济学家阿尔伯特·赫希曼(Albert Otto Hirschman)提出了"世界上有只大手,隐藏了种种困难,让我们难以看清"。这一"隐藏的手"的理论。人不会特意去选择困难,而是没有发现困难,自认为这个工作非常简单,从而带着这种大意的心情去着手(选择)那项工作。

孟加拉国的戈尔诺普利造纸厂为了利用某个丘陵地带广阔竹林里的竹子制作纸浆,而在那里建立了工厂。可是没想到,刚投产没多久,那里的竹林就枯萎了。

一般来讲,遭受如此大的损失,多数企业都会选择撤出,但这个工厂的经营者却各处走动,花大力气整合了调配竹子资源的途径,与此同时,找到能够快速生长的竹子品种种了下去,还引进了能够跟竹子一样使用的木材,使得工厂所使用的原材料更加多样化了。这正是失败乃成功之母的典型案例。

最重要的不是爆发力,而是韧劲,是就算被打倒、被践踏也能重新站起来,必要时可以变得皮糙肉厚、刀枪不入的能力。

(4) 洞察力

指的是能够看透事物本质,并不断钻研的能力。

自从我就任良品计划社长之后,连续关闭了七间奥特莱斯店。

当时每一季的大量过剩库存是公司面临的一大问题。要处理各个店铺留下的过剩库存,最简单且合理的办法只能是通过奥特莱斯店销售。

我却想到,这个问题的本质并不是"要如何处理剩下的东西",而是"要保证各店商品销售一空,不制造过剩库存"。

每一件商品都要仔细分析市场动向后再进行生产、管理、销售。这种方法乍看非常麻烦而且花费时间,但通过建立这种机制,就能培养起生产、流通、销售全面发展的企业体制,以此来增强竞争力。

我向来认为"唯有困难的道路上才存在真理"。看上去轻松而合理的道路会有很多人趋之若鹜，但那里可能并不存在事物的本质。

我一直坚持**迷茫时要选择困难的道路**，因为事物的本质往往存在于困难之中。

乍一看像在绕远路，但只要能够洞悉事物的本质，最终就能用更短的时间解决问题。大家都想回避看起来麻烦而困难的问题，但只要抓住了事物的本质，自然就能明了接下来该做什么。

（5）预见性

在这个变化激荡的时代中，拥有预见性是十分重要的能力。

拼命专注于眼前的东西，这是任何人只要有心都能做到的。

如果只跟所有人做同样的事情，是无法在竞争中生存下来的。真正的决胜关键，在于能够预见对手接下来有多少步棋。特别是海外战略，若不预见到非常长远的未来，是很难顺利发展的。不该在所有人都选择进入那个国家的时期才排着队跑过去凑热闹，而应该抢在那个时期之前先下手为强。

关于培养预见性的方法，我无法做出明确回答，但可以肯定一点，身为一个领导者，若没有一点预见性是很难胜任工作的。

有这么一个方法，就是在与人的交流中敏感地察觉对经营有利的情报并收集起来。另外，要判断一个人是否拥有优秀的预见性十分困难，而上述这点无疑也是其中一个必备条件。

报纸和网络上的新闻可以被所有人获知，而稀有的情报只能从人手上获得。真正重要的情报和最前沿的信息都不会来自网络，而是来自现场。

(6) 任用力

作为一名领导者，要能够管理好组织。这个问题也可以转换为沟通能力是否优秀，是否拥有与身边的员工一道组成团队投身工作的能力。

我认为，靠一名拥有领袖风范的领导者独自拉扯团队向前冲的时代，已经迎来了终结之时。

在唯我独尊的领导者麾下，很难进行自由的发言。处在无法自由发言的氛围下，员工就很难培养起自己思考的能力，从而无法自由孕育出具有创造性的想法，这样一来，一个组织的力量流失也就成了难以避免的结局。

如今这个时代，是集结所有团队成员的能力，在领导者的引导下向同一个方向推进工作的时代。总是独自一人包揽所有工作的人，就算工作能力再强，作为一个领导者也是不称职的。若没有信赖他人、任用他人的能力，就无法创造优秀的团队。

(7) 对现场和实际情况的应变力

到了海外，各种情况都跟日本不同。不仅如此，还不得不经常面对种种让人难以置信的场面。

在这些问题中，存在着必须由企业解决的方面，但基本上更多要靠现场人员随机应变。如果每件小事都要向总公司咨询意见，那别说解决问题了，甚至会让问题更加恶化。

矛盾和错误要尽早发现，尽快采取措施，这是走到哪里都一样的道理。因此，就应该自己思考解决的策略。

世界各地的文化传统和风俗都不同，商业习惯和商业礼仪也不尽相同。如果只是把日本的风格强行带入，非但无法让事业顺利，还有可能把一切都搞砸，所以我们才需要能够迎合每个地区的实际状况进行灵活应变的能力。在这个意义上还可以说，"全球化就是本土化"。

因此，到了海外就只跟驻派当地的日本人来往、只吃日本料理、固守日本习惯是行不通的。必须尽快染上那个国家的颜色才对。

准确把握眼前发生的大小事情，用自己的脑袋思考，在现场和实际工作中保持灵活的应对，这是到海外赴任的人必须具备的能力。

(8) 勇气

挑战未知世界时，必然存在失败的风险。想要顶着风险执行，直到最终达成目标，勇气就成了我们最后的支柱。毕竟是向未知的大海扬帆起航，若没有勇气，是一步都前进不了的。

特别是到了海外，相当于被扔到了一个以前从未接触过的世界。所有事情都不能按照过去的惯例来处理,自己的经验搞不好一点用都没有。在这个哪里都不存在正确答案,风险常伴左右的状况下,唯有坚持到底的勇气才能推动自己一路向前。

经营学巨匠彼得·德鲁克(Peter F. Drucker)说:"管理的本质就是责任感。它并非权威或权限。所谓领导者,指的是将自己训练成领导者的人们。"我认为,领导者就是自身怀着勇气去拼搏奋斗的人。

而支撑那个勇气的东西,就是志向、任务,或者说强烈的愿望。如果没有那些东西,就难以产生"虽千万人吾往矣"的气概。在海外,讲究的就是胆大心细的"冒险商人"资质。

真正的勇气不会从算计和眼前的小利中生成。唯有在坚持一步都不后退地实践自己的信念时,才能产生真正的勇气。

要学会游泳只有"下水一游"才行

这么说恐怕显得有些粗暴，但我认为，**要让一个人学会游泳，最快的方法就是把那个人从船上推到海里。**

我上大学做兼职时，曾经给临海学校的初中生指导过几次游泳。整个课程包含五天的游泳练习，以及最后游泳横渡到两公里以外的小岛上这个测试。就算是一开始根本不会游泳的小旱鸭子，只要有一定的运动天赋，就只需把他们往海里一扔，让他们拼命游起来，最后通常都能游上两公里。所谓的游泳，不过如此而已。

最不好的是旱地练习。让孩子们趴在榻榻米上学习，这就是蛙泳，这就是自由泳，那种方法几乎毫无作用。

这跟学语言也有点相似。只要先把人扔到海外去，他就只能跟当地人进行交流，到时候无论英语、汉语还是德语，他都会拼了命去学，直到最后能开口说话。

在无印良品，即使是没有过海外驻派经验的员工，也经常会被独自一人派到海外去。当然，我们派遣的都是相信他一个人也能想办法解决问题的员工。尽管如此,那些员工一开始还是可能会因为文化冲击而感到身心疲惫。要跟语言和常识都不相通的人进行交流、工作,自然非常辛苦,但我相信,那种经验能让员工实现飞跃性的成长。

虽说"语言不通",但在工作时,就算我们只能往外吐单字,对方也还是会努力理解我们的意思。毕竟我们的员工站在指导当地人的立场上,而对方也非常清楚这一点。

只是,一旦被邀请到周末的家庭聚会上,就会发现当地人用飞快的语速交换着闻所未闻的单词,让我们难以跟上节奏。彼此成长的环境,以及历史和文化背景截然不同,因此这种局面无法避免。要达到能够理解那种日常会话的程度需要更长的时间,但在工作上,对方往往会考虑到我们的难处,反倒相对轻松一些。

最不好的是有一个专门负责与当地人进行交流的翻译秘书。自己说日语,秘书用当地语言跟当地员工进行交流,那样固然非常令人安心,但过去也出现过失败的案例。再加上那样一来,本人的语言能力几乎毫无进步,跟当地员工也无法进行真正的交流。

若不试着与当地员工直接进行交流，就无法构筑信赖关系。请不要忘记，沟通和交流是构筑信赖关系的重要工具。

我听说，法国菜和意大利菜的厨师经常在一点法语或意大利语都不会说的情况下就跑到那两个国家去进修。因为厨房内部充斥着当地语言的交流，他们都会拼命去学去记。如果不那样做，他们就无法生存下去，因此那些人学习语言的速度非常快，甚至显得有些神经质了。

在无印良品，有不少负责人在得知将被派遣到海外赴任后，几乎没有时间事先进行语言的学习就不得不飞到当地去了。尽管如此，他们还是想办法攻克了难关。因此就算没有海外留学经验，也没有必要害怕。

只是，从我的经验来说，一旦过了五十岁，就算到了国外也学不会当地的语言了。看来在语言学习方面，五十岁是个坎儿。

不管怎么说，我认为积极地派遣员工到海外赴任是好的选择。在新的国度开设新的店铺，展开新的事业，这对员工本人来说，无疑也是最好的成长道路。

越是辛苦，越能让一个人成长。因为只有在那种时候，才能开启无限的可能性。

"各国独特的常识"该如何寻觅

海外战略的成败,关键在于是否拥有尽早找到各国独特的常识,并灵活改变自身经营模式以适应的能力。

决定进入一个新的国家,大家都会做一些市场调查等前期准备,但实际过去一看,却往往会遇到前期调查中没有发现的东西。

例如在中国,跟日本的请款书、收款单相对应的"发票"这种东西,其使用的纸张都由国家配给,以编号来进行管理。要开发票必须从税务局购买开发票专用的软件和发票纸张,还必须准备好规定使用的打印机。发票的发行数据都会被传送到税务局。也就是说,开发票这件事等同于向国家申告自身的营业额,并且需要向国家缴纳票面金额 6% 到 17% 的税金。

因此,在中国要是不先出具发票,对方是绝对不会支付采购款的。

如果只凭日本人的感觉,认为先收到款项再开具收款单就好,那么无论等到什么时候都不可能把钱等来。

此外，一旦开了发票，就会让国家把握到自己的收入，因此还有公司会故意不给开发票。这种情况在中国比较普遍，国家甚至专门制作了刮卡式的抽奖发票来促进发票发行。

可是，就算这是中国的经商常识，却也是无法通过事先调查发现的。

再举另外一个例子。

韩国是个儒教国家，特别讲究对尊长尽礼数。

父亲说的话不可反驳，母亲和孩子必须听从。而母亲负责保管父亲的钱包，完全掌握经济大权，因此孩子无法自由支配金钱。韩国是唯一一个 MUJI 文具卖不出去的国家。想必也是因为连文具都是由母亲负责购买，年轻人难以自由选择文具的品牌吧（反倒是被套和床单特别好卖）。

此外，在韩国单人床也完全卖不动，特大尺寸的床却特别畅销。我觉得这也是生活习惯不同造成的。

尽早发现一个国家独特的常识并灵活地改变运营方法去迎合那种常识的能力，是一个企业必要的力量。发现各国独特常识的能力，很大程度上又取决于企业是否能任用具备那种眼光的员工。

那么,"能够尽早发现各国独特常识的人"究竟是什么样的呢?他们所具备的条件与"能在海外活跃的人"完全一致。

他们是能够集中精神看清事物本质的人,拥有预见性,并会在预见到问题后马上着手解决。

我们派到泰国的一名年轻员工便是那样的人。

我们在泰国与当地最大的中心百货商场签订了加盟合同,在商场内上架了MUJI的商品。

这名员工到泰国走了一圈,发现如果不先把商品价格降下来,泰国的顾客们就不会光顾。而为了降低价格,他又想到了重新整合采购途径这个方法。

泰国从日本进口商品需要支付关税,使得商品价格无论如何都要卖到日本的2.5倍左右。可是,泰国与中国之间却签订了经济合作协定,商品进口几乎不需要支付任何关税。于是他就想到,如果直接进口中国生产的商品,就能降低价格了。

可是，办理从中国进口商品到泰国的手续却非常繁杂。就算"原则上"能通过，"实际上"却通不过，因为行政上的裁决范围实在太大了。于是在走到这一步时，总公司的物流部门和外贸公司的交易方都已经放弃了。

不过，他还是拼命找到了方法，总算去除了关税。然后，他就在此基础上，成功降低了泰国商品的售价。中心百货商场的人当初并不认同他的意见，但因为营业额实现了成倍上涨，才总算意识到原来他是正确的。

此外，现在无印良品销售的咖喱中，绿咖喱和咖喱皇都是泰国生产的。也就是说，用泰国的食材制作出真正的泰国味道，再从日本销售过来。他认为，既然是在泰国生产，那何不直接采购到店里来，还能比日本卖得更便宜呢。后来，所有在泰国生产的商品都直接在泰国采购，并以比日本还低的售价上架销售了。

发现问题点，自己思考，负起责任去执行，这种人是很难找到的，但并非一个都没有。是否能找到这种人才派到海外，往往会成为决定事情成败的分水岭。

当地"人与人的关系"非常重要

听那些到海外赴任的人说,有很多人都认为在海外"人与人的关系是非常重要的"。我本人并没有到海外赴任的经验,但在一个陌生的土地上能够为自己提供力量的人究竟有多么宝贵,这并不难想象。

我们向有过海外赴任经验的人询问该如何构筑起人脉网,得到了以下几点建议:

·我只有到中国台湾的经验,但这种东西应该在每个国家和地区都大同小异。凡事只能靠人去联系。通过别人介绍认识新朋友,再通过那个新朋友介绍认识更多的人。然后靠自己的眼光选择对工作有帮助的、个人可以信任的人来发展人际网络。(赴任地:中国台湾)

·我只有在拉丁语系国家工作的经验,在建立商业关系方面,人与人的关系和信任是非常重要的。因为我所在的地方并非容易接纳陌生人的国家,发展人际网络的办法基本上就是通过值得信任的朋友和工作上的合作伙伴给我介绍。

在一个新的国度发展业务时,若已经有了值得信任的交易方,一般都会请他们帮忙介绍律师和会计事务所等机构。我认为,这其中很大一部分原因是"绝大部分都是个人事业和中小企业""除了家人之外任何人都不可信任"这样的经济和文化背景。(赴任地:法国、意大利、阿拉伯联合酋长国)

·无论是拉丁语系国家还是中国,为了得到自己满意的结果,最重要的都是发展好人与人的关系。在海外事业发展方面,判断一起工作的人是否能信任、是否值得信任,这点是很重要的。

首先要积累失败经验,培养自己看人的眼光,同时自己也要努力成为值得别人信赖的人(要竭尽诚意,使对方认同自己),还要拥有至少一个能够信赖的人。那样一来,就能一传十十传百地构筑起人与人的关系网,这便是我的经验。

此外，在商业上，相信别人同时意味着也要承担失败的风险，因此先设想好最糟糕的结果再行动或许是最为重要的。（赴任地：中国、意大利）

·我认为这没有国与国的差别。无论在什么地方，与当地的人和驻派当地的人建立起信任关系都是必不可少的。无论在哪个国家都要"提高警惕，摆低姿态"。到各种各样的地方去请人们跟你谈事情，结束之后都不要忘了表示感谢。只要建立起了互相信任的关系，当地的网络自然就向你敞开了。（赴任地：英国、德国、新加坡）

经常有人说，日本人在海外容易被骗。

因为这样，跟别人来往时就要保持一定的距离吗？其实并非如此。大家也好像都没有刻意与人保持距离。毕竟如果不真心投入，对方也不会轻易信任你。

只驻扎三到五年就回日本的人，一般不太能得到当地员工的信任，而动辄要跟总公司请示的人，似乎也得不到他们的信任。只有亲自倾听大家的意见、敢于承担风险并能做出明确决定的人，才能得到当地员工信任吧。

如何深入当地人际网络

要在海外建立起有效的人际网络,还是要深入当地人的关系网络中,否则就毫无意义。

比如在中国,过去有一段时期,我们跟三菱商事和伊藤忠商事这样的日本企业的驻派人员来往频繁,但他们的感想却是"很难深入当地核心"。在中国,如果人际网络中只有日本企业的驻派人员,是没有什么用处的。

还有,我们得到消息,在当地企业领头人和高管人员参加的EMBA讲座上,可以接触到商业圈子的许多人物并建立起高质量的人脉。由于那个圈子是无法通过别人介绍而进入的,因此我们便让前一章提到的那位中国员工去参加考试,接受了北京大学的EMBA课程。

中国EMBA的最高学府是中欧国际工商学院这个中国政府与欧盟委员会共同建立的学院,它在《金融时报》(*Financial Times*)发布的全球商学院排行中也很靠前。其次是一个中国香港富翁投资建立的长江商学院,而北京大学则排名第三。

EMBA讲座每月一次,周四到周日连续四天学习,一直持续两年,就能得到EMBA学位。

EMBA讲座会邀请国内外现役的CEO、COO等经营者参与进来。中国人比日本人求知欲更为旺盛,就算在公司已经是领导人,也会到这样的地方来学习,同时他们也都热衷于构筑自己的人际网络。中国以国有企业为主体,在中国经营必须面对的也是国有企业,因此就需要进入相应的人际关系网络。否则,在中国就较难顺利完成工作。

有一次,我们的商品滞留在深圳海关进不来,负责人提到在EMBA认识港务局的某某后再进行沟通,第二天货物就被放行了。有时就是会遇到这种情况。

中国人习惯"一起吃顿饭就是朋友",在饭桌上认识了之后下一次再出面办事,也会受到优先的待遇。

我也曾跟参加EMBA课程的CEO、COO一同聚会。十到十五个人围坐在一张圆形的中餐饭桌旁，热热闹闹地吃饭。在日本，这种聚餐顶多只会有四到五个人参加，因此两者很不一样。

MUJI 之所以在中国慢慢做大做强，也是因为我们一点一点地构筑起了那样的关系网络。若无法融入当地的社会，要获得成功是很困难的。当然也有通过 JETRO（日本贸易振兴机构）等机构来构筑的关系网，但能够在当地活用的"人与人的关系"则要另外去建立，这就是目前的事实。因此，自己也要通过工作去结识更多的人。

带着这样的想法，就又能提出一条适合海外工作的人的条件：具有外交性、擅长投身到人群中建立关系网络。老实说，性格认真而内敛的人无论再怎么优秀也不适合那种工作。

有时也会遭遇失败，但要通过失败来磨炼看人的眼光，并努力成为值得他人信赖的人，这点很重要。**无论到了哪个国家，人际交往都只能用认真谨慎的态度对待**，当中并不存在特殊的成功法则。

去海外赴任前需要准备的东西

到海外赴任前,有些东西需要准备好。

那就是"国内总部的信息"。如果不把这些全都装进脑袋里,恐怕就寸步难行了。

在MUJI,必须能够详细说明像"国内有店铺四百零一间,海外二十五个国家和地区共有店铺三百零一间""员工人数国内外合计约一万两千人""年度总营业额两千六百零二亿日元"这样的公司基本信息以及企业理念、沿革等内容。

当然,商品阵容、什么东西在哪里生产、产量多少、用什么系统进行管理、物流情况如何,这样的生产、物流、销售整体概念,以及商品开发的机制、其他公司与自己公司的经营方式异同也都需要记到脑子里。

要把这些全都记住可能会很辛苦,但这确实是基本要求。

前往被派遣的国家后,所有事情就都要自己来管理了。如果不把自己当成社长,把握好整个公司的状况,就没有办法展开工作。

在国内是课长级别的人，到了海外可能要兼任部长甚至社长。因为在赴任的地方，开发商和交易方往往会问一些关于事业内容、战略、经营状况以及日本与海外的关系如何等，在日本只有"社长"才回答得了的问题。若是回答不上来，就无法得到对方的信任，甚至连生意都有可能因此而受到影响。

即便自己只是一介职员，可在对方眼中，这便是日本公司的代表者。若没有背负起公司整体荣誉，甚至夸张点说是背负起整个"日之丸"的气概是不行的。

此外，所有经历过海外赴任的人都会异口同声地提到，必须要对那个国家的历史和文化、宗教有一定的了解。没必要事先学习语言，但若不掌握这些知识，就有可能招致难以挽回的事态。

这对实际上没有宗教信仰的日本人来说可能有些难以理解，但很多国家的语言、习惯与生活都是建立在宗教基础上的。

例如在伊斯兰国家，就算是出差人员也不能把酒带入境，还有斋月不可以在公共场合饮食，类似这样的信息简直堆积如山，若不事先了解就会遇到麻烦。

了解当地的历史文化，在与当地人交流时若接触到那些信息，就能让对方产生亲近感，创造出使工作进行得更顺利的氛围。在大多数国家，宗教都是个禁忌话题，但人们都很喜欢谈论政治，一定能带起气氛来。

同时，在与当地人交流时也经常会被问到日本文化。因此掌握一定的能乐、歌舞伎、武士道和茶道等与日本传统文化和历史相关的知识也是有好处的。如果被问到什么问题都回答"I don't know（我不知道）"，对方就会觉得"这个人连自己国家的事都不知道，真没意思"。

另外，尽管这在日本并没有受到多大重视，但历史、文学、音乐、绘画等领域的一般知识最好还是要掌握一些。海外的精英们都会在那些方面有所精通，要是日常对话中别人忽然引用了一句莎士比亚，而你并不知道对方在说什么，就会很尴尬了，所以要保证自己多少能跟上谈话的内容。

当地的习惯也是越早知道越好。

在欧美，女士优先是最基本的。因此在餐厅用餐时，觉得自己走在前面就先出去了，反倒会被人觉得"这位先生真没修养"。无论在什么场合，男性都必须让女性优先。

在日本时自己毫无意识的事情，到了海外有时会变成失礼。比如，若在公共场合做出"吸鼻子""吃意面或喝汤时发出声音"这样的举动，别人对那个人的评价就会降低。

总之，若对目标国家一无所知，就不仅是工作做不好，连生活下去都会十分艰难。因此，推荐大家事先收集尽量多的信息。

消灭海外发展的大敌"OKY"

海外赴任中容易感到的压力之一，应该就是与总公司的交流。

在接到总公司和交易方硬塞过来的困难要求和订单时，很多人都会想说一句话，那就是"OKY＝お前こっちでやってみろ（**你倒是过来做做看啊**）"。只要是有过海外赴任经验的人，必然都曾在心中默念过这句话吧。

总公司根本不知道现场是个什么情况，却能若无其事地说出"营业额下降了""工作质量低下""把成本控制好"这些话。不仅如此，这边有事找他们商量时，他们又迟迟不给回复。于是驻派人员聚到一起喝酒时，就会冒出"总部那帮人真该OKY"的抱怨。

关于这个问题，我还是认为，唯有建立起海外与总部的沟通机制，将其融入企业的运营系统中，才称得上是解决办法。如果只扔下一句"你那边想办法搞定啊"，被派出去的员工想必就会感到不安吧。

如今我们拥有电话和邮件、Skype等各种沟通手段，却还是无法实现良好的沟通，都是因为彼此没有构筑起一定的信赖关系。不能只考虑赴任者与当地人的沟通，作为公司一方，也要好好考虑一下如何跟派遣到海外的日本人建立起良好的关系才行。

另外，在无印良品，拥有一套从韩国以及中国香港、中国台湾等地，派遣当地员工到日本的机制。韩国员工六个月，中国香港员工一年半，中国台湾员工两年，在此期间，员工们都会驻扎在总公司的商品部。因为让他们直接学习到日本无印良品所需的知识和做法，才能更好地使其理解"原来总部是希望这样"。如此一来，就能弥补沟通上的欠缺，彼此也能够及时进行信息交流。

都说百闻不如一见，但仅仅是两三天的视察能够了解到的东西非常有限。要到那个国家去生活几个月，出席一些会议，到店里转转，才能初步掌握一些状况。这也是我们派总部所有课长级员工到海外研修三个月（见第113页）的理由之一。驻扎在当地的总部员工必须一个人包揽会计、税务、人事的工作，仅仅是在一边看着他工作的身影，也能明确感受到那究竟有多辛苦。那样一来，总部以后就不会再向当地员工提出过分的要求了。

前几天，我在董事会上见到了佳能电子的社长酒卷久先生，他说："在日本能用70%的力量完成100%的事情，可到了海外却不行了。"意思是，我们必须为海外赴任者准备一个好的环境，保证他们能够在自己所擅长的领域全力战斗。那想必也是一种方法吧。在无印良品，有时候会把一个人扔到他从未涉足过的领域去，但目前我们也在整顿体制，使总公司能够尽量为员工提供支援。

不过话说回来，好像除了OKY之外，还有"OKI"这么一个词，指的是"お前の代わりはいくらでもいる（你不干还有一群人等着干呢）"，这应该是日本总公司想对海外赴任人员说的话吧。

但这句话一旦说出口，就无法挽回了。

本来员工就在当地奋不顾身地打拼着，却被甩过来这么一句话，这下子所有干劲儿都会消失得无影无踪。因此，总公司的人必须心怀敬意地意识到"赴任者是代替我们前往海外最前线战斗的人"。

日本的常识并非世界的常识

我到 MUJI 意大利总部时，曾经听到一件令人吃惊的事，原来社长新一年度的第一项工作，是"决定员工的暑假安排"。

意大利的新年度从二月开始，员工们都会心急地想订好七月和八月的休假计划。然而来自日本的社长当然不会考虑到那么久之后的事情，所以会说"我倒是什么时候都无所谓"。当地员工们听后就会兴高采烈，因为那样一来，就无须调整自己的休假安排以免跟社长的休假撞上了。

拉丁语系国家的人们相对于向公司和组织宣誓忠诚，会更加重视享受自己的生活。在欧洲的拉丁语系国家里，会诞生出葡萄酒，以及美术、音乐、时尚等方面的杰作，也正是因为有了享受生活这样的性格基础吧。

那是与日本人截然相反的性格。每一个在海外工作过的员工，都会说出"日本的常识并非世界的常识"这样一句话。那么，他们究竟对此有过什么样的切身体会呢？

・我认为在开展业务时，有必要理解彼此对工作的看法是不一样的。要理解他们基本上都以生活为主体，而非以工作为主体，也不会像日本人这样迅速应对工作中的每件事情，所以要提前向他们说明大方向。此外，无论什么国家的人都会清楚地对你表达他们的想法，因此要拥有自己的意见和主张。在当地会有更多事情需要自己做出判断。在进行判断时，通常都会依靠自己的经验和知识，但有些事情还应该从多种角度判断，因此最好拥有一个可以与之商讨的人。（赴任地：英国、德国、新加坡）

・尤其是对零售业来说，日本是个特殊的市场。日本近年来开始流行"两极分化"和"阶级社会"的说法，但我认为，世界上极少存在像日本这般中产阶层人数众多的市场。如果在生意和工作上以日本为判断基准，认为日本的正确答案就是海外的正确答案，很有可能会造成误会，导致惨痛的失败。当然，既然是从日本走向世界，以日本的做法为基准进行思考也是很重要的，但不要轻易将那种做法判断为正确答案。（赴任地：中国台湾）

·最理想的状态是能够掌握当地的语言，但这在英语圈外是很难实现的事情，因此撇开上司下属的关系，交几个可以畅所欲言的朋友就非常重要。有些对上司很难明言的话，对朋友反倒能说出来。

工作方面，在人事的思考方式上，把握一个人天生的性格和特征是非常重要的。因为人的本性基本上不会因为教养和教育而改变。因此，有必要看清他们本身具备的求知欲和判断力，再进行采用。

另外，拉丁语系国家的劳动者受到劳动法保护，就算员工渎职，也几乎不可能一毛钱不花就将员工解雇。因此，试用期便是劳动者努力卖乖，聘用者想方设法看穿一个人本质的战斗时期。

人与人的交往无论在工作上还是生活上都非常重要。因为人际网络很重要，只要可以信赖的人够多，那么无论面对任何问题，就都能找到解决办法了。（赴任地：法国、意大利、阿联酋）

·现在到海外赴任的人可能会事先被许多人提醒"日本的常

识并非世界的常识",但我觉得没必要过于紧张。重要的是实际在当地开始生活后,把所有遭遇都当成一种"享受"的精神。

另外,别因为语言不通就用傻笑来糊弄过去,必须要拥有说"不"的强势。刚刚赴任那段时间,由于自尊问题,很难做到这一点,但正因为是刚开头,才能问出那些自己觉得丢人的问题。那样得来的知识和经验,能够将那些"非常识"产生的问题防患于未然,也能先行一步做好对策。(赴任地:中国、意大利)

日本文化在世界上显得特异而罕见的地方在于,无论是生活水平、卫生观念,还是细致程度和服务方面,我们都表现得出众、精细、完善。所以,家乐福和沃尔玛那种随随便便的服务是不能获得日本消费者青睐的。这就是日本的国民性。

相对地,日本的承包商在迪拜等中东国家承包了大楼和机场、油田设施的工程,但经常听说对方在工程完工后也迟迟不愿支付工程款,因此闹出矛盾来。

例如,由于施工过程中的设计变更,导致工程费用增加了一亿日元，日本开发商会一边听从对方意愿修改设计，一边要求"请支付一亿日元"。可是，对方却会回答："我们只是提出了希望，而你们却主动修改了，所以这钱我不会付的。"于是到最后钱还是没有付。日本承包商手上的这种债权堆得像山一样高，就算上法庭对质，也几乎无法胜诉。为此，负责债权回收的执行委员要在当地驻留十年左右。由此可见，海外合同协商的困难。

为了预防那种情况出现，除了先给钱后交货外别无他法。以"世界的常识"来说，合同上没有写的东西，之后是基本不可能兑现的。

海外工作十分艰难这没有错，但也正因如此，才能让人快速成长，也能让人有新的发现。本章开头提到，在日本活跃的人到了海外也能活跃；其实反之亦然。

在海外工作过的人，回到日本以后，也能派上很大用场。所以请这样想：到海外赴任其实是一个成长的机会。

当然，工作不是全部，享受人生也很重要。到海外去接触其他国家独特的历史和文化,与以往接触不到的人进行交流,这难道不是人生的一大乐趣吗?

热情能促使人展开行动

我每年都会休两周左右的暑假,与妻子一道环游世界。

我们最常去的是欧洲,也常常会联系当地的员工,请他们带我们到处走走。在那里与那些成长了不止一点点的员工再次见面也成了我的乐趣之一。

某一年,我们到西班牙去游玩。巴塞罗那有一间餐馆我很喜欢,便决定在当地住一晚上。带我们游览巴塞罗那的员工永田充先生于是请求我说:"能请您去店里看看吗?"

他在西班牙担任一号店和二号店的店长,是 MUJI 西班牙的核心成员。不过,他并非纯粹的良品计划员工,而是与 MUJI 缔结了授权合约的西班牙公司的职工。

永田先生老家在京都,在伦敦留学学习语言时结识了一位西班牙女性,后来两人便结婚定居在了西班牙,他本人也是个很热情的年轻人。据说他一开始在西班牙的鞋店工作,后来鞋店倒闭了。就在他走投无路的时候听说了 MUJI 要在巴塞罗那开设一号店的消息，便前来应聘了。

当时他对MUJI几乎一无所知，但能理解MUJI的哲学理念，也牢牢记住了MUJI的机制，成为店长后一直把当地店员管理得很好。再加上他的西班牙语也很棒，成了日本总公司和当地沟通的桥梁。此外，他当上店长后还到IESE商学院进修了半年，是个爱学习的小伙子。

可是，这么一个小伙子却一脸苦恼地对我说："能请您去店里看看吗？"

由于我当时在休假，便对他说："下次到欧洲视察时再去看吧。"可是他却不依不饶地说："我有个东西无论如何都想让您看看。"结果，第二天我们就到店里去了。

到那里之后，他让我看了商品数据，对我说："有些商品缺货非常严重。"我就问："不能采购过来吗？"他的回答是："我已经给伦敦下了好几次订单，但商品就是没有送过来。"因为欧洲店铺都由伦敦（MUJI欧洲控股公司）进行统一管理，商品订单也都是发到那边去的。

于是我就留下指示："我最近还会再到西班牙来一趟，在此之前，你把缺货状态写成报告书准备好。"然后就回日本去了。

其后我联系了伦敦方面，请他们进行调查。结果伦敦的负责人却说："我们向日本采购的商品没有送过来。"

如果只听单独汇报，每个人的说法都不一样，这样一来根本查不清楚原因究竟在哪里。

于是我决定，把所有相关人员都召集到巴塞罗那去。

我还把负责生活杂货的人从日本带了过去，伦敦也来了三名负责人，而当地则有永田先生和授权公司的代表参加。全体人员参观了店铺内部，确认过没有送达的商品后开始了对谈。

永田先生等人提出："向伦敦发送了好几次订单都没有收到商品。"对此，伦敦的负责人则主张："我们每三个月按时采购一次。这是日本方面的过失。"此时，负责生活杂货的人当场确认记录，发现那件商品一直都有库存，却没有找到伦敦采购的记录。

为什么会发生那种事呢？原来西班牙的店铺下订单时想的是"哪怕是每个月只能卖上一两件的商品也采购一点回来备着吧"，

而伦敦则认为"那件商品并不好卖",因此没有向日本采购。

此外,日本出货都是用船运,到达伦敦要花上一个半月到两个月的时间,在此期间商品就会一直处于缺货状态。因此还要看准到货时机,提高采购的精准度才行。正因为这种问题凸显了出来,才能够全员共同讨论,各自提出如何防止缺货的意见。

又过了三个月,我召集身在日本总部的所有相关人员,希望确认那个问题是否有解决。从结果来看,这件事虽然没有马上很好地解决,却在持续改善着。因为不把所有相关人员聚集到一起就无法解决问题,我经常使用这种方法,这在海外是特别重要的一种思考方式。

正因为有这么多心怀热情的人在各地拼搏,MUJI才能在海外顺利立足。

受到永田先生那份热情的影响,我也深入参与到了那件事中。若只通过电子邮件等途径接到报告,我恐怕只会对伦敦的人说"有人把这个问题报到我这边来了,麻烦你处理一下"而已吧。

各位读者,如果你们在海外遇到什么问题,请一定不要逃避,而要勇敢面对。或许那个问题并不能马上解决，可是只要你一直坚持不懈地想办法，就一定会有人对你伸出援助之手。

说到底，促使人展开行动的不是技术也不是别的什么东西，我想，应该是热情才对吧。

特别访谈

"在海外不断取胜的MUJI"之关键人物，良品计划社长松崎晓先生问答

【松崎晓简介】

良品计划社长。一九五四年出生,一九七八年入职西友STORE(现西友有限公司),二〇〇三年任亚洲金融事业部高级总监。二〇〇五年加入良品计划。历任运营总监海外事业部中国业务部部长,专务董事海外事业部部长,二〇一五年任现职至今。

西友时代交涉离婚，良品计划时代交涉结婚

大学毕业后，我加入西友，在法务部和国际事业部负责工作。我在国际事业部待了十一年，最后那四年的工作重心全都是海外店铺的转让和清算。

二〇〇一年沃尔玛决定收购西友时，提出了"我们收购的是日本超市西友，这里不再需要国际事业部"的说法，使我们不得不面临一场大整顿。

为此，我们必须找到好不容易建立起良好关系的各地合作伙伴，请他们将合同取消。再加上又是马上就要被废除的部门，根本没法从公司内部调集人手。于是那段时间，我每天过的都是一个人与各国合作伙伴进行"离婚交涉"的日子。

其中还包括费尽口舌才搞到投资签了二十五年，却不得不仅仅五年就解约的合同。为此我被对方责备了一通："松崎先生，你这是说的什么鬼话。当时不是说要做二十五年吗？"尽管如此，我还是得把头压得低低的，跟人家将原因讲清楚。

那种交涉在海外应该算是比较冒险的行为吧。当时一个在国外商社工作的朋友甚至建议我："为了安全起见，你最好每天都走不同的路线回家。"

在清算曼谷的事业时，我在泰国住了一年半。当初我们在泰国是与当地公司成立了合资公司，后来又请他们让我们加入了商社的当地法人。最终要把公司关闭，解聘员工，出售资产，把钱全都还给出资者。尽管如此，那也只抵得上他们所出金额的几分之一而已。

后来我回到日本，收到了其中一家出资公司的副社长寄来的一封信。

信上写着："我从未遇到过这么短时间就被清算掉的案例。作为出资者，我蒙受了损失，但你们还是想尽办法向出资者返还了部分资金。对此，我表示非常感谢。"当时我便切身体会到，**只要秉着诚实、公正、守法的原则进行交涉**，即使在不得不给对方造成麻烦的时候，也还是能够得到理解的。这个体验后来变成了我的信心来源。

当时我把除新加坡以外的所有分公司全部出售后，便来到了良品计划，被分配到海外事业部。

这次情况发生了一百八十度的转变，我的工作变成了"结婚"（开店）。因为方向一直是扩大、扩大，每天都像度蜜月一般，这样的工作做起来真是开心多了。

无印良品海外事业部的重构

其实,早在一九九一年 MUJI 首次走出国门时,负责与伦敦自由百货商讨合作合同的人,就是良品计划的前社长木内政雄和我。无印良品起初是作为西友的自有品牌诞生的,而西友法务部还具有集团公司的法务职能,因此当时 MUJI 相关的法务工作都交给我来负责了。

与中国香港永安集团开合资公司的时候,我也参与到了合同签署的工作中。早在转到良品计划以前,我就跟 MUJI 有着千丝万缕的联系。

MUJI 从亚洲撤退后,于二〇〇一年再次进入中国香港,我在香港西友对 MUJI 发出了邀请。因为当时我在西友负责国际事业部的工作,便对他们说:"能不能到我们这里开一家 MUJI 的店铺?"MUJI 的那家店铺,当时创造了开业第一天营业额的世界最高纪录。这就成了 MUJI 复活的第一个信号,最终使海外事业实现了盈利。

这样回顾一番，我发现自己一直都与MUJI保持着若即若离的关系。

在日本登记无印良品这个商标时，负责各种事务的也是我。因为无印良品由"无印"和"良品"这两个一般词汇组合而成，特许厅以"我们不能将普通词汇登记为商标，让一家企业享有独占权利"为理由，并没有给我们商标许可。所以，在将近十年的时间里，我们都没能注册商标。

当时的商品标签上统统没有加上"无印良品"的名称。这虽然是因为无印良品坚持贯彻不用商标来经营的想法，但其中还是存在问题的。如果不附在商品上，那就不算是"使用商标"的状态，就有可能受到第三者"不使用取消"（"该商标未被使用在任何地方，请有关部门取消注册申请"）主张的威胁。此外，若不进行注册，"无印良品"就会变成什么人都能随便使用的标识。

于是我对堤清二和田中一光先生提出请求："请在标签上加入品牌名称。"最后总算落实了。

二〇〇五年，我转到良品计划工作，当时海外事业部已经摆脱了常年赤字，实现了盈利，可是公司内部对海外事业却毫不关心。由于我在西友已经体验过了没有任何人帮忙的困境，顿时感到"这样不行"。

于是我想："重新打造无印良品的海外事业部便是我的工作。"简而言之，就是**让海外事业部不再作为一个独立的部门，而是在每个部门中设置海外负责人从事有关工作。不这样安排的话海外工作就难以展开，也无法获得成功。**

我堂堂正正地对下属说，海外事业部总有一天会解散。由策划室或某个组织进行管理，国内外融为一体，实现"各部门自主负责海外事务"是我工作的目标。

随后我开始积极地分解自己所在的部门，将海外的商品调配机能转移到总公司的商品部，在商品部设置了海外商品负责人。现在，所有部门都在进行着海外工作。

另外，我在就任社长之后，又建立了欧美事业部、东亚事业部和西南亚·大洋洲事业部这三个事业部并行的体制，每个事业部负责各自地区的整体运营。海外事业部随着公司发展而消解，我心中所描绘的目标已经实现了。

让交涉成功的三个基本条件

每次在海外开店,我必定都会到当地去走走,视察店铺的选址。所以一年三百六十五天,我有二百天都在旅途中度过。假设每年在海外开设五十间到五十五间店铺,我就视察了比那个数字要多三倍到五倍的店面。因为我们尽量不通过中介,而是自己与开发商进行交涉,那个数字已经是极限了。同时我也认为,自己进行了很是深入的交涉。

很多人都认为在海外进行交涉很困难。

确实,每个国家使用的语言、人们的生活习惯和文化都不尽相同。可是我一直认为,只要自己把握着一个确切的尺度,就没有必要根据国家的不同而改变交涉的方法。

那个尺度,就是遵守法律,公正诚实。在不同的国家,我们会遵守不同的礼仪和当地风俗,并尊重人们的习惯,但守法、公正、诚实这三点,无论在哪个国家,我们都坚持了下来。

特别是在海外,潜藏着在日本根本想不到的风险,所以若没有遵守那个国家法律的意识是绝对不行的。我也并不可能熟知全世界的法律，因此便会选择在当地寻找值得信赖的律师，以对风险进行严格的管理。

此外，找到我说"松崎先生，下次请在这个地方开店吧"的中介数不胜数。可是，那毕竟是让中介赚钱的邀请，我们只是被利用的角色，因此我们从来不会接受任何人的介绍进行交涉。

我们也不会去见"间接的人"。如果有日本公司说"我想跟你谈谈中国的某某公司"，我一般都会拒绝。因为我认为，**海外交流都以直接交流为基本原则，那些不自己进行直接交涉的公司，就算见了也没有意义。**

同时我还有个规矩，就是**在中国开店交涉只进行两次**。如果对方能接受我们提出的条件，我们就去开店，如果不能接受，就会明确告诉对方这件事就算了吧。这也是避免"让对方捡便宜"的方法之一。

因此，中国的相关人士中流传着这样的说法：MUJI不仅有简约的商品，还有简洁的交涉。

第一年度出现赤字也能在三年内转为盈利

我们在进入某个国家前,**基本都不会做那个国家对 MUJI 持有多大的关注、MUJI 的认知度有多高这种调查。**

那是因为,我们进入的国家通常情况下都已经有了 ZARA、H&M、优衣库、宜家以及星巴克这样的海外企业进驻。既然那是一个能够接纳海外时尚和杂货、食品的国家,自然也能接受 MUJI。

而且,MUJI 销售的是日常生活中使用的东西,设计美观且品质良好,同时价格也很合理,必然会吸引顾客前来。因此,我们就没必要在市场调查上花费不必要的经费。

相对地,我们却会使用"开店基准书"来判断开店与否。

虽然我们坚持以"开店基准书"为参考,精确计算过是否能够盈利后才会开店,但还是会出现营业额比预测的要少 50% 的情况。

比如周围突然开始了计划外的地铁整修工程,导致通往店铺的入口被堵住了;或是在商城彻底完工前就入驻了,由于别的商家还没入驻，导致今后的两年间客流量也不会增多；以及其他诸如此类的情况。

有的店铺会因为那种外部因素导致业绩比预期少了50%，但我认为重要的是今后的发展。只要第二年上升30%，下一年再上升50%，**用三年时间实现盈利就没有问题。**

当店铺达到三百间以上时，便会出现店员教育不足、员工关系差等问题，不可避免地会出现一些店铺管理良好，另一些店铺管理不善的局面。只是，那些内部因素并不会导致营业额下降。那是因为，MUJI已经未雨绸缪。

每个月，所有国家的分公司都会召开当地店长会议，这是MUJI必须贯彻执行的基本规则，而且各店铺还会有那个国家的区域经理随时巡视，发现问题便会马上调查并改善。只要拥有不纵容问题、发现问题后马上解决的企业文化，其内部因素造成的影响就能控制在最小限度。

俗话说流水不腐。只要能像清水一样不淤塞，水流不止，MUJI就能一直拥有在海外取胜的体质。

在其他国家建造"展示厅"的创意

MUJI 在中东地区的迪拜和科威特开店时,我经常在公司外部听到"那样喜欢夸张华丽事物的国家会有人接受 MUJI 吗"这样的意见。

可是,公司内部却全然听不到那样的疑问。

我已经在公司内说过,到中东地区开店其中的一个目的,就是建立"面向印度的展厅",同时也对当地的授权商传达了这个意思。

印度和中东地区乘飞机只有三个小时的距离,而印度的富有阶层都会到中东去购物。当然,首先我们希望在中东扩大店铺数量。为此,在市场营销的意义上,我们定下了"为印度来的顾客建立展厅"这个方向。

实际上,后来我们到了印度,确实经常能听到"我在迪拜商场看到过你们"的声音,因此可以认为,那个目标已经实现了。二〇一六年春天,我们计划正式进军印度了。

现在，迪拜商场店的营业额状况良好。原本中东人在欧洲也经常光顾MUJI，并给出了"MUJI的商品简约而实用，同时品质也很高"的评价。看来，我们的简约在中东人心中也引起了共鸣。

我到中国香港开店时，做的也是进而向中国内地进行品牌宣传的打算，而新加坡则是面向东盟诸国的展厅。二〇一五年秋开业的纽约旗舰店同时也是面向南美的展厅。

近几年我到巴西的圣保罗和厄瓜多尔的基多去看了看，兴奋地意识到"我们应该马上进军这里的巨大市场"。可是，南美关税高昂，如果选择进口在亚洲工厂制造的商品，就会使单价变得十分昂贵。我们本来就是从"有理由，所以廉价"起步的品牌，一开始就用如此高昂的价格销售商品岂不是成了自我否定？要在南美用合适的价格进行销售，就必须在当地或北美进行制造，所以如今我们还处于创建体制的阶段。

世界经济实际上联系得非常紧密，因此我认为，在造访那个地区的外来顾客中提升MUJI的存在感，然后再进入那些顾客所在的地区，这样的流程非常重要。

这样想来，进驻的顺序也很重要。首先在处于同一文化圈内、能够理解日式风格的亚洲发展，打好基础，然后开始走向难度较大的美洲和欧洲，这样一来或许会更容易成功。

向海外发展必须先把握自己的长处

要向海外发展,就务必要正确把握"自己的长处究竟是什么"。

我在西友时代从沃尔玛学到的东西,就是他们从头到尾都贯彻了只在自己擅长的领域战斗的姿态。不拘泥于眼前利益,把经营资源全都集中到了公司最为强劲的事业领域和经营模式上。

那样的体验让我学到,如果不把握住自己的核心和长处再开展事业,到了海外是不会顺利的。

MUJI 并非一开始就做到了那一点。

其实,MUJI 直到最近才能每天实时查看各国的总营业额。在这个 IT 如此发达的时代,MUJI 作为很早就开始海外事业的企业,在此之前还一直都使用 Excel 文档向东京总公司发送营业额报告,想必众位也觉得这是非常过时的做法吧。

那是因为我们在国内快速发展商品盘点和物流机制的同时,却没有想到要将那个机制带到海外去。这样一来,就白白浪费了好不容易培养起来的长处。二〇一〇年,我们才总算把商品盘点和物流系统投入了中国。紧接着,又陆续带到了其他国家。

　　我在海外这么多年工作下来有个感触,那就是做生意不存在所谓"王道"。真正管用的,应该只有认认真真思考如何把公司品牌做大,并一直践行下去吧。

　　MUJI二〇〇五年进入中国市场,其后两年间,我们没有接到任何开店邀请。

　　这一方面也由于当时正在与当地企业进行诉讼,但更大的原因应该是MUJI的知名度还没有渗透到中国。所以,一开始我们都是自己寻找适合开店的地方再主动去交涉的。而到了二〇〇八年,我们开设的店铺成绩斐然,业界开始流传"MUJI卖得好"的评价,这才开始有人向我们发出邀请了。在此之前,我们所能做的只有认认真真地通过店铺进行销售活动。

　　经过一段时间的坚忍付出,MUJI终于开花结果了。

　　对我个人来说,开始从事海外工作后,我做判断变得更加迅速了。其实我本来是更倾向于三思而后行的性格，但在海外事业上却时常会面对必须当机立断的情况。现在，在那种情况下，我感觉自己的判断速度快了不少。

此外，我还有一个信条，那就是无论对方询问多么琐碎的事情，都必须用"Yes"或"No"来正面回答。就连"那个东西好不好吃"这种小问题，我都让自己老老实实地说出内心的想法。

那是因为，在海外，缺乏自我意识的人得不到好评。

日本人会把内敛、"不出头"作为一种美德，但到了海外，那是一定会吃亏的。

当有人问我"松崎先生，你觉得这怎么样"时，如果给出暧昧不清的回答，那个人对我的评价就会下降。所以每当有人问到我的想法，我都会用"Yes"或"No"来认真做出自己的回答。

留在我心中的一句话

直到现在我都难以忘记,在 MUJI 到海外发展的初期,当时的社长所说的一句话:"无法在世界成功的企业,在国内也难以生存。"

我认为那是一句至理名言。现在那句话听起来虽然有点理所当然,但在二十世纪九十年代初期,真正有魄力到海外发展的日本企业屈指可数,因此那句话给我留下了很深的印象。

现在这个时代,全世界都成了一个巨大的交流网络,如果无法战胜世界级的选手,在日本也自然不可能存活下来。

因此,如果现在还看到有企业认为"我们只在日本发展就好",我会感到疑惑不解。一家企业若非属于外行无法介入的特殊产业,应该就不得不走上世界市场,积累在本国战斗的力量的同时,向世界迈进。

MUJI 今后还将继续扩大海外事业,而将接力棒好好交到下一个人手上,是我目前最大的使命。

MUJIRUSHIRYOHIN GA, SEKAI DEMO KATERU RIYU
© 2015 Tadamitsu Matsui
First published in Japan in 2015 by KADOKAWA CORPORATION,Tokyo.
Simplified Chinese translation rights arranged with KADOKAWA CORPORATION, Tokyo
through JAPAN UNI AGENCY, INC., Tokyo
Simplified Chinese edition copyright: 2019 New Star Press Co., Ltd.
著作版权合同登记号：01-2018-6458

图书在版编目（CIP）数据

无印良品世界观/（日）松井忠三著；吕灵芝译 .—北京：新星出版社，2019.3

（解密无印良品）

ISBN 978-7-5133-3166-1

Ⅰ.①无… Ⅱ.①松… ②吕… Ⅲ.①轻工业－工业企业管理－经验－日本 Ⅳ.①F431.368

中国版本图书馆 CIP 数据核字（2018）第 162309 号

无印良品世界观

（日）松井忠三 著；吕灵芝 译

策划编辑：东　洋
责任编辑：李夷白
责任校对：刘　义
责任印制：李珊珊
封面设计：broussaille 私制

出版发行：新星出版社
出 版 人：马汝军
社　　址：北京市西城区车公庄大街丙3号楼　　100044
网　　址：www.newstarpress.com
电　　话：010-88310888
传　　真：010-65270449
法律顾问：北京市岳成律师事务所

读者服务：010-88310811　　service@newstarpress.com
邮购地址：北京市西城区车公庄大街丙 3 号楼　　100044

印　　刷：北京盛通印刷股份有限公司
开　　本：889mm×1092mm　　1/32
印　　张：9.25
字　　数：88千字
版　　次：2019年3月第一版　　2019年3月第一次印刷
书　　号：ISBN 978-7-5133-3166-1
定　　价：158.00元（全三册）

版权专有，侵权必究；如有质量问题，请与印刷厂联系调换。